Fidèle à sa volonté de maintenir vivant l'ensemble du catalogue et de continuer à rendre accessible à tous la richesse de son contenu, Les marques du groupe L'Harmattan proposent les ouvrages, même s'ils sont épuisés dans leur premier tirage, et les impriment à la demande.
Au vu de l'ancienneté de ce titre, un exemplaire original a été numérisé pour être réimprimé, ce qui pourrait altérer légèrement la qualité de certains passages.

Le canon de Scanderbeg
au cœur du coutumier albanais

Logiques Juridiques
Collection dirigée par Gérard Marcou

Le droit n'est pas seulement un savoir, il est d'abord un ensemble de rapports et pratiques que l'on rencontre dans presque toutes les formes de sociétés. C'est pourquoi il a toujours donné lieu à la fois à une littérature de juristes professionnels, produisant le savoir juridique, et à une littérature sur le droit, produite par des philosophes, des sociologues ou des économistes notamment.
Parce que le domaine du droit s'étend sans cesse et rend de plus en plus souvent nécessaire le recours au savoir juridique spécialisé, même dans des matières où il n'avait jadis qu'une importance secondaire, les ouvrages juridiques à caractère professionnel ou pédagogique dominent l'édition, et ils tendent à réduire la recherche en droit à sa seule dimension positive. A l'inverse de cette tendance, la collection *Logiques juridiques* des Éditions L'Harmattan est ouverte à toutes les approches du droit. Tout en publiant aussi des ouvrages à vocation professionnelle ou pédagogique, elle se fixe avant tout pour but de contribuer à la publication et à la diffusion des recherches en droit, ainsi qu'au dialogue scientifique sur le droit. Comme son nom l'indique, elle se veut plurielle.

Dernières parutions

Daphné TAPINOS, *Prévention, précaution et responsabilité civile*, 2008.
Thi Thuy Duong TRAN, *Aspects juridiques de la participation des États de l'ASEAN à l'OMC*, 2008.
Alexis FRANK, *Le droit de la responsabilité administrative à l'épreuve des fonds d'indemnisation*, 2008.
Anne-Claire CHAUMONT, *L'Objectif de développement durable de l'organisation mondiale du commerce*, 2008.
Mireille MONNIER, *Le système administratif dans les établissements publics locaux d'enseignement*, 2008.
Panayotis POULIS, *Droit constitutionnel et institutions helléniques*, 2008.
Jean-Philippe TRICOIT, *La médiation judiciaire*, 2008.
Antoine KASSIS, *La réforme du droit de l'arbitrage international*, 2008.
Romain DUMAS, *Essai sur la fondamentalisation du droit des affaires*, 2008.
Alexis MIHMAN, *Juger à temps*, 2008.

Xhyher CANI

Le canon de Scanderbeg au cœur du coutumier albanais

L'Harmattan

5-7, rue de l'Ecole polytechnique ; 75005 Paris

http://www.librairieharmattan.com
diffusion.harmattan@wanadoo.fr
harmattan1@wanadoo.fr

ISBN : 978-2-296-06441-6
EAN : 9782296064416

À ma famille qui m'a soutenu
et encouragé toutes ces années.

SOMMAIRE

INTRODUCTION GÉNÉRALE

Les législations de tous les peuples se ressemblent par les principes généraux qui tiennent à l'essence et à l'origine du droit, elles se nuancent par le caractère propre de chaque peuple, elles varient en fonction de ses intérêts particuliers, de sa religion, de ses mœurs et son mode de vie.

Les lois qui régissent les sociétés humaines sont soit écrites, soit traditionnelles et fondées sur le simple usage que l'on appelle aussi la coutume.

C'est même par de simples coutumes que les peuples commencent ordinairement à être gouvernés.

Un peuple qui n'aurait aucune connaissance des lettres ne serait pas pour cela dépourvu de lois, car sans lois il ne pourrait pas exister.

Celles qu'il aurait adaptées ou observées de fait, quoique non écrites, vivraient dans les cœurs, se conserveraient dans les souvenirs, se retrouveraient dans la pratique quotidienne des affaires, elles n'en seraient peut-être ni moins respectables ni moins puissantes.

Le droit coutumier de chaque peuple grandit et se perfectionne à mesure que le peuple lui-même s'enrichit, s'éclaire, que les relations internes s'étendent et qu'il progresse dans les voies sociales.

Surtout lorsqu'un grand mouvement se produit, s'il y a invasion, conquête, déplacement des populations, les coutumes prennent et conservent longtemps l'empreinte de ce mélange.

Il est impossible de ne pas reconnaître si le vaincu subit à beaucoup d'égards la loi du vainqueur, par la force des choses, le vaincu conserve la plus grande partie des usages antérieurs à la conquête.

D'abord parce qu'il est dans la nature du cœur humain de changer difficilement ses habitudes, ensuite parce qu'une haine naturelle et légitime s'attache à tout ce qui est imposé par la force et surtout par une force étrangère.

Toutes ces coutumes variées à l'infini offrent cependant quant aux détails et quant au fond, une ressemblance dont on est

frappé et qui indique manifestement qu'elles ont une source commune qu'elles représentent les usages généraux d'une même nation.
Le droit coutumier constitue un important domaine d'étude pour les sciences consacrées à l'histoire du peuple albanais, et plus particulièrement à son histoire spirituelle.
Les recherches précédemment effectuées ont permis de relever de manière plus ou moins exhaustive l'ensemble de son corpus, qui comprend le Kanun de Lekë Dukagjini, le Canon des Hautes Montagnes, le Canon de Scanderbeg et celui de Labëri.
Le droit coutumier albanais a été un droit non écrit, formé au cours du temps par des auteurs anonymes, et qui représente un miroir de la vie matérielle de la paysannerie, notamment celle des régions des montagnes. Les assemblées, les Anciens et certains individus ont joué un rôle important dans sa formation.
Le Canon de Scanderbeg n'est libellé ni proclamé par aucun organe législatif ou exécutif de l'État, il n'est décrété par aucun monarque et n'est imposé par aucun envahisseur : le droit coutumier est né de la nécessité de régler la vie des communautés rurales sur le plan judiciaire en l'absence de lois.
Un rôle important y est accordé aux Anciens dans la gestion de la vie de la communauté rurale. Jusqu'à la création de l'État albanais, les us et les coutumes ont fonctionné comme des organes régissant les rapports entre personnes, entre membres d'une famille, d'une tribu, d'une région et entre les régions.
Au fil du temps, ils sont devenues des normes, donnant naissance au droit coutumier albanais. L'évolution du droit coutumier non écrit s'est reflétée au cours des siècles dans les normes coutumières.
Le Canon de Scanderbeg est conçu comme une unité organique comportant des éléments convergents et divergents avec les autres Canons. Cette diversité y a été représentée en une mosaïque de nuances définies en termes spécifiques.
Le coutumier de Scanderbeg est riche en normes qui embrassent plusieurs aspects de la vie du peuple ; leur diversité témoigne de l'ancienneté de son usage.

Bien qu'il offre l'aspect d'une unité organique indépendante, le Coutumier de Scanderbeg, au même titre que les autres coutumiers du peuple albanais, se rattache d'une part à une plus grande unité et d'autre part se subdivise à son tour en plusieurs subdivisions plus petites.
Il confirme l'idée que les différents coutumiers du peuple albanais ont un grand nombre de points de contact entre eux ; cela justifie la thèse de l'existence d'un patrimoine commun comme une unité plus haute, que l'on peut appeler le *droit coutumier du peuple albanais*.
Les différents coutumiers ne sont autres que des variantes qui ont vu le jour des conditions particulières de vie et de différents degrés de développement entre les régions.
Le terme *Kanun* employé en Albanie, est un mot d'origine byzantine emprunté par les turcs pour désigner les commandements du sultan. Dans la langue albanaise, ce terme était employé pour désigner une norme coutumière, sans le sens qu'il a aujourd'hui de droit coutumier. Dans la littérature juridique et scientifique albanaise, le terme *droit coutumier albanais* désigne les normes au sens général, par distinction avec le terme *droit coutumier*, qui désigne les normes au sens local.
L'expression *c'est le Canon* exprime la confirmation des normes approuvées par l'assemblée de la communauté rurale. Les termes *coutume* et *Canon* sont appliqués dans diverses régions d'Albanie et ont le même sens. Ce sens a été conservé dans cet ouvrage.
Le peuple employait le terme *Canon de la région* pour désigner les règles coutumières locales par opposition aux termes turcs *usull, itiftak* et *adet* en usage au Kosovo et en Albanie du Nord. L'Albanie du Sud utilisait le terme *sharte*. Le terme albanais *doke* (us) était employé parallèlement aux termes empruntés *canon* et *coutume*.
Le but principal de cet ouvrage est de présenter et d'analyser les règles du droit coutumier, tant civiles que pénales, dans un cadre historique, anthropologique, social et psychologique. Les normes d'un droit n'ont pas d'existence en soi, elles se rapportent aux conditions économiques, politiques, sociales dans lesquelles a vécu et s'est développé le peuple concerné. C'est pourquoi, afin

que cet ouvrage offre une vue d'ensemble, il est nécessaire de prendre en considération, parallèlement aux résultats obtenus en matière d'ethnographie, les résultats obtenus dans d'autres disciplines proches.
Dans la large problématique offerte par le droit coutumier albanais et son ancienne histoire, l'un des problèmes majeurs posés est la question du temps et du lieu de sa conception en tant qu'unité.
Le droit coutumier n'est pas propre à l'Albanie, il a agi sur les autres peuples à un degré bien déterminé de leur développement économique, politique et social. Il a été appliqué pendant longtemps en Albanie à cause des conditions historiques et s'est développé en tant que système de normes juridiques destinées à régler de façon plus ou moins complète les rapports sociaux, civils, familiaux de la possession, des obligations, de l'organisation sociale, pénale, procédurière, etc.
Il constitue à ce titre, un témoignage certain de l'héritage de la culture du peuple albanais dans le domaine juridique. Sa collecte, sa codification et son étude ont toujours été considérées comme très importantes.
Nous avons essayé de préciser les contours d'un phénomène et d'en approcher l'explication, mais en nous efforçant d'en épouser au mieux les aspects variés.
Plusieurs chapitres intéressent la saisie globale du phénomène en empruntant les éclairages variés de l'histoire sociale, de l'histoire du droit, du droit coutumier, de la sociologie et l'anthropologie.
Les autres chapitres placent les coutumes dans une perspective relative, adoptant le point de vue des localités où elles ont pris corps et dont les structures sociales, les dynamiques d'évolution, les schémas de pensée offrent autant de points de repères pour mieux comprendre les sources pratiques des normes coutumières, analyser leur portée et envisager les différences de leur parcours historique.
Si, nous semble-t-il, les aspects essentiels du phénomène ont été abordés, ils ne l'ont pas tous été dans toutes les disciplines dans notre ouvrage, ni dans tous les lieux où l'étude aurait été envisageable.
Ce travail aura néanmoins approché de son but s'il contribue, malgré ses limites, à instituer en domaine d'étude le vivant

héritage d'un droit intimement associé aux sources de l'ordre et du mouvement de la société albanaise.
Cet ouvrage ne saurait effacer et apporter une interprétation à tous les problèmes générés par la science du droit coutumier, mais cependant il contribue à éclairer d'une manière entière et complète l'une des variantes essentielles du corpus du droit coutumier albanais, le Canon de Scanderbeg.
Cette entreprise est à la fois un respect et un hommage rendu au travail de recherche, collecte et étude effectué par tous les chercheurs albanais et étrangers, tout comme les traducteurs, qui ont contribué à l'analyse entière des traditions du droit coutumier albanais.
C'est dire que cet ouvrage, au-delà la richesse et la justesse de ses observations, nous engagent beaucoup plus loin vers une antropologie du droit du coutumier albanais.
Le droit coutumier albanais représente un phénomène complexe en Albanie. L'évolution de la société albanaise contemporaine ne permet plus au Kanun âgé de plusieurs siècles de régir les problèmes civils et pénaux actuels du pays.
De plus, le contraste avec le désir albanais d'une intégration européenne est accentué. Ce code coutumier qui prévoit les procédures civiles comme pénales a même continué à s'imposer face à la législation.
En effet, la Charia, administration ottomane au temps de l'occupation, n'avait qu'un pouvoir de principe, puisque dans les faits et essentiellement dans les zones montagneuses le Kanun continuait à s'appliquer.
Dans les régions qui avaient échappé au contrôle ottoman, la population affirma son indépendance en obéissant à sa propre législation, la loi coutumière qui était un complexe de normes coutumières permettait de résister d'assimilation, d'assurer la sécurité des personnes et de gérer les biens, etc.
Le coutumier prescrivait le maintien de valeurs guerrières, de principes de sagesse et de fidelité à la parole donnée. Mais le respect de ces valeurs n'était pas uniformément observé et quand l'honneur était bafoué, conflits et vendettas se succédaient sans discontinuer.

Le règne du roi Zog fut caractérisé par un désir d'introduction d'un véritable code moderne sur le modèle occidental.
Pendant les cinquante ans de dictature communiste, le Kanun fut comme écrasé par la puissance du régime, le paralysant cependant dans son action mais qui perdura quand même, et surtout dans les mentalités.
La chute du communisme entraîne un vide juridique et la phase de transition vers la démocratie laisse libre champ à la vendetta. Celle-ci est d'autant plus facilitée par les problèmes économiques et sociaux durant la période difficile de transition ainsi que par les problèmes surgissant après la fin de la collectivisation de la propriété privée.
Ces dernières années, après l'effondrement du communisme, le Kanun a été suivi avec une vigueur renouvelée dans tout le pays. Il apparaît souvent comme le seul recours.
A l'heure actuelle, la vendetta subsiste encore puisque de nombreuses familles situées principalement dans le nord du pays en sont touchées.
La résolution de ce phénomène n'est pas considérée comme prioritaire par l'Etat, ce qui rend difficile d'apporter des données exactes chiffrées sur les cas de vendetta liés au Kanun.
Cependant, on doit noter qu'il subsiste encore des assassinats liés au Kanun, que des familles doivent vivre cloîtrées pour échapper à la vendetta, ainsi que des enfants, qui se retrouvent ainsi privés d'école.
Des données officielles du Parlement albanais résument à peu près à 10 000 personnes celles concernées par la vendetta. Entre 1998 et 2003, 330 homicides concerneraient la vendetta et 1378 familles vivraient cloîtrées. En ce qui concerne le nord du pays, plus influencé par le Kanun, et plus précisément à Shkoder, le nombre de familles s'enfermant chez elles va jusqu'à 460 pour les estimations les plus basses.
Toujours selon des chiffres officiels, le nombre d'enfants vivant cachés s'élève à 147 pour l'année 2002, alors qu'une association de réconciliation des familles en dénonçait 400.
Le Kanun ne doit pas être mis au centre des accusations. En effet, il a été conçu pour régir une société médiévale et a amplement

répondu à sa tache. Cependant, on se doit de dénoncer les pratiques criminelles qui détournent le coutumier en se cachant derrière lui afin de satisfaire des intérêts privés.
Le règlement de ce problème national ne saurait se passer de l'action de l'Etat. Ainsi, afin de lutter contre, cette action devrait être plus effective. Certes le code pénal albanais sanctionne les pratiques de vendetta, mais il est privé de sa force juridique face à un ensemble inefficace et dénoncé souvent comme corrompu des systèmes policier, judiciaire et carcéral. De plus, l'Etat devrait davantage rester proche et suivre les familles touchées de la vendetta, en les initiant au pardon par un échange de *besa,* la parole d'honneur.
Une inaction continuelle étatique permettrait au Kanun de s'appliquer incessamment. De nos jours, le coutumier albanais est devenu une référence pour les nouvelles recherches et études portant sur la culture populaire albanaise et ses anciennes racines ; on se réfère à son héritage pour les usages et les coutumes, pour les mots rares et pour la riche phraséologie populaire.

PREMIÈRE PARTIE :
LA TRADITION DU DROIT COUTUMIER ALBANAIS

Introduction

La naissance du droit coutumier albanais ne remonte pas à une date déterminée ; c'est au fil des siècles qu'il a été formé. Seule une tradition de plusieurs siècles en a assuré la transmission, et la pauvreté des sources est plus grande encore que celles juridico-historiques du droit écrit albanais.

Si les données permettant d'étudier et de connaître l'histoire des illyriens et les premiers siècles de l'histoire albanaise du Moyen Âge sont pauvres sur le plan historique en général, elles se révèlent nettement insuffisantes sur le plan juridique. Les œuvres des historiens et géographes grecs, romains et byzantins constituent une base importante de données, mais du fait de leur caractère très fragmentaire on ne peut en tirer que peu d'informations sur les institutions et plus particulièrement sur celles du droit non écrit ou coutumier.

Le droit coutumier trouve sa source dans les coutumes et les décisions ou jugements d'arbitrage de cas.

Les premières informations dont nous disposons sur le droit coutumier illyrien se trouvent chez les auteurs antiques grecs et romains. L'occupation romaine ne met pas fin à l'institution du droit coutumier illyrien. À l'époque byzantine et au cours de la période médiévale ancienne du VIIIe au XVIIIe siècles, le droit coutumier existe parallèlement au droit coutumier byzantin. Les sources concernant les premiers siècles de l'histoire albanaise du Moyen Âge sont souvent fragmentaires ou disséminées dans des documents ayant trait aux peuples voisins. Dans plusieurs cas, les chroniques et les actes d'archives se limitent à quelques simples phrases. À partir du XIe siècle et jusqu'au XIVe siècle, il devient possible de trouver des données relativement plus substantielles. Au XVe siècle, les sources sont plus riches, en partie grâce à l'écho des victoires des Albanais en lutte contre les envahisseurs ottomans. C'est au XVIIe siècle que nous trouvons l'information la plus riche chez les auteurs albanais les plus anciens comme Budi, Bogdani, Bardhi. La parfaite connaissance qu'ils ont de la culture populaire donne une valeur certaine à leurs écrits. Au cours de la Renaissance Nationale, des parties du droit coutumier ont été publiées. Les institutions du droit coutumier comme

l'Honneur, l'Hospitalité ou *La Parole donnée* deviennent des institutions de l'autogestion.
Depuis près de deux siècles, des chercheurs étrangers comme Leake, Pouqueville, Boué, Hecquard s'intéressent au droit coutumier et entreprennent la collecte de ces matériaux, mais leurs études ne font pas l'objet de publications systématiques. Au cours de la seconde moitié du XIXe et au début du XXe siècle, un certain nombre de scientifiques se consacrant à la recherche et la publication de matériaux documentaires sur l'histoire médiévale des pays balkaniques fournit également des matériaux importants sur les Albanais du Nord. Mais le travail de publication le plus sérieux des documents médiévaux des Albanais n'est effectué qu'au début du XXe siècle par L. Thalloczy, C. Jirećek, M. Sufflay, et retranscrit par ce dernier. Deux riches volumes de documents portant sur la période s'étendant de 346 à 1406 sont ainsi publiés en 1913 et 1916 sous le titre de *Acta et diplomata res Albaniae mediae aetatis Illustrantia*. Les sources concernant les événements du XVIe siècle et les luttes des Albanais sous Scanderbeg contre les envahisseurs ottomans font l'objet de plusieurs éditions.
En Albanie, après la deuxième guerre mondiale, les sources d'archives et des matériaux inédits sur les albanais sont recensées, classées et étudiées. La publication de ces sources a rendu possible une recherche plus approfondie de l'histoire du peuple albanais, de l'histoire de l'État et du droit albanais. Le peuple reste toujours une source très importante pour l'étude du droit coutumier albanais.

CHAPITRE PREMIER :
LES CORPUS DU DROIT COUTUMIER

Sur la base des matériaux recueillis, il est possible de recenser, jusqu'à présent, comme variantes du droit coutumier, le Kanun de Lekë Dukagjini, le Canon de Scanderbeg, le Canon des Montagnes et le Canon de la région de Labëri.

Section I : Le Kanun de Lekë Dukagjini

1) Les sources turques

Jusqu'à une période récente, la compilation et la publication des sources portant sur la période de la domination ottomane n'ont pas fait l'objet de toute l'attention qu'elles méritaient. Les documents édités sur cette période traitent surtout des rapports des Albanais avec le Vatican et Venise. Aussi ces siècles restent-ils donc à l'arrière-plan ou sont-ils insuffisamment traités dans les études antérieures. L'historiographie albanaise n'a pas fourni d'analyse détaillée de l'époque de la domination séculaire ottomane ; toutefois des études importantes ont été publiées ces derniers temps. L'historien turc Halil Inalcik fait observer que les plus anciens cadastres conservés dans les archives turques sont précisément ceux concernant l'Albanie.
Les matériaux les plus riches sur le Coutumier de Lekë Dukagjini faisant expressément référence à son nom commencent à paraître, semble-t-il, seulement à partir du XIXe siècle, et plus particulièrement à partir de la seconde moitié de ce siècle. Les chroniques turques entièrement transcrites, et même les plus connues, ne contiennent en revanche qu'un nombre très faible de notes sur les Albanais après la domination ottomane. Même E. Ćelebi, qui se livre souvent à des études détaillées, ne donne aucun renseignement sur le Coutumier de Lekë Dukagjini.
Dans la seconde moitié du XIXe siècle, le pouvoir turc tente par différentes mesures de circonscrire l'autonomie des tribus albanaises et de mettre le droit coutumier à son service. À partir de cette période, tous les écrits dans les *salnames* et journaux des vilayets sur le Coutumier de Lekë Dukagjini servent à faire connaître ses normes et à les adapter à la législation ottomane. Le premier article en turc d'une certaine longueur relatif à ce Coutumier paraît dans le journal *Prizreni* en 1871. Il publie sur

plusieurs numéros la loi de Dukagjini en serbo-croate et en turc. Cet article aborde les points suivants :

1) Le lecteur est amené à prendre connaissance des lacunes du Coutumier. L'administration ottomane espère ainsi convaincre les Albanais, et en tout premier lieu les *Malessores* (montagnards), d'y renoncer et de se soumettre à la Charia et aux lois du Sultan. L'article admet que la population se tient au Coutumier de Lekë Dukagjini.
2) Le Coutumier de Lekë Dukagjini est l'œuvre de Lekë, qui a régné dans la région avant la Bataille du Kosovo contre les Turcs. Aux termes de ce Coutumier tous les hommes sont égaux, même sur le plan du sang.
3) Le meurtre, la *besa* (parole donnée), le serment, le conseil des Anciens, etc.
4) Les guerres entre tribus et l'intervention des tiers.
5) La saisie des biens du meurtrier et leur distribution dans la tribu.
6) L'héritage.
7) Les fiançailles, les mariages et les obstacles matrimoniaux.

Un commentaire critique est ensuite fait sur la loi de Dukagjini, et l'article se conclut par un appel aux Albanais afin qu'ils respectent la Charia et les lois turques, celles-ci étant *l'expression de la civilisation*. Telle qu'elle y est présentée, la loi de Dukagjini semble comporter plutôt des dispositions pénales et ne traite que très peu des règles civiles.

Le *Salname-i Vilajet-i Kosova* de 1896-1897, publié par l'imprimerie du vilayet de Shkup, comporte, outre différentes données sur les Albanais (histoire, habillement, hospitalité), un long article sur le Coutumier de Lekë Dukagjini qui n'évoque toutefois pratiquement aucune norme juridico civile. Les *salnames* du Vilayet de Monastir (1898-1890) et du vilayet de Shkodër contiennent des données sur les Albanais. D'importants articles sont consacrés au Coutumier de Lekë Dukagjini, mais s'attachent surtout aux dispositions du droit coutumier qui intéressent davantage les autorités ottomanes : meurtre, vendetta, mariage, etc.

Toutes ces données offrent la possibilité d'étudier l'influence du pouvoir turc et du droit ottoman sur le Coutumier de Lekë Dukagjini et permettent en même temps de faire ressortir les différences que comporte le Coutumier de Lekë Dukagjini sur le plan territorial et temporel.

2) L'enquête de Bogišić

Bogišić est l'un des plus éminents chercheurs dans le domaine du droit des Slaves du sud. C'est également l'un des premiers à avoir entrepris la collecte des normes du droit coutumier albanais.

L'ethnojuriste Syrja Pupovci, qui demeure un chercheur sérieux dans l'histoire du droit coutumier albanais, a aussi traité de l'origine du Kanun de Leke Dukagjini.

En analysant d'une manière minutieuse ce problème, il traite précisément de l'enquête de Bogišic.

Son examen détaillé dans l'article "Origjina dhe emri i kanunit të Lekë Dukagjinit", (*studime historike*, nr. 1, Tirana, 1972, pp. 103-128.) nous permet de déduire que sur l'ensemble de l'enquête de Bogišić, soit environ deux mille questions, 669 concernent les Albanais. Il surligne l'idée que les réponses sont celles du *voïvode* Mark Milani ; elles font référence à la tribu de Kuç composée d'Albanais et de Monténégrins. Le Coutumier de Lekë Dukagjini n'est jamais mentionné expressément et les données le concernant doivent être étudiées de façon critique.

Il poursuit dans son raisonnement que les questions de l'enquête de Bogisić sont formulées si adroitement qu'elles permettent de dégager un grand nombre de renseignements sur le coutumier. S. Pupovci ajoute qu'il est possible de trouver même dans cette enquête de 1873-1874 un intérêt certain dans plusieurs domaines du droit. Selon S. Pupovci l'intérêt de Bogišić pour le Coutumier de Lekë Dukagjini ne cesse même pas plus tard.

C'est dans ce contexte qu'il réunit, selon toujours les propos de S. Pupovci, des matériaux sur le droit coutumier d'Albanie septentrionale, le Coutumier de Lekë Dukagjini. Bogišić s'attache à retrouver non seulement ce Coutumier *écrit,* mais aussi sa deuxième source *La loi de Lekë dans les coutumes*.

S. Pupovci nous renseigne par la suite que Bogišić la cherche auprès du représentant de la Turquie à Cetinje et contacte également Degrand, le consul français à Shkodër. Bogišić recherche parallèlement quelques Albanais susceptibles de lui donner des renseignements sur les normes du Coutumier de Lekë Dukagjini, mais ne questionne toutefois que Marash Marku, d'ailleurs brièvement. Les réponses de celui-ci, bien que faibles en nombre, sont dignes d'intérêt. Bogišić aurait pu, à suivre l'avis de S. Pupovci, sur la base du questionnaire détaillé, enquêter auprès des Albanais, parfaitement au fait de leurs propres coutumes et vivant d'après elles. S. Pupovci s'accorde à dire que la plus grande partie des matériaux que Bogišić trouve sur le Coutumier de Lekë Dukagjini lui vient de J. Lazović, qui lui envoie le 1er décembre 1894 le texte de la « Loi de LD », établi d'après les dires de Sokol Baci. Près de la moitié des articles de ce texte se réfère au droit civil.

En 1901, R. Kosmajać publie un Leka-Kanun qui comporte également des règles du Kanuni de Lekë Dukagjini.

Le *Projet de loi turque sur la codification du droit coutumier albanais* permet de saisir l'importance qu'accorde le pouvoir turc au Coutumier de Lekë Dukagjini et l'influence qu'il exerce, notamment par son droit. Ce projet, dont la Guerre Balkanique ne permet pas la mise en application, est conçu pour faire aboutir le processus de la reconnaissance par le pouvoir turc du Coutumier de Lekë Dukagjini, modifié en fonction de ses intérêts. Son origine remonte essentiellement à la seconde moitié du XIXe siècle.

3) Les autres sources

Dans un ouvrage paru en 1853, J. G. Hahn évoque pour la première fois l'existence du Kanun de Lekë Dukagjini en Albanie du Nord, sans donner d'informations complémentaires sur sa diffusion.

D'autres sources sont constituées par almanachs, en particulier ceux de Shkodër (1892-1893), qui évoquent des coutumes se rapportant entre autre au meurtre et à la vendetta.

Au cours de l'année 1901-1902, les auteurs albanais N. Ashta et L. Mjeda publient dans la presse étrangère des études sur le Kanun de Lekë Dukagjini. Ils font également paraître, pour la première

fois en albanais, des articles sur le sujet dans la revue *Albania*, éditée à Bruxelles. Ces articles sont traduits plus tard, sans ajouts, en allemand, puis en français.
F. Nopcsa, H. Hecquard, E. Durham, G. Castelletti, Th. Ippen, F. Gibert contribuent également par leurs articles à la connaissance du droit coutumier albanais.
Au début du XXe siècle, les premiers chercheurs albanais sont les prêtres catholiques qui, avec leur devise, *Pour la religion et la patrie,* propagent les valeurs spirituelles du peuple. C'est à Sh. Gjeçovi, personnalité de référence dans ce domaine, que revient le mérite historique d'avoir codifié le droit coutumier albanais dans la variante du Kanun de Lekë Dukagjini. Ses premières publications sont diffusées de 1913 à 1923. Son œuvre paraît à titre posthume en volumes en 1933. Le matériel est classé en livres, pièces, chapitres, articles, paragraphes et points. Le mérite de Gjeçovi est d'avoir recueilli les coutumes directement auprès du peuple.
De grandes personnalités albanaises comme Gj. Fishta, E. Koliqi, T. Toçi, Z. Valentini publient et analysent les coutumes dans le magazine *Hylli i Dritës* dans les années 1913-1937. Après la Deuxième Guerre, Rr. Zojzi, K. Ulqini, P. Doçi, Sh. Hoxha collectent des informations sur le droit coutumier albanais ; Z. Benusi, E. Tedeskini, V. Meksi étudient le domaine juridique, civil et pénal et publient leurs recherches. M. Krasniqi, I. Zamputi, K. Frashëri, A. Dojaka, M. Tirta, F. Mehmeti, E. Statovci se consacrent à l'étude des institutions particulières du droit coutumier.

4) Le recueil sur le Coutumier de Lekë Dukagjini de Shtjefën Gjeçovi.

Les premiers Albanais recueillant les normes du Coutumier de Lekë Dukagjini, comme Lazër Mjeda et Nikollë Ashta, travaillent dans les contrées reculées de l'Albanie du Nord, où le Coutumier représente le principal régulateur des rapports sociaux.
Le Coutumier de Gjeçovi est un enregistrement de la tradition orale du droit coutumier. Gjeçovi a probablement réuni les normes du Coutumier de Lekë Dukagjini sur la base d'un plan et d'un

questionnaire, en transcrivant précisément ce qu'il recueillait ; il est difficile de concevoir qu'il ait pu réunir autant de règles en procédant autrement. Il semble que son recueil ne comprenne qu'une partie des données rassemblées par ses soins pendant des années.

Son recueil compte 12 livres, deux pièces, 24 chapitres, 159 articles, 1263 paragraphes. La matière n'est pas classée selon des critères scientifiques appropriés ; ainsi les règles des différentes branches du droit peuvent être confondues dans un même chapitre, voire au sein d'un même paragraphe. Considérées dans leur ensemble et prises séparément, toutes ces règles constituent un code sur la base du droit coutumier. Néanmoins, Gjeçovi n'a pas agencé les données d'une façon parfaitement adéquate, en tenant compte des différents genres de normes (le civil, le familial, le statuaire, l'administratif, le pénal et le procédurier) que contient le Coutumier de Lekë Dukagjini. Dans son recueil, elles ne sont classées ni selon leur nature juridique, ni selon les principes de la science juridique.

S. Pupovci, dans son article cité ci-dessus « Les origines et le nom du coutumier de Lekë Dukagjini ....», s'exprime objectivement lorsqu'il émet des réserves quant à certains manques et imperfections de l'œuvre de Gjeçovi. Il soutient que le père franciscain Sh. Gjeçovi n'est pas un juriste et que ses connaissances dans le domaine du droit souffrent de certaines limites. S. Pupovci ajoute dans son raisonnement que Gjeçovi ne fait que mentionner plusieurs institutions importantes existant dans l'ensemble des normes du Coutumier de Lekë Dukagjini (par exemple, les communaux de la tribu, de la fratrie et du village, le gage, les journées de travail gratuites faites à titre d'entraide (falanik, upri), les dépôts, etc.). Il dénonce aussi le fait de ne pas inclure dans son recueil plusieurs normes d'une réelle utilité pour une société tribale dans la mesure où elles agissent comme régulatrices des rapports sociaux et économiques fondamentaux. Rrok Zojzi met ce manque en évidence en observant que le matériel du coutumier, malgré un siècle de travail des chercheurs, n'a pas été recueilli dans sa totalité. L'aspect économique est peu développé. Gjeçovi emploie fréquemment les définitions de quelques institutions juridiques qu'il n'a pas recueilli auprès du peuple, mais plutôt puisé dans des ouvrages juridiques, comme c'est le cas pour les définitions de la peine, de la famille, du mariage, du marieur, des fiançailles, des médiateurs du garant, de la trêve, etc. Gjeçovi ne fait pas toujours la distinction entre la fratrie et la tribu et il confond les notions de tribu et de bannière. Malgré les différentes observations qu'il est possible de faire sur le recueil de Gjeçovi, il s'agit du plus complet des coutumiers albanais. Il contient un matériel très riche qui se révèle être d'une très grande importance pour les études scientifiques, non seulement dans le domaine juridique mais aussi pour les autres disciplines.

Le Coutumier de Lekë Dukagjini formulé par Mark Sadiku et publié par Bernardin Palaj se réfère surtout au droit coutumier familial, pénal et civil. Ses normes ont été recueillies dans la tribu de Shalë et traduisent les différences locales et les modifications subies avec le temps.

Il faut enfin mentionner *Le coutumier albanais d'après un manuscrit de 1868* que Lec Çoba fait paraître en 1963. Il s'agit de la publication d'une partie d'un manuscrit en italien de 208 pages avec des matériaux historiques de 1866-1868, où l'auteur anonyme se livre à des observations sur le coutumier albanais.

Section II : Le Canon des Montagnes

Le Canon des Montagnes concernait les neuf montagnes de *Malessie* de Shkodër dont Shkrel, Kastrat, Hot, Kelmend, Grudë, Triepsh, Kuç, jusqu'à la montagne de Gjakovë et la plaine du Kosovo.

Ce Canon comporte certaines ressemblances avec celui de Lekë Dukagjini ; il s'agit toutefois d'un Canon spécifique.

Section III : Le Canon de Labëria

La légende populaire attribue le Canon de Labëria à un certain Jules, fondateur du village Zhulat, dont le nom est pourtant peu connu dans les régions d'Albanie du Sud. Ce Canon est presque le même que ceux de Lekë Dukagjini et du droit coutumier albanais. Cette ressemblance témoigne du caractère d'unité du droit coutumier albanais. Au cours des années 1830-1840, les Anciens de la Labëria se réunissent pour revoir les coutumes. Selon la version populaire, le chef de l'assemblée, Idriz Suli, recueille les changements proposés, et le texte prend alors le nom de *Sharte* d'Idriz Suli.

Section IV : Les Canons particuliers

Les Canons particuliers comportent un certain nombre de traits distinctifs. Ils reprennent les normes coutumières locales nées d'accords et d'alliances appliqués au sein du village, de la bannière et de la région.

Si la variante de Pukë, recueillie et codifiée par Xhemal Meçi, présente des ressemblances avec le canon de Lekë Dukagjini dont elle partage la même origine, elle comporte toutefois un certain nombre de différences ; un tiers de la région de Pukë est musulmane, ce qui se reflète dans les normes coutumières de cette variante.

Le fond du Canon de Lumë est commun avec la variante principale du droit coutumier, mais il est plus modéré et mieux adapté aux évolutions socio-économiques.

Les Canons particuliers connus comme appendices à celui de Lekë Dukagjini sont :

1) L'accord entre Shalë et Nikaj sur les normes pénales du meurtre et de la vendetta (5 juin 1890).
2) Le Canon du village de Kastrat (2 septembre 1891).
3) Le Canon du village de Kastrat (1892)
4) L'alliance entre Shalë, Shosh, Nikaj et Mërtur sur la trêve du bétail et du berger.
5) L'accord entre Nikaj et Curraj (1895) sur l'inviolabilité de la richesse
6) Les décisions des villages (Vukel, 1902 ; Kashnjet, 1904 ; le peuple de Shalë, 1905 ; la bannière de Kurbin, 5, 6, 7 août 1906 ; la bannière et le peuple de Shalë 22 mai 1907 ; la bannière de Kryezi, 1907).

Les publications dans la presse des actes documentaires sur les canons locaux constituent d'autres sources :

1) Le Canon de la bannière de Dukagjini, paru dans le journal *Bashkimi* (1911)

2) Le Canon des 6 bannières de Dukagjini (30 juillet 1913) dans lequel sont publiés plusieurs actes de la trêve et plusieurs accords :

- La trêve de la Montagne sur la pacification de la vendetta pour les affaires nationales (janvier 1919)
- La trêve de la bannière de Boks (1919)
- La trêve de la Haute Montagne (18 octobre 1929)
- La trêve de Lezhë (7 janvier 1920)
- La trêve de Krujë (janvier 1920)
- La décision de Shkodër (22 mars 1920)

CHAPITRE II :
LE CANON DE SCANDERBEG

Section I : Les ressources et la collecte du Canon de Scanderbeg

Malgré l'ancienneté du peuple albanais, les informations concernant le droit coutumier et le Canon de Scanderbeg sont relativement récentes dans la bibliographie juridique, historique et ethnographique et datent de la fin du XIXe et du début du XXe siècle. L'albanologue autrichien Hahn en fait état pour la première fois dans son deuxième livre[1] sur l'Albanie, dans lequel il mentionne l'application, dans les régions de Mat et de Dibër, d'un coutumier populaire appelé Canon de Scanderbeg. Il explique que le Canon de Scanderbeg est fondamentalement différent du Kanun de Lekë Dukagjini et que c'est précisément cette différence qui permet la cohabitation de ces deux coutumiers.

Un contemporain de Hahn, le diplomate russe Hitrov, consul à Monastir en 1864, signale à ses supérieurs du Ministère des Affaires Étrangères l'existence à Dibër « d'une sorte de coutumier ancien non écrit, transmis de génération en génération, attribué au grand prince albanais Georges Kastriot et connu sous le nom du Canon de Scanderbeg »[2].

L'existence du Canon de Scanderbeg est aussi mentionnée par un auteur identifié par les initiales P. M. dans un article paru de la revue *Albania* (Londres, n° 10, 1903, page 158), sans que cette information ne rencontre d'échos. L'auteur polémique contre les méthodes barbares de la domination ottomane en soulignant que « ...l'Albanie se trouve actuellement entre les mains de la Turquie. Les autorités qui dominent en Albanie sont des gens insensés, cupides et impitoyables qui ne gouvernent pas aux termes du Canon de Scanderbeg, mais à leur gré. Scanderbeg a eu un Canon excellent, qui n'a incarcéré et déporté personne car sans jugement. »

Par la suite, M. Sirdani, dans son compte rendu *Scanderbeg selon les légendes* (Shkodër 1928) et Gjeçovi dans le *kanuni i Lekë Dukagjinit* (Shkodër, 1939) rapportent des légendes recueillies à

---

[1] J. G. Hahn, *Reise durch die Gabiete des Drin und Varda*, Wien, 1867, p. 21.

[2] K. Frashëri, "Mbi Kanunin e Skënderbeut", "Remarques sur le Coutumier de Scanderbeg", *Conférence Nationale sur les études ethnographiques*, Tirana, 1977, p. 238.

Kurbin, dans lesquelles Scanderbeg est représenté comme un sage vieux juge; l'autrichien Franz Zeiner mentionne également l'existence du coutumier. Aucun de ces trois auteurs n'enregistre toutefois de normes[3].

Malgré ces données, c'est le Kanun de Lekë Dukagjini qui retient toute l'attention des chercheurs, au détriment du Canon de Scanderbeg. Cette situation, et la multiplication d'études qui en découle s'expliquent par le recueil et la codification du Kanun de Lekë Dukagjini par le père Shtjefen Gjeçovi, dont le travail allège la tâche aux chercheurs qui suivent.

Les écrits de Hahn ont été confirmés par la science ethnographique albanaise ; de plus, les recherches effectuées par le biais d'expéditions ethnologiques ont permis de révéler l'existence d'autres vestiges de coutumiers, comme *Le Coutumier de Papa Zhuli* à Himarë, *Le Coutumier de Idriz Suli* à Kurvelesh *et Le Coutumier de Mus Ballgjini* à Çermenikë.

Pendant trente ans, Dom Frano Illia, successeur de Shtjefën Gjeçovi, de Bernadin Palaj, de Benedikt Dema et des autres missionnaires de Dieu et de la Nation recueille et codifie le Canon de Scanderbeg. Il se fait conseiller dans son travail par Llesh Gjok Malqi (1900-1979), originaire de Skuraj, chef de la bannière de Kurbin. La publication de son œuvre sera rendue possible après le renversement de la dictature.

Le Canon de Scanderbeg comprend 225 pages ; il est réparti en 7 parties, 33 chapitres, 241 articles et 3534 paragraphes. Cette œuvre traite de l'organisation de la vie en famille, des droits et des devoirs de ses membres, des règles concernant le domicile et le patrimoine, du droit au patrimoine et à l'héritage, de la division de la famille, de la vente et l'achat d'une maison, des institutions de l'hospitalité et de la parole donnée, de l'organisation et de la cohabitation au niveau du voisinage et au niveau régional. Elle évoque aussi la hiérarchie et le fonctionnement de la vie au sein de la famille, de la tribu, du village, de la bannière, de la région, ainsi que des droits et des devoirs de l'individu et de la collectivité. Les normes

[3] M. Sirdani, *Skanderbegu mbas gojëdhanash*, (Scanderbeg selon la tradition orale), Shkodër, 1926, p. 133.

coutumières de la vendetta, de la justice privée, des institutions, des garanties, du serment et de la réconciliation font l'objet de chapitres particuliers. On y trouve aussi des normes qui définissent la position des institutions religieuses, de l'église et de la mosquée.
En observant que ces phénomènes coutumiers sont liés au nom de Scanderbeg et qu'ils sont, selon lui, les mêmes sur l'ensemble des régions appartenant à la famille des Kastriot, Frano Illia appelle ce coutumier le Canon de Scanderbeg.
Le Canon de Scanderbeg est donc considéré comme un *corpus juris* appliqué jusqu'à une période récente dans les régions placées sous la domination des Kastriotes, en particulier les régions de Mat, Krujë, Dibër, Kurbnesh, Bendë, Tamadhë et Martanesh.
L'ethnographe Rrok Zojzi souligne que « ce coutumier s'appliquait sur un assez large territoire, s'étendant du fleuve de Shkumbin, en direction du Nord, à travers la vallée de Mat, jusqu'à l'affluent d'Urak, à travers les plaines côtières, jusqu'au fleuve Mat »[4].
Les normes coutumières du Canon de Scanderbeg se retrouvent, dans toutes leurs diversités, dans nombre de dictons, comme par exemple « Toute maison a sa cheminée, tout village a son coutumier », « Toute maison a ses coutumes, tout village a les siennes », « Coutumier et *bajrak,* Canon et Gjon Mark ».
De ce point de vue, il nous est possible de conclure que l'héritage du droit coutumier du peuple albanais n'est pas figé à une étape donnée du développement de la société, mais qu'il est plutôt le produit vivant des siècles. Le droit coutumier n'est pas dû uniquement aux noms de Lekë Dukagjini ou de Scanderbeg ; il est né, s'est développé et a été appliqué en fonction des conditions particulières de la vie. Le droit non écrit qui se rapporte au nom de Scanderbeg a connu des évolutions constantes. Ainsi, la domination turque cinq fois centenaire, avec l'islamisation sur une grande échelle de la population albanaise, y a laissé des influences venues des normes juridiques du Charia.

---

[4] Rr. Zojzi, « Disa aspekte të kanunit të Skënderbeut, në kuadrin e përgjithshëm të drejtës zakonore »[Certains aspects du Canon de Scanderbeg vus dans le cadre général du droit coutumier], *La II Conférence des études albanologiques*, Tirana, 1969, p. 315.

Section II : La structure sociale de la région où a été appliqué le Canon de Scanderbeg

Dans la dernière période de la domination ottomane, un village de la *Malessie* de Dibër peut compter plusieurs dizaines, voire plusieurs centaines de maisons regroupées ou disséminées. Comme partout, l'unité de base de l'organisation sociale est la *shtëpi* (maison famille), à caractère patriarcal.

Elle est représentée devant le village par le chef de la maison, indépendamment du nombre de familles et d'âmes qu'elle compte. L'unité économique et sociale est formée non par le quartier mais par le village, car la propriété commune, la *kujri* (les communaux) n'appartient pas au quartier mais à l'ensemble du village. Aussi à la veille de l'indépendance, un village de la région de Dibër n'a pas le caractère d'une communauté patriarcale, mais d'une communauté territoriale.

Le cadastre turc dressé en 1467 permet d'établir que bien avant le XIXe siècle, dès la période de Scanderbeg, un village de Dibër ne connaît pas la communauté tribale. Cela apparaît dans les différents noms que peuvent porter les familles d'un même village. Par exemple les noms dans le village de Qidhëna : Gjin Dushkizi, Gjon Manesi, Gjin Peshtiri montrent qu'il n'existe pas de liens de tribu entre eux. À la Haute-Qidhëna, du Grand-Reç et Petit-Reç au Bas-Gardh, sur un total de 55 maisons, 44 noms ne correspondent pas entre eux. Dans d'autres villages comme dans la Basse-Qidhena, la Haute-Sine, la Basse-Sine à Arras, sur un total de 17 maisons, tous les noms de chefs de famille diffèrent les uns des autres.

Si l'on se réfère à la toponymie des noms, il est possible d'établir que dans un même village, des familles originaires d'autres régions peuvent cohabiter (Gjon Shumbati à Qidhëna, Martin Reçi à Gardh, Petër Lura à Dupjak). Des familles portant le même nom peuvent être établies dans plusieurs villages de la région (Peter Zagri à Bardhë, Nikollë Zagri à Kërash, Petër Zagri à Staniçan). L'origine même du terme *curie*, emprunté au grec byzantin (lieu, village, terrain, propriété), qui semble avoir été introduit en albanais durant le haut Moyen Âge, montre que la propriété commune appartient au village et non à la tribu, bien des siècles avant la période de Scanderbeg.

La communauté rurale, malgré les liens économiques et sociaux établis en son sein, n'est pas en état de se défendre seule contre la pression extérieure, que celle-ci soit étatique ou féodale. Pour y faire face, plusieurs villages voisins sont obligés de se liguer, constituant des communautés territoriales plus grandes que celle de la communauté rurale, et donc de former des communautés régionales.
Le *Mali* n'a pas une curie, contrairement au village ; il se présente comme une ligue fédérative de plusieurs villages et comme une communauté régionale d'un caractère essentiellement politique, militaire et juridique. Le *Mali* des habitants de Dibër nous rappelle la communauté régionale homonyme qui existait avant la domination turque dans les autres régions du pays, en 1416 *Montanea Ottorum* (le Mont des Hot) dans les régions septentrionales, en 1479 *Montagna di Benda* (le Mont de Benda) dans les domaines des Kastriote.
Outre ces liens intérieurs politiques et militaires, le *Mali* se caractérise par une communauté sur le plan juridique. Toute nouvelle norme coutumière qui apparaît dans le *Mali* s'étend à tout son territoire, après avoir été approuvée par l'assemblée de la communauté régionale. L'accroissement de la pression étrangère entraîne des unions fédératives entre communautés régionales, donnant naissance aux unions des montagnes constituées comme communautés interrégionales politiques, militaires et coutumières de plusieurs *Male.*
D'après le cadastre de 1519[5] *la Malessie* de Diber faisait partie du sandjak d'Ohrid.
Dans la dernière période de la domination ottomane, la *Malessie* de Dibër est divisée en neuf communautés régionales ou, comme elles sont appelées, en neuf *Male,* dont six constituent la Basse-Dibër (Reç, Dardhë, Qidhën, Luzni, Muhurr, Murrë) et trois la Haute-Dibër (Gryka Madhe, Gryka Vogël, Bulqizë).
La division de la région de Dibër à partir du XIIIe siècle en deux parties, la Haute-Dibër et la Basse-Dibër indique la formation de deux communautés interrégionales. À la veille de la domination

[5] Archives de la présidence du Conseil des Ministres, Istanbul, cadastres provenant de la finance n° 508. Sur cette question, voir H. Inalçik, Timariotes chrétiens en Albanie au XVe siècle, 1952, *Fatih Devri Ozerin de...*, pp. 137-184)..

ottomane, ces deux communautés tombent sous le pouvoir de deux familles féodales connues : les Gropa, du village Gropë dans le voisinage de Zerqan pour la Haute-Dibër à la fin du XIIIe siècle et les Kastriote, du village de Kastriot, dans le voisinage de Peshkopi pour la Basse-Dibër à partir du XIVe siècle.

Durant la première partie du XVe siècle, le danger de la pression ottomane permet à Jean Kastriote de fusionner les *Male* de la Dibër, Mat et Kurbin en une communauté interrégionale plus vaste.

Dans le cadre de la grande lutte de libération des années 40 du XVe siècle, tous les *Male* de l'Albanie centrale et les régions de campagne sont réunis en une communauté politique au sein de l'État de Scanderbeg.

Plus tard, en fonction de l'évolution des circonstances historiques, l'organisation sociale des communautés régionales est amenée à changer de contenu, voire de nom. En conséquence, de nouveaux positionnements voient le jour dans la hiérarchie sociale de ces régions, comme la position du chef de la bannière de la grande famille féodale dans le région de Mat, du *hodja* dans la région de Golloborda, ou le rôle de la *téké* dans la région de Martanesh.[6]

La naissance, la disparition et la transformation d'institutions montrent les différents degrés d'acceptation, de refus ou de résistance des collectivités villageoises selon les régions. Certaines institutions, comme le *kefalia,* qui disparaissent dans la région de Mat survivent dans la région de Dibër ; dans la région de Benda, le rôle du *voïvode* disparaît aussitôt, et la plus haute institution coutumière qui est partagée entre les quatre plus grandes familles féodales, alors qu'à Dibër (siège des chefs des Montagnes) elle garda son pouvoir collectif[7].

Ainsi, autant avant qu'après la domination turque, le droit coutumier se développe de façon distincte en fonction des cas : soit à l'intérieur d'une Montagne, lorsque le *Mali* reste une communauté régionale à part (comme par exemple dans la contrée de Kurbin), soit dans un groupe de *Male*, quand celles-ci sont réunies au sein d'une union fédérative (par exemple, dans la région de Dibër). Les diverses

---

[6] K. Frashëri, "Mbi kanunin e Skënderbeut", "A propos du Canon de Scanderbeg", Tirana, 1976, p. 238.

[7] *Ibid.* p. 238.

formes du droit coutumier trouvent leur source dans cette différence entre les communautés régionales et interrégionales.
Le coutumier de Scanderbeg est au contraire commun à toutes les contrées montagneuses de l'Albanie centrale en raison de la communauté politique et juridique dans laquelle il existe au cours du XVe siècle, même si, dans quelques unes de ces régions, sa trace n'a pas perduré jusqu'à nos jours.

Section III : Le droit coutumier et Scanderbeg

Le pouvoir de Scanderbeg, en tant que premier chef, est étendu ; il ne lui permet cependant pas de jouer le rôle de codificateur du Canon, bien que la tradition populaire le représente à maintes reprises comme l'auteur de normes coutumières particulières, témoignant ainsi que certaines d'entre elles sont des créations personnelles de Scanderbeg.
L'histoire albanaise passée ne connaît pas de période aussi difficile, riche en activités et aussi organisée que la période de l'État centralisé de Scanderbeg. Face à l'urgence de la situation, il prend deux types de mesures essentielles, évoquées même par Barletius[8] et qui se reflètent dans le coutumier : des mesures économiques et des mesures militaires pour affronter la puissance et l'organisation considérables de l'ennemi.
Sur le plan économique, parallèlement au développement de l'élevage, visant l'augmentation du nombre des chèvres, la mémoire populaire montre que Scanderbeg prend des mesures pour la plantation de châtaigniers destinés à remplacer le pain, pour le défrichement de nouvelles terres et pour la culture du seigle, du millet, etc. À l'appui de ces traditions orales, on peut aujourd'hui remarquer dans tous les territoires anciennement gouvernés par Scanderbeg d'immenses forêts de châtaigniers.
Sur le plan militaire, il convoque les assemblées paysannes comme institutions importantes pour assurer l'unité. Le toponyme *Kuvend* (assemblée), que l'on trouve dans chaque village, témoigne d'une ancienne tradition. L'assemblée est le lieu où l'on prête serment, où l'union est assurée, où sont désignées les

[8] M. Barleti, *Historia e Skënderbeut* (L'Histoire de Scanderbeg), Tirana, 1964, pp. 302-368.

personnes devant aller en guerre pour la défense du pays. Les décisions prises dans les assemblées ne se discutent plus, leur application est obligatoire pur tous. Les phrases « C'est Scanderbeg qui a décidé de cette affaire », « C'est décidé selon le coutumier » suffisent pour faire accepter les décisions.

Si l'autorité absolue, la conduite personnelle, l'audace, la vaillance et le sens de la justice confèrent à Scanderbeg un prestige immense auprès des Albanais, qui sont prêts à se sacrifier pour lui, le vrai créateur des normes juridiques reste le peuple lui-même. On lit ainsi dans le Canon de Scanderbeg : « Ce n'est qu'au peuple lui-même, c'est-à-dire aux nobles et au petit peuple qu'incombe le droit et le pouvoir de créer de nouvelles lois coutumières »[9].

Selon la tradition populaire, dans les collectivités de montagnards, lorsqu'une norme coutumière ancienne ne convient plus face à l'évolution des conditions économiques et sociales, ou qu'une manière de juger demande une nouvelle interprétation coutumière, une réunion générale est décidée au niveau de la bannière. Tous les villages y sont représentés par des délégués appelés Anciens, mais elle peut être encore plus large, et exiger la présence d'un homme de chaque foyer. Dans ce cas, les décisions prises ont un caractère obligatoire et un pouvoir d'application immédiat. L'image des Anciens qui modèlent le Canon, comme Musë Ballgjini à Çermenikë, Selim Pashku à Martanesh, Lush Qidhna à Dibër, Cen Doku à Bendë nous est parvenue depuis l'époque des Kastriotes. Parmi eux, les noms de Scanderbeg, de Lekë Dukagjini et de Kokë Malçi ont mieux survécus, en tant qu'auteurs des normes coutumières.

Durant la dernière période de la domination ottomane, l'ère géographique couverte par le Canon de Scanderbeg a les caractéristiques d'une collectivité villageoise au sein de laquelle se fait sentir le besoin de l'unification. Elle s'ouvre donc à une collectivité régionale, créant ainsi, avec la consolidation de l'État de Scanderbeg la possibilité d'un substrat coutumier commun, lié au nom et à l'autorité de Scanderbeg.

Comme on le voit, les normes coutumières de Scanderbeg marquent une avancée par rapport aux anciens principes du droit

[9] *Idem*, pp. 302-368.

coutumier encore en vigueur au XVe siècle. Leur application permet à l'organisation sociale des montagnards de mieux servir à la lutte contre les turcs. Leur caractère progressif et la proclamation de Scanderbeg immortel sont deux grandes raisons qui expliquent l'attribution de son nom à tout le droit coutumier en vigueur en Albanie centrale. Durant le Moyen Âge, ce coutumier est très actif parmi les collectivités villageoises régionales et interrégionales et il ignore l'administration étatique féodale. Sa survie jusqu'au XXe siècle reflète le développement social de ces régions, tout en incarnant l'autonomie locale des collectivités villageoises où le pouvoir ottoman n'était que nominal.

Section IV : Les traits du droit coutumier albanais

L'étude du droit coutumier albanais amène à examiner l'un des problèmes les plus importants, celui de sa source et du pays où il a été formé. La question de la source du Canon n'est pas un problème nouveau dans les études albanaises : sa valeur sur le plan historique, ethnographique et juridique a depuis longtemps attiré l'attention des savants et l'intérêt des chercheurs.

L'étude la plus complète peut être attribuée au chercheur Izet Hoxha, (voir Hoxha .I. « Parallèle entre le Canon de Lekë Dukagjin, le Code du tzar Stephane Douchan et le droit byzantin » *Etnografia shqiptare*, 15, Tirana, 1987, pp. 53-75) les idées de qui trouvent terrain dans l'analyse suivante.

Dans la mesure où les matériaux du coutumier albanais n'ont commencé à être recueillis que vers la première moitié du XIXe siècle, alors que sa genèse et le lieu de sa conception ramènent à des époques historiques beaucoup plus lointaines, selon Izet Hoxha, la meilleure méthode pour l'étudier est d'utiliser la reconstruction et la comparaison et, en partant de l'état actuel des choses et des données disponibles, de remonter aux premières traces de l'histoire du coutumier albanais, à la place qu'il occupait alors et aux liens qu'il avait avec d'autres pays.

Certains historiographes étrangers affirment que le coutumier albanais ne renferme pas de valeurs originales et représente un monument où sont assemblés des ornements provenant des droits des autres pays comme la Serbie et le Monténégro au Nord, la

péninsule italienne à l'ouest, l'Empire ancien ou le monde grec au sud, la Macédoine, Byzance et plus tard la Turquie à l'Est.
Dans la littérature serbo-croate, en se référant toujours à Izet Hoxha, ce point de vue se retrouve chez des savants du XXe siècle comme R. Kosmajać[10], B. Nušić[11], T. Oranvać[12], S. Ćirković[13] ainsi que M. Sufflay,[14] qui indique que « dans le domaine ethnique, politique et culturel des XIe et XVe siècles, l'Albanie a été une frontière remarquable qui s'est opposée presque directement à la tendance politique permanente imposée », mais lorsqu'il s'agit de l'origine du Canon, il affirme que le Canon est à la base rempli des normes du droit serbo-byzantin[15].
Dans l'analyse de Izet Hoxha il est signalé que cette hypothèse est réfutée, entre autre chez Nopcsa[16], Castelleti[17], et quelques autres savants qui, afin de démontrer que le coutumier albanais découle du droit allemand (Leges Barbarorum) et de ces dérivés, donnent pour preuve la venue en Albanie des Normands et bénédictins d'Apulie au XIe siècle et la deuxième invasion normande en Albanie de la première décennie du XIIe siècle.
Mais d'autres savants cités par Izet Hoxha, comme Almagia[18], Jelić[19], Villari,[20] qui en prenant pour référence la pénétration de la culture hellénique au sud, puis de la culture Romaine à l'ouest à

Les auteurs qui suivent sont cités d'après l'article de I. Hoxha (voir ouvrages consultés)

[10] R. Kosmajać, "Leka-Kanuni", *Godisnjica, Nicole Cupica*, XXI, Beograd, 1901, p. 214.

[11] B. Nušić, *S Kosova na Sinje More*, Beograd, 1902, p. 57.

[12] T. Oraovać, *Arbanasko pitanje i srpsko pravo*, Beograd, 1902, p. 22.

[13] S. Ćirković, "Pasqyrë e marrëdhënieve serbo-shqiptare", *Përparimi*, nr. 1, 1956, p. 25.

[14] M. Sufflay, *Serbët dhe shqiptarët*, Tirana, 1926, pp. 25-26.

[15] *Idem*, p. 90.

[16] F. Nopcsa, "Die Herkunft des nordalbanien gewohnheitsrechtes des kanun Lekë Dukazinit", *Zeitschrift für Vergl. Rechtswissenschaft*, Bd. 40.

[17] G. Castelletti, "Conseotudini e vita sociale nelle montagne albanesi secondo il Kanuni Lekë Dukaginit", *Studi albanesi*, vol. III-IV, 1933-1934.

[18] R. Almagia, *L'Albania*, 1930, p. 133.

[19] M. Jelić, *Albanija*, Beograd, 1933, p. 4.

[20] S. Villari, *Le consuetudini giuridiche de l'Albania nel kanun di Lekë Dukagjin*, Rome, 1940, p. 12.

partir du troisième siècle avant J.-C. et, dans les époques suivantes de la culture byzantine, ont considéré comme non fondée l'idée que le coutumier albanais, en tant que document de l'antiquité, n'aurait pas subi les influences des droits de ces pays. L'existence d'un droit est déterminée par la base économique, par les nécessités du développement social ainsi que les possibilités et les conditions propres à chaque pays, qui ne peuvent en aucun cas être identiques. En conséquence, lorsqu'il s'agit d'œuvres uniques comme le droit coutumier albanais, il faut admettre que son élaboration et son développement ne pouvaient s'accomplir autrement que dans le cadre des conditions socio-économiques du pays, indépendamment des emprunts, des influences dans tel ou tel domaine du droit ou de la culture en général. Le coutumier albanais a été formé par la vie elle-même, en dehors de tout décret royal et de la proclamation par quelque organe législatif d'État.
Il représente par son contenu l'ensemble des normes, des us et des coutumes, des conceptions juridiques des différentes époques historiques, le droit coutumier créé dans la pratique avec un rôle important des précédents des Anciens, qui connaissaient et appliquaient les us. Il a donc été l'expression d'une autonomie de gestion et d'organisation sociale, jouant un rôle positif dans la lutte pour une existence menacée par le danger d'assimilation, et a représenté la défense de l'unité morale des membres de la communauté.
Ce sont des rapports sociaux déterminés que le droit coutumier albanais réglait, et sa naissance a été conditionnée par les conditions politiques, économiques et sociales que connaissait l'Albanie au fil des siècles et par la nécessité pour les montagnards de trouver des formes d'autogestion et d'organisation sociale les plus appropriées possibles dans le but de s'unir et d'organiser la lutte contre l'occupation étrangère. Selon le coutumier, une large couche de paysans, libres à titre individuels mais soumis à l'exploitation, gardait sous une forme ou une autre une liberté de mouvement.
Comme le confirment le Kanun de Lekë Dukagjini et celui de Scanderbeg, ce n'est pas la propriété du sol des féodaux qui sert de base pour les rapports de production, mais la propriété

parcellaire privée aux limites bien déterminés, la présence des communaux dont jouissaient les membres du village, de la bannière ou de la tribu par rapport à l'usage collectif des pâturages, des forêts, des lieux de chasse et autre du genre ne connaissant, ni l'aliénation, ni la vente, ni le partage individuel de cette propriété[21].

Dans la codification donnée par Gjeçov et dans le Canon de Scanderbeg, aucune norme n'institue pour le paysan de corvée donnant lieu à l'appropriation du produit par les chefs de tribus, de village ou de bannière. L'obligation de payer la rente féodale conçue comme forme d'appropriation du produit supplémentaire n'y est même pas reconnue.

A ce sujet, les règles juridiques du Canon sont indiscutables, catégoriques : « ni *la maison de Gjonmarkaj,* ni les chefs de tribu, ni les vieillards des villages, lit-on dans le paragraphe 1159 du Kanun de Lekë Dukagjini, ne peuvent avoir de droit sur les biens ou la richesse d'autrui ».

« Le peuple des tribus ne doit aucune dîme ou redevance à un chef ou à *la maison de Gjomarkaj* », lit-on dans le paragraphe 1160 du Kanun de Lekë Dukagjini. « En ce qui concerne les biens et les richesses en terres, en prairies et en vignes, on aura égard aux droits héréditaires de chacun. » est-il écrit dans le §. 1158.

La conclusion à laquelle arrive Izet Hoxha dans son article et qui suit semble convaincante.

La structure socio-économique de ces normes remonte donc à une époque lointaine, celle de la période transitoire allant du régime patriarcal-tribal en pleine décadence au régime féodal en voie de développement. Aussi, l'existence de la propriété tribale et l'organisation commune de sa protection, la construction de la société sur la base du lien du sang, l'organisation sociale en tribus, subdivisées en branches et en fratries, en familles élargies et familles étroites, la concentration du pouvoir entre les mains de l'aristocratie tribale portant les noms des notables, des chefs, des Anciens, etc. sont-ils des phénomènes qui n'appartiennent pas au XIVe siècle, mais remontent à un passé lointain et qui témoignent de l'existence, avant la naissance des rapports

[21] Sh. K. Gjeçov, *Kanuni i Lekë Dukagjinit*, paragraphes, 213, 214, 216, 243.

féodaux, d'une base commune reflétant la structure organisatrice de la tribu.

Et c'est justement en raison de la problématique large et très complexe qu'il présente que bien des savants ont du affirmer que le droit coutumier albanais ouvre aussi des horizons nouveaux pour l'étude du développement des divers systèmes juridiques[22].

Le droit coutumier albanais connaît une extension très large. Les matériaux d'observation nous fournissent des données nous permettant de comprendre qu'il n'existe pas de domaine des rapports juridiques (civils, familiers, pénaux, administratifs, du mode de la gestion, de la succession, de la procédure etc) qu'il ne réglemente. C'est donc un vrai *Corpus Juris*.

Les sources historiques, ethnographiques et juridiques prouvent que les assemblées étaient la base de la formation du droit coutumier albanais ; en tant qu'organes d'autogestion de l'assemblée de la fratrie du village, de la tribu, de la bannière ou certaines tribus et bannières, elles décidaient des affaires les plus importantes concernant la vie des zones montagneuses.

Sans connaître ni rois, ni empereurs, le coutumier albanais considérait non seulement la participation des membres aux assemblées comme une exigence obligatoire, une condition sans laquelle aucune affaire ne pouvait être résolue, mais il prévoyait aussi des sanctions juridiques pour chaque écart[23].

Contrairement à la loi agraire byzantine[24], dans laquelle les forêts, les pâturages et autres éléments se présentent comme des catégories de la propriété privée, dans le coutumier albanais ces catégories sont des éléments constitutifs de la propriété collective de la curie « les communaux sont les terrains qu'un village ou une bannière possède en commun pour le pacage, le bois d'œuvre ou de chauffage, la chasse ou tous les autres besoins » (§. 232, K. L. D), ou « les communaux ne se partagent pas, mais chaque feu du village a droit aux communaux et chaque feu de la bannière à ceux de celle-ci ». (§. 233, K. L. D).

---

[22] M. Mladonević, "Zakonik Lek Dukadina", *Prilog postavijanju problema u peredne istorije balkanskih prava*, Beograd, 1938, p. 3.

[23] J. G. Hahn, *Albanesische Studien*, Jena, 1854.

[24] *Dokumenta të periudhës bizantine për historinë e Shqipërisë*, përgatitur nga K. Bozhori, Tirana, 1976, pp. 19-31.

Comme la littérature historique, ethnographique et juridique l'a amplement mis en évidence, l'un des traits fondamentaux du droit coutumier albanais est le passage direct de l'organisation patriarcale-tribale au féodalisme, sans connaître le régime de l'esclavage. Contrairement au nombre de dispositions de la loi agraire byzantine (§§. 45, 46, 47), le Canon ne connaît aucune trace du régime fondé sur l'esclavage dans les rapports de la propriété.
Il n'est pas non plus possible d'ignorer le fait que les conquérants étrangers ont également exercé des influences sur le droit coutumier au moyen de la violence et de la religion, surtout durant la domination ottomane.

Section V : L'islamisation des Albanais et son influence sur le droit coutumier

L'invasion turque entraîna un basculement dans le processus du développement socio-économique et culturel du peuple albanais. La présence ottomane pendant presque 500 ans fut la cause principale de la conversion à l'islamisme de la plupart des albanais.
L'intégration au sein d'une grande puissance de l'époque et la contrainte de l'adoption du mode de vie orientale contribua à cette conversion. Elle commença d'abord en Albanie centrale, parce que cette région avait été transformée en un champ de bataille entre le catholicisme et l'orthodoxie. La faiblesse de ces deux religions causa une conversion massive. Après l'échec des insurrections de 1645 et 1689, la majorité des catholiques fut convertie à l'islamisme par diverses méthodes.
Au début du XVe siècle, une partie des féodaux accepta de se convertir à l'islamisme pour garder ses propriétés et ses privilèges. Le rapport rédigé par P. Mazreku, en 1663 fait savoir que la famille féodale de Kukaj, convertie depuis 100 ans à l'islamisme, profite de grands privilèges accordés par l'administration turque. Au XVIIe siècle, les envahisseurs utilisent la discrimination fiscale pour donner des avantages socio-économiques à la communauté islamique.
Les Turcs conquirent presque toute l'Albanie, à l'exception du nord, où la conversion à l'islamisme rencontra une forte résistance.

Avec la chute de la ville de Krujë en 1478, ses habitants furent soumis à un massacre sans précédent, comme le rapportent les contemporains.[25] Une nouvelle vague d'habitants de Krujë quitta la ville, traversa la mer et s'installa dans le royaume de Naples, avec parmi eux, Gjon, le fils de Scanderbeg.[26] Certaines familles s'installèrent à Himarë, à Ulqin, à Shkodër, etc.[27].
Gj. Kola écrit en 1937 dans la revue *Himara* : « il y a ensuite le quartier de Gjin Lekë du village de Dhërmi, le plus ancien du village et dont les habitants, selon la tradition orale, sont venus de Krujë, lorsque fut accompagné Gjon II Scanderbeg, au temps où il émigra en Italie ». Selon lui cela a du se passer après 1478, à la chute de Krujë.[28]
Selon les données fournies par Evlija Ćelebi et d'autres sources, on peut dire que vers le XVe siècle la ville de Krujë comptait en moyenne 700 à 800 maisons.[29] Il est intéressant de remarquer que durant un siècle, la ville ne connut pas de croissance du nombre de ses habitants, ce même chiffre étant donné par les sources turques au XVIIIe siècle.[30] Cela ne signifie en aucun cas qu'il n'y a pas eu de déplacements de population car durant cette période, beaucoup de familles quittèrent la ville pour s'installer à Shijak, Durrës et Tiranë et furent remplacées par de nouveaux venus.
Il y eut des déplacements de population non seulement dans la ville de Krujë, mais aussi dans certains villages. Un document datant de 1650 relate que les habitants du village de Skuraj ont quitté Kurbin pour une destination inconnue.[31]
Selon la tradition orale, il y eut déplacements de population également dans d'autres villages, comme ce fut le cas à Daulë, Shqezë, Selitë, etc. La ville de Krujë fut principalement peuplée de nouveaux venus de Kurbin et Bendë et dans une moindre mesure de Matje, Dibër etc. La plupart d'entre eux avait déjà un

---

[25] Fallmerayer, *Das Albanesische Element in Griechenland*, Munchen, 1860, op. III, p. 107.
[26] Gj. Kola, *Himara*, 1937, p. 417.
[27] Z. Shkodra, *Esnafët shqiptarë*, Tirana, 1973, p. 40.
[28] Gj. Kola, *Idem*.
[29] Z. Shkodra, *Idem*, p. 46.
[30] Z. Shkodra, *Idem*, p. 291.
[31] A. Q. Sh., Busto, 1, nr. 12.

métier, comme tanneur, marchand de bâts, tailleur, armurier et ils embrassèrent la foi de l'envahisseur. C'est ainsi que les villages furent en partie abandonnés et que de nouveaux venus, originaires du Petit Ohër s'installèrent à Selitë, et d'autres, issus des villages de Mat s'établirent à Vinjollë, Cudh, Bruz, etc.

En conclusion, nous sommes d'avis que les migrations de la population eurent lieu, dans la plupart des cas, à l'intérieur des régions faisant précédemment partie de la principauté de Scanderbeg, et donc que ces déplacements de population eurent lieu dans les territoires gouvernés par Scanderbeg. On peut considérer que les trois villages du Petit Ohër, Rranxë, Selitë et Kthellë comme faisant partie des territoires de Scanderbeg. En effet, l'appellation donnée à cette zone, le Petit Ohër, *Ohri i Vogël* veut dire partie du Grand Ohër, *Ohri i Madh* et était gouvernée par le coutumier de Scanderbeg.

Quoi qu'il en soit, les gens du pays restaient majoritaires par rapport aux nouveaux arrivants. Mais il faut souligner que la coutume voulait que le nouveau venu s'attacha à une maison cossue du village et qu'il devint frère avec les membres de cette maison (§§. 1897-1913, C. S.). Il était donc obligé de respecter jusqu'au bout les us et coutumes du village, ce qui était d'ailleurs l'une des premières conditions pour être admis au sein des paysans du village. À notre avis ces familles n'exercèrent pas d'influence sur la modification des us et coutumes du pays. Se considérant elles-mêmes comme nouvelles venues, elles ne se différenciaient pas, que ce soit dans l'arrangement de la façon de vivre, dans l'habillement, etc. Les nouveaux venus étaient considérés du pays de telle manière qu'ils ne pouvaient contracter de mariage à l'intérieur du village en disant « nous sommes des frères ».

Une modification des us et coutumes vient en grande partie des contacts fréquents avec les habitants des autres zones en dehors de la bannière. Or les deux régions de la montagne de Krujë, Kurbin, et Bendë sont entourées de toutes parts de hautes montagnes et de fleuves. Les voies de communication sont difficiles, ce sont des sentiers pour piétons ou des chemins où ne passent que des mules et des chevaux ; les us et coutumes des autres régions n'ont donc pas influencé ces pays-là en raison de leur isolement.

Partant de tous ces facteurs mentionnés ci-dessus, nous pouvons conclure que les nouveaux venus n'apportèrent pas avec eux un nouveau coutumier.

De l'autre côté, la religion de l'envahisseur se heurta à une grande résistance de la population de ces zones reculées. Cette arrivée dans les zones montagneuses de Krujë commença vers le dernier quart du XVIIe siècle ce qui montre que la Charia n'a pas pu pénétrer profondément dans ces zones. Cette conclusion est tirée des relations de l'époque. S'il est vrai que dans les registres cadastraux de H. Inalćik figurent des noms d'origine musulmane dans les zones montagneuses comme à Kurbin,[32] cela ne veut pas dire qu'à cette époque-là les villageois avaient changé de religion (les paysans changeaient de nom pour échapper aux taxes et gagner quelques faveurs). La situation apparaît clairement dans le rapport adressé par G. Gallata au Vatican en 1673. Il dit que tous les habitants de Gernac et Vinjoll étaient des catholiques et qu'ils payaient des taxes à l'Église[33].

M. Sirdani écrit qu'en 1689, cette religion (musulmane Xh. C.) fut adoptée non seulement par la plupart des habitants des plaines, mais également par presque tout Dibër, tout Mat, Bendë, Has, Postribë, Anamali.[34] Une partie de la population prit la direction des montagnes parce qu'elle s'y sentait mieux protégée de l'ennemi.

Mais la foi islamique était superficielle chez quelques albanais, certains d'entre eux, convertis à l'islamisme pratiquaient encore les rites de la religion catholique et d'autres pratiquaient les doubles noms (chez eux ils conservaient les noms catholiques, mais avaient des noms musulmans dans les documents officiels). De fait, Malte –Brun et Hobhouse imputaient aux Albanais un manque d'intérêt envers la religion, surtout chez les musulmans qui n'en avaient qu'une pratique formelle.

Citant Fallmerayer, Demetrio Camarda affirmait ainsi que certains Albanais avaient préferé la liberté à la religion et s'étaient faits

[32] H. Inalćik, Archives de la présidence du Conseil des Ministres, Istanbul, Cadastres provenant de la finance, nr. 508, Le registre cadastral du sandjak d'Ohër.

[33] *Burime të zgjedhura për Historinë e Shqipërisë*, Tirana, 1962, V. III, pp. 143-147.

[34] M. Sirdani, *Skanderbegu mbas gojëdhanash*, Shkodër, 1926, p. 133.

musulmans. Ils avaient cependant conservé leur langue, leur caractère et leurs coutumes. Pour cela il reprenait les idées des auteurs occidentaux ; celle de la superficialité de l'islam, du crypto-christianisme, de la conservation du caractère national, ou encore de la mémoire de l'origine chrétienne. D'après Leake, la conversion à l'islam des Albanais avait eu lieu pour des motifs politiques et pour les avantages que procurait le statut de musulman (voir Clayer N, *Aux origines du nationalisme albanais*, Editions Karthala, 2007, pp 168, 208).

À la fin du XVIIe siècle, le processus de conversion à l'islamisme est achevé. Après cette période les cas de conversion sont rares.

En effet, la tolérance religieuse chez l'Albanais fut parfaite. La lutte idéologique millénaire entre Rome et Byzance, écrit le connaisseur de l'histoire médiévale d'Albanie, M.Shuflay, ne revêtit jamais de formes dures sur le sol albanais.

La conscience ethnique très profonde des habitants du pays pesa plus que le sentiment religieux et l'égoïsme de ses chefs, et ne permit jamais au zèle religieux (même s'il existait) de parvenir au degré de fanatisme dont la trace se trouvait à peine chez l'Albanais durant le Moyen Âge[35].

On ne peut évidemment pas dire que les Albanais médiévaux n'avaient pas de conscience religieuse et n'honoraient pas l'église. Comme tous les autres peuples d'Europe, ils étaient chrétiens, mais contrairement à eux, n'étaient pas fanatiques par rapport aux rites. L'Albanie ne connut pas les guerres de religion, non seulement durant le Bas Moyen Âge, mais même plus tard, quand avec la propagation de l'islamisme les Albanais se divisèrent en trois religions.

C'est justement à cause de ce sentiment, qu'un observateur occidental anonyme pouvait affirmer en 1308, que les Albanais médiévaux n'avaient de conviction fanatique pour aucun rite, n'étaient des prosélytes fanatiques d'aucune église et n'étaient « ni purs catholiques, ni purs schismatiques (orthodoxes) ».[36]

---

[35] L. Thaloczi, "Le Coutumier de Lekë", *Illyrisch-albanische Forchungen*, München und Leipzig, 1916, p. 410.

[36] *Burime të zgjedhura për historinë e Shqipërisë*, vol. II, (VIII-XV) siècles, Tirana, 1962, p. 111.

C'est pour cette raison que des chercheurs ont pu considérer la conscience et la conservation de l'ancienne tradition par les Albanais comme une chose sans pareil dans l'histoire d'Europe[37], comme une capacité extraordinaire à faire face à l'assimilation, comme « un témoignage vivant du fait qu'un peuple qui s'appuie seulement sur une éducation humaine générale, mais qui est vaillant et combatif, même sans science, sans académie, sans art cultivé et voir même sans abécédaire peut vivre et garder intacte son ancienne puissance ».[38]

Cette tolérance et cette capacité à la cohabitation se manifestent dans le droit coutumier. Ainsi, les institutions de parenté et de fraternité ne font pas de discrimination religieuse. Les *Malessores* choisissaient comme parrains indistinctement des orthodoxes et des musulmans, ce qui fut interdit par le Concile de la terre d'Albanie, tenu à Rome en 1703.

Le droit coutumier albanais admettait les mariages mixtes, c'est-à-dire les mariages entre individus de confession différente. Le maintien de la religion de la femme était son droit, l'homme ou le maître de maison ne pouvait pas la contraindre à prendre sa propre religion. Ce fait se retrouvait dans plusieurs contrées de l'Albanie où une partie de la population était catholique et l'autre orthodoxe. Alors que l'islamisme se répandait dans plusieurs zones de montagnes, la nouvelle religion ne put rompre la fraternité entre les *Malessores*. Cela permit la continuation des liens matrimoniaux sans considération de la religion.

Les rapports rédigés par Frang Bardhi, Gjergj Bardhi et Pjetër Mazreku demandaient à Rome de prendre en considération le mariage mixte parce que l'Église n'admettait pas le mariage d'un catholique avec un hérétique.[39] Au contraire, le clergé musulman admettait le mariage d'un homme avec une femme chrétienne dans le but de la convertir à l'islam. La Charia, par contre, interdisait le mariage d'une fille musulmane avec un chrétien.

[37] J. G. Hahn *Albanesische Studien*, Jena, 1854, p. 5, 70.

[38] J. Fallmerrayer, "Das albanessische Element in Griechenland" in *Abhandlungen des königliechen Akademia*, 1857, p. 426.

[39] G. Morani Romeno, *Dixionario di erudicione storico-eclesiastica*, vol. XLIII, Venecia, 1884.

Les *Malessores* n'acceptèrent pas toujours les interventions des clercs et les mariages mixtes furent un phénomène courant dans quelques contrées. La population avait trouvé dans la tolérance religieuse une solution aux questions compliquées de ces familles. Mentionnons, entre autres, la règle générale prescrivant que les garçons devaient maintenir la religion de leur père et les filles de leur mère.

À la fin du XIXe siècle, dans la contrée de Lurë, où le Canon de Scanderbeg était appliqué et les mariages entre diverses religions étaient communs, il y eut un cas de quatre fils d'une famille, le premier et le troisième maintenant la religion du père, le second et le quatrième la religion de la mère. Ce mode de coexistence a pu être constaté à Lurë jusqu'aux années soixante du XXe siècle. On a les mêmes données pour la bannière de Baran au Kosovo.[40] Hecquard a écrit sur la famille féodale catholique de Gjonmarkaj, qui avait pour coutume d'enlever les jeunes filles musulmanes, les épouser puis les convertir au catholicisme. Ainsi, le Chef Bib Doda enleva et épousa la jeune fille d'un féodal de Krujë.[41] Ce phénomène est également constaté par A. Degrand qui raconte que « Les mariages mixtes en Albanie du Nord ne sont pas rares ».[42].

Un fonctionnaire turc écrit que les musulmans « ont pris ou ont donné des filles aux catholiques, que personne ne pratiquait la circoncision, qu'on faisait du vin et de l'eau de vie (raki) dans leurs maisons, qu'on fêtait Saint Nicolas et les autres célébrations chrétiennes »[43]. Les cadis ou juges, installés dans tout centre administratif des contrées où était en vigueur le droit coutumier, n'exerçaient presque en rien leur droit judiciaire. La population n'avait pas confiance dans la Charia qu'elle considérait comme une loi étrangère.

---

[40] M. Krasniqi, "Veçori etnografike të Lugut të Baranit", *Gjurmime albanologjike*, Folklor, Etnologji, XII, 1983, Prishtinë 1984, p. 104.

[41] H. Hecquard, *Histoire et description de la Haute-Albanie*, Paris, s.d. [1856], pp. 229-230.

[42] A. Degrand, *Souvenirs de la Haute Albanie*, Paris, 1901, p. 173.

[43] Lettre du capitaine de l'administration de la sous-préfecture de Lezhë et de Zadrime, Mehmet Sali, adresée à Ahmet Xhevdet pacha, le 27 mars 1865 (Archives de l'Institut d'Histoire, Tirana, Documents turcs A-XII-359).

Vers la moitié du XIXe siècle, la *Malessie* fut visitée par des groupes de derviches et de cheiks de différentes sectes, que l'on appelait les missionnaires de l'Islam.[44] Ils se montrèrent plus doués que *les hodjas* et parvinrent à fonder, dans quelques sites, des *tequé*, notamment à Lumë ou à Dibër. Leur influence fut sensible surtout chez les fidèles. Après la destruction des pachaliks albanais, le gouvernement ottoman entreprit une campagne contre l'emploi du coutumier albanais[45] dans les vilayets de Shkodër et de Prizren. Dans un article paru dans le journal *Prizren* en 1871, on recommandait aux Albanais musulmans d'abandonner le coutumier qui était « couvert d'un faux vernis alors que l'on avait la Charia, un phare illuminant le peuple ».

La Charia, c'est-à-dire le droit musulman classique, est un corpus de règles juridiques extrêmement nombreuses traitant de tous les problèmes de la vie en société. On y trouve du droit pénal, du statut personnel, du droit foncier, de ce que nous appelons aujourd'hui le droit civil (contrats et obligations) ou le contentieux administratif.

Le droit coutumier albanais, en tant que droit d'une libre communauté rurale, a maintenu en toute occasion son esprit païen et une tolérance religieuse correspondant aux conditions d'un pays ayant une population mixte religieusement.

Dans la structure de l'ancienne organisation sociale et dans la vie politique des *Malessores* albanais, la religion n'était pas un élément idéologique. La cohésion tribale était bien plus forte que la cohésion religieuse. Ainsi, un musulman de n'importe quelle tribu était plus proche du catholique de la même tribu (même s'ils étaient parfaitement inconnus l'un à l'autre) que du musulman d'une autre tribu de son propre village[46]. Chaque maison, chaque tribu, village ou contrée était gardé par *l'Orë*, ou fée de la

[44] S. Brestovci, "Mémorandum d'un anonyme sur la politique que devait pratiquer la Serbie parmi les Albanais", *Gjurmime Albanologjike, Seria shkencat historike*, III, Prishtina, 1975, p. 175.

[45] Archives de l'Institut d'Histoire, Tirana. Relation de Xhevdet pacha de Shkodër en 1861.

[46] M. Krasniqi, *art. cit*, p. 106.

Montagne. Cela était valable pour toute la tribu sans distinction d'appartenance religieuse.
Jusqu'au début du XXe siècle, l'Albanie centrale pouvait être découpée, d'Ouest en Est en trois zones distinctes ; une zone littorale, où s'exerçait l'autorité du gouvernement ottoman, une zone intermédiaire, où l'influence de l'administration rivalisait avec celle des beys, et une zone montagneuse, où seul était reconnu le pouvoir du Coutumier de Scanderbeg.

Conclusion

Le droit coutumier albanais a été un droit non écrit formé au cours des âges par des auteurs anonymes ; il représente un miroir de la vie matérielle de la paysannerie notamment de celle des régions de la montagne. Comme toute la culture matérielle du peuple albanais, il a été défini par une série de facteurs historiques, ethniques sociaux, politiques et géographiques, évoluant au fil des siècles.
Les assemblées et certains individus ont joué un rôle important dans sa naissance. Il est resté en vigueur parallèlement au droit byzantin et après l'apparition du Code de Stéphane Douchane.
Il en fut de même pour la domination ottomane qui non seulement fut obligée de reconnaître le droit coutumier albanais mais s'efforça également de le modifier en sa faveur.
L'existence du droit coutumier albanais présente certaines ressemblances, certains emprunts et des influences venues de droits coutumiers voisins, ce qui est un phénomène inévitable et réciproque déterminé par les ressemblances des conditions économiques, politiques et sociales dans lesquelles ont vécu les peuples voisins.
L'islamisme des Albanais a influencé le droit coutumier en particulier dans le domaine familial et dans la position de la femme, soumise à l'homme.
Les normes du Canon de Scanderbeg sont restées vivantes, transmises par le peuple de génération en génération malgré les fortes pressions exercées par les turcs.

PARTIE II :
LA TRIBU

Introduction

Bien que la société de la tribu, entendue comme issue d'une souche commune, et dont les membres ont des liens de sang, aie disparu depuis longtemps, ses vestiges plus ou moins fortement ancrés, ont été conservés tardivement dans les traditions populaires. Ces survivances ont une importance historique indéniable en permettant de mettre en lumière cette formation sociale disparue de la société humaine.

En Europe, les peuples des Balkans ont remarquablement conservé dans leurs traditions des survivances apparentes et vivaces de la société de la tribu.

Ami Boué[47] fut le premier auteur à le remarquer et à s'y intéresser dans ses études historiques, suivi par des centaines de chercheurs qui situèrent les principaux foyers de ces vestiges dans les Balkans, notamment en Slovénie, en Serbie, en Croatie, en Bosnie, en Herzégovine, dans le Monténégro, dans les *Malessie* de l'Albanie du Nord, en Laberie et dans la *Malessie* de Souli. Il apparaît que ces survivances ont été mieux conservées à l'ouest de la Péninsule, en raison des conditions socio-économiques et politiques de la vie de ces peuples.

Les chercheurs se sont accordés pour reconnaître l'importance de ces survivances en Albanie, non seulement pour l'histoire du peuple albanais, mais aussi pour l'histoire générale de la société humaine. Voulant en souligner la portée historique, J. G. von Hahn, écrivait en 1854 que « le recueil du matériel que conserve le peuple albanais sur l'ordre de la tribu a une grande importance pour l'histoire générale de l'humanité, c'est pourquoi je souhaite que cette tâche trouve au plus vite l'homme qu'il faut[48] ». M. Sufflay notait que « le peuple albanais a hérité de matériaux d'une grande importance, y compris du point de vue de l'histoire générale de l'humanité »[49].

Sans s'arrêter à la simple estimation de la valeur de ces vestiges, les chercheurs étrangers ou albanais ont tâché d'en dégager les

---

[47] 1) A. Boué, *La Turquie d'Europe*, II, Paris, 1844, p. 73.

[48] J. G. Hahn, *Albanesische Studien*, Jena, 1854, p. 193.

[49] M. Sufflay, (cité d'après la traduction en albanais de *Srbi i Arbanasi*, Tirana, 1926, p. 73.

problèmes et de les étudier en profondeur. Les résultats ne furent toutefois pas satisfaisants. M. Sufflay crut pouvoir généraliser en faisant du phénomène un trait propre à tout le peuple albanais : « Si on l'écrit du point de vue sociologique, l'histoire de l'Albanie n'est autre qu'une procréation incessante de tribus et de destruction de systèmes génétiques »[50]. Il aboutit à la conclusion que ce peuple pouvait être considéré dans l'ensemble comme un peuple pastoral avec une société primitive s'exprimant dans des liens génétiques entre les hommes.

Cette opinion ne correspond pas à la réalité historique qui montre que le peuple albanais avait eu dès l'antiquité une société stabilisée avec des agglomérations rurales et urbaines et des formes étatiques et administratives propres. Ces survivances ne s'étendent pas sur l'ensemble du pays et ne concernent pas toute la population mais à quelques groupes de population vivant dans quelques microrégions du pays, comme chez d'autres peuples des Balkans.

Mais les scientifiques albanais parvinrent à la conclusion que les survivances de l'ordre tribal en Albanie appartenaient à quelques petits groupes de pasteurs nomades qui transhumaient durant le Moyen Âge, pendant que le peuple albanais, sédentarisé depuis quelques millénaires, avait atteint des formes plus élevées d'évolution sociale. La décomposition de ces tribus commença durant le XVe et le XVIe siècles et elles disparurent aux XVIIe et XVIIIe siècles pour ne laisser que des survivances. Ces dernières jouèrent au XIXe siècle un rôle important dans la vie de la *Malessie,* mais qui ne fut toutefois pas décisif dans son activité.

L'ethnographe Rrok Zojsi dans son étude détaillée sur l'organisation des tribus du Nord de l'Albanie (voir "ZOJZI Rr., "Survivances de l'ordre du *fis* dans quelques microrégions de l'Albanie", *La Conférence nationale des études ethnographiques*, (28-30 juin 1976), Tirana, 1977, pp. 185-206) souligne que dans la composition des contrées alpestres, on pouvait distinguer trois couches de population qui ont des noms différents : les *anas* ou les *gens du pays*, qui sont les habitants le plus anciens de la contrée et ils sont en petit nombre ; les *të fisit*, ou les gens de la tribu,

---

[50] *Idem*, p. 79.

représentant les occupants les plus récents et étant majoritaires ; les *të ardhur* enfin ou *aubains*, qui représentent les habitants venus s'installer plus récemment.

Ces trois couches, quoique réunies par des liens de mariage au point d'avoir des rapports de parenté neveux - oncles maternels, restaient toujours séparées les unes des autres en raison de la propriété dont elles n'avaient pas jouissance commune et de quelques droits acquis historiquement par l'une d'entre elles par rapport aux autres. Des sources populaires concordantes s'accordent pour placer l'ancien et sa famille à la base de la fondation des tribus.

Des figures légendaires mentionnées aux fondations des tribus doivent avoir été des pasteurs nomades et des chefs de familles patriarcales ayant eu un pouvoir absolu sur les biens de la famille.

CHAPITRE III :
L'ORGANISATION DE LA TRIBU

Section I : Le passage de la famille paternelle à la tribu

Rrok Zojzi dans son article cité ci-dessus développe l'idée que le passage de la famille paternelle à la tribu ne fut pas immédiat, mais fut le fruit d'une longue évolution comprenant des phases transitoires et conclut aux traits suivants :

1) La forme classique de la famille paternelle était dirigée par l'Ancien (*plaku)* ou le paterfamilias *(tatzoti)* à la tête. Il était le propriétaire absolu de tous les biens dont jouissait la famille. Par conséquent, l'accroissement des biens et des bras de travail lui appartenait. Seules les femmes de la maison, avec tout ce qu'elles avaient en tant que filles d'autrui, n'étaient pas de sa propriété. Il était seul détenteur du pouvoir, avait libre disposition sur les biens de la famille, pouvait vendre et acheter, donner gratuitement et troquer tout bien matériel, sans autre avis. Il pouvait marier ou séparer ses héritiers, châtier ou expulser de la maison paternelle tout membre de la famille sans encourir au moindre reproche.

Le droit de propriété déterminait aussi les rapports entre les membres de la famille : d'un côté se trouvait le *tatzot* seul, détenteur d'un pouvoir illimité, de l'autre tous les membres de la famille, égaux entre eux dans leur soumission, sans biens et sans voix. Une famille de ce type pouvait atteindre 30 à 40 membres appartenant à 2 ou 3 générations.

2) Une fois le *tatzot* mort, la famille prenait une nouvelle forme, les enfants de la première génération avaient le droit à l'hérédité et pouvaient à tout moment prendre leurs familles élargies, c'est-à-dire leurs propres enfants et neveux, ainsi que les biens et se constituer en famille à part, avec les traits de la famille du *plak* (vieillard).

Étant donné l'appauvrissement économique et l'incertitude par rapport à l'avenir qu'une telle séparation apportait, les enfants du vieillard faisaient tout pour ne pas diviser la maison et les gens. La séparation entraînait la pauvreté car les forces et les moyens de travail diminuaient ; mais – et cela était plus grave – elle entraînait l'incertitude car l'individu isolé, privé de l'appui de la collectivité ne pouvait faire face aux conditions de vie difficiles des

Malessies. Le jour de la séparation était considéré comme un deuil pour la famille, au point que les proches et les amis venaient pour les condoléances, comme pour un jour de mort.

Pour continuer la vie en commun, les enfants faisaient de la figure du vieillard son symbole. La *main du vieux* signifiait les biens matériels communs, et son nom représentait tous les membres de sa famille. La figure de vieillard *(plaku)* était élevée au rang de figure mythologique qui suivait à chaque pas l'évolution de ses héritiers. Pour autant que les pâtres avaient comme propriété les seuls troupeaux, la figure de vieillard était symbolisée par *l'Orë* (sorte de fée présidant la famille).

Les différentes étapes de l'évolution de la famille étaient suivies par la figure du vieillard ; il y avait donc l'*Orë* de la maison, l'*Orë* de fratrie et l'*Orë* de la tribu, qui symbolisait l'ancêtre de la maison, de la fratrie et de la tribu. Il n'y avait pas d'*Orë* du quartier, du village ou de la contrée, ces derniers n'ayant pas de père commun.

Le pouvoir au sein de la famille subissait des changements en fonction de l'évolution de la propriété ; si auparavant à la tête de la famille se trouvait le *tatzot*, c'étaient désormais ses fils qui bénéficiaient de la propriété et du pouvoir commun. Le fils aîné prenait la direction de la famille, mais il n'était plus appelé *tatzot*, mais maître de maison (*zot shtëpie*). Il devait agir de concorde avec les autres frères. En raison de la vie commune, les fils devaient se faire de fortes concessions, à condition que la maison ne soit pas détruite et qu'ils restent unis.

Dans ces conditions, la vie de la famille se prolongeait sans qu'intervienne la rupture et sa composition s'élargissait ainsi considérablement. Le nombre de membres pouvait atteindre 70 à 80 personnes, et parfois jusqu'à 100 membres. 4 ou 5 générations et 8 à 10 couples de mariés y cohabitaient.

3) Mais l'adoption de cette nouvelle forme de fonctionnement ne résolvait pas pour longtemps les problèmes de la famille.

La propriété entraînait également des transformations au sein du pouvoir familial. À sa tête se trouvait toujours l'un des fils du vieillard qui gérait l'économie commune, et se rendait chez ses frères à tour de rôle. En accord avec eux, il gérait les forces et les moyens de travail et la répartition du produit, distribuant ou prélevant en fonction des besoins et des possibilités des maisons particulières. Dans ces conditions, la famille acquérait les traits d'une coopération simple. Les rapports entre les membres se complexifiaient et le nombre de propriétaires et celui de membres s'était accru.

C'est sous cette nouvelle forme de fonctionnement que la vie de la famille continua pour encore quelques générations : le nombre des membres s'accrût considérablement, comprenant 6 ou 7 générations et un nombre illimité de couples mariés.

4) Mais cette forme de famille ne résista pas longtemps à la poussée des contrastes intérieurs ; une autre forme de fonctionnement plus développée vit le jour.

La séparation totale des frères se produisit, chacun formant des petites familles avec sa tribu au sein de la grande famille qui détenait la nue-propriété, les moyens de travail et de production toujours indivisibles. Chaque membre de la famille qui avait acquis le droit à l'hérédité jouissait du droit d'usufruit de la propriété commune, mais pas du droit de propriété personnelle car la propriété commune et indivisible constituait toujours le fondement de la famille.

Pour sauvegarder et développer la propriété commune, les éléments de la superstructure hérités se développaient de plus en plus. Les rapports entre les membres de la famille prirent une nouvelle forme, les rapports démocratiques transmis héréditairement évoluèrent, de nouvelles institutions comme les assemblées et les coutumiers naquirent. La structure de gestion se dota de nouveaux organismes comme les notabilités, les vieillards, la chefferie etc.

Ces nouveaux rapports, quoique de forme plus démocratique, ne comprenaient pas toute la population, mais les seuls *tatzot* ayant le droit de propriété. Les autres membres de la famille continuaient à rester sans voix.

Ce niveau d'évolution ne fut pas atteint par toutes les familles. En fonction des conditions particulières de vie, un certain nombre d'entre elles, à la mort du *tatzot*, se séparaient en de nouvelles familles. D'autres atteignirent le deuxième ou le troisième degré

du développement et ce ne fut qu'un nombre infime de celles-ci qui parvinrent au niveau supérieur.
Cette institution était appelée en Albanie du Nord *fis* (la tribu) et en Albanie du Sud *farë*. Ces deux termes sont aussi bien connus dans le Nord que dans le Sud, et forment même souvent un composé du même sens, *farefis*.
La propriété commune, appelée aussi propriété de la tribu en bétail ou en pâturages, avait des signes de reconnaissance. Pour le bétail, il y avait des marques conventionnelles établies par les pâtres, comme par exemple l'entaille d'une oreille. Les pâturages avaient des bornes déterminées, souvent des *bornes de sang* témoignant des luttes et des efforts entre les tribus pour leur possession. À l'intérieur des bornes des pâturages communs ne pouvaient brouter que les troupeaux communs ayant le signe distinctif.
Un assez grand nombre d'hommes était concerné par la propriété commune de la tribu. Outre les nombreux éléments employés pour indiquer leur appartenance comme le nom ou l'origine, on adoptait également des signes distinctifs. Par exemple celui qui se reconnaissait de la tribu de Kelmendi réglait sa coiffure d'une certaine façon et il en allait de même dans d'autres aspects de la culture matérielle.
Chaque membre de la tribu jouissant du droit patrimonial dans la propriété commune avait des droits d'*usufruit* égaux avec les autres. Il lui était reconnu par toute la société et lui était sauvegardé par toutes les institutions juridiques transmises héréditairement ainsi que par une série de coutumes, et personne ne pouvait le lui contester. Le droit à la propriété commune était affirmé par la confirmation de son origine par le *tatzot* commun (vieillard de la tribu) qui avait laissé en héritage ce patrimoine indivisible.
L'origine était attestée par le prénom, le nom et la généalogie. Chaque membre de la tribu, avec son propre prénom, employait comme noms ceux de son père, de son grand-père, de son arrière-grand-père etc, rassemblant dans son nom 6 ou 7 générations pour se rapprocher le plus possible du premier *tatzot*.
Une autre pratique consistait en l'emploi du nom de *tatzot* comme

nom de la tribu, de la fratrie ou de la famille. Mais la forme la plus sûre pour confirmer l'origine était celle des générations et pendant longtemps, dans les *Malessies* albanaises, chacun connaissait par cœur la liste des générations qui le rattachait au premier ancêtre.

Le prénom, le nom et les générations avaient dans cette société tribale la même importance qu'actuellement les documents officiels pour confirmer les droits de propriété et d'héritage.

Dans la culture albanaise le nom apparaît à la fois comme un signe d'identification à l'espace de référence de groupe, comme la marque d'appartenance à une tribu et comme l'inscription de cette tribu dans cette espace de référence.

Chaque membre de la tribu avait le droit d'usufruit sur la propriété commune, mais pas celui de la propriété. Il pouvait y faire paître le bétail ou faire la fenaison et couper du bois, il pouvait dresser des haies sur les champs et les prairies, semer et moissonner, se construire un buron (bun) ou une maison où il le voulait, et personne ne pouvait l'en empêcher.

Le coutumier de Lekë Dukagjini dans son §. 219 et celui de Scanderbeg au §. 1046 prévoient que « celui qui va installer une bergerie ou un buron à l'alpe, s'il veut défricher un terrain, un jardin ou un lopin de champ, il est sien et nul ne peut l'en empêcher, ni le pourchasser de cette place ».

Pour cette raison, personne au sein de la tribu n'était sans pâturages et terrains vivriers. L'affermage de la terre et du bétail n'était pas admis dans un premier temps. Il ne s'agissait pas d'une propriété absolue, mais d'une simple possession temporaire qui restait tout le temps propriété commune, le possesseur ne jouissant que du seul droit d'usage ou d'usufruit. C'est la raison pour laquelle la terre dans toute catégorie qu'elle rentra, ne pouvait être vendue, achetée, échangée ou troquée, ni être concédée hors de la tribu. Il n'était possible d'en hériter qu'à l'intérieur de celle-ci.

C'est en cela que réside la norme de préemption, reconnue comme pro-emptio dans le monde antique ainsi que dans un certain nombre de pays jusqu'aux temps récents. Elle était appliquée sans reconnaître son origine et sans comprendre sa signification.

Section II : La constitution de la tribu

Relativement grandes et stables, ces unités socio-économiques ont besoin d'une structure organisationnelle propre. Les membres de la tribu sont soumis à une hiérarchie intérieure qui ne repose ni sur la condition économique, ni sur l'âge, mais d'après le principe de *primogéniture* basé non pas sur la descendance, mais sur les ancêtres. À la base de ce principe, chacun a une place donnée dans la tribu, même si celle-ci comporte un grand nombre de membres. Chaque membre prend ainsi part aux assemblées et aux réunions et se lave les mains, prend place à table en fonction de son rang. La chaîne des générations de sang et de parenté s'étend à l'infini pour l'Albanais des montagnes. On considère frère et parent tous ceux qui possèdent un ancêtre commun. Les générations se comptent soit du côté paternel soit du côté maternel. Les générations du sang viennent du côté paternel, celles du sein du côté maternel. La succession des générations paternelles s'appelle *l'arbre du sang*. La succession des générations maternelles s'appelle *l'arbre du lait*. On appelle neveux ou nièces *par la souche* tous les descendants, hommes ou femmes du côté paternel. On appelle neveux ou nièces *par les filles* tous les descendants, hommes ou femmes, des filles mariées.

D'après le coutumier de Scanderbeg, comme parents proches sont considérés ceux qui présentent les attributs suivants : 1) quand l'Ancien de la tribu remonte jusqu'à la septième tribu, 2) ceux à qui incombe le devoir de la reprise du sang, jusqu'à tomber dans les vingt-quatre heures pour n'importe quel membre de la tribu, 3) ceux qui ne se considèrent pas comme hôtes dans les maisons des uns et des autres et qui sont invités dans toutes les cérémonies funéraires ou matrimoniales.

Comme parents éloignés sont considérés ceux qui ont le même Ancien de tribu mais qui dépassent la septième génération et qui ne se marient pas entre eux.

Les tribus concèdent la fraternité à des familles de bannière étrangère et n'ayant pas de lien de sang, de ce fait ces familles sont placées sous la protection de la tribu et peuvent vivre dans le village de celle-ci.

La généalogie, sur laquelle repose la condition sociale,

conditionne la structure d'organisation de la tribu (§§. 50-60, C. S.). À partir du premier ancêtre, la tribu se divise en ramifications correspondant aux fils qu'il a eu. Elles sont appelées *kambë fisi* (pieds de la tribu) en Dukagjin, *Vllazni të mëdha* (grandes fratries) en *Malessi e Madhe, çetë* en Labëri. Il existe ainsi des tribus à trois ramifications comme par exemple la Mirditë avec Orosh, Spaç et Kushnen, d'autres qui en comportent quatre comme Kelmendi et ainsi de suite. La fratrie indique une parenté en ligne masculine. La parenté feminine étant exprimée par le mot (*gjini-a*) qui peut être très éloigné mais qui repose sur une référence à un lien familial réel et non pas symbolique.

Chaque ramification est appelée *kamba e parë, e dytë*, (premier pied, second pied) etc., ou première fratrie, deuxième fratrie (§. 51, C. S.) etc., toujours selon le droit de primogéniture ancestrale. Les fratries se distinguent souvent par des signes extérieurs. Un document historique rapporte qu'au XVIIe siècle, les *Kelmend* peignent leur chevelure en tressant quatre nattes partant dans quatre directions différentes, qui servent à indiquer les quatre grandes fratries ou les quatre pieds de la tribu[51].

Les ramifications de la tribu ou grandes fratries se subdivisent à leur tour en fratrie à Dukagjin et à Kurbin ou en petites fratries dans la *Malessi e Madhe.* Tous les pieds de la tribu comptent autant de fratries que de fils que compte le deuxième ancêtre après le *tatzot.* Ceux-ci se divisent aussi en première fratrie, deuxième fratrie, etc.

La formation des fratries fut motivée par le besoin de créer des cellules familiales plus petites. Il était plus facile de régler les problèmes au sein des collectivités aux dimensions réduites. La fratrie reserrait les attaches de l'appartenance à la tribu en y ajoutant des liens familiaux plus ténus.

Les fratries se divisent de leur côté en un certain nombre de familles élargies. Le père de la troisième génération a autant de fils que la fratrie de la famille élargie.

Les familles élargies se divisent en familles étroites que le peuple appelle *shpi* (maisonnée), *zjarr* (foyer, feu) ou *tym* (fumée). Une

---

[51] Hammer, *Geschichte des Osmanischen Reiches*, II, Band, Pest, 1828, p. 474.

famille élargie comprend les maisons des fils des héritiers du quatrième ancêtre, du cinquième et ainsi de suite.
N'ayant pas encore acquis le droit de propriété, l'individu n'est pas reconnu dans la tribu. Il dépend de son *tatzot* et se fait représenter par lui. Dans les traditions coutumières, le peuple ne connaît pas le nombre d'habitants mais celui des maisons ; ainsi par exemple Hot compte 500 maisons, Kelmend 1000 maisons ; ce qui correspond au nombre de maîtres de maison et de parties qu'il y a dans la propriété commune.
La structure de la tribu se présente ainsi : chaque tribu compte un certain nombre de *kambë* (pieds de la tribu), de familles élargies et de maisons ; par exemple Mirditë compte 4 *kambë fisi*, 28 fratries, 165 familles élargies avec 600 maisons. Cette structure est entretenue par la propriété commune qui reste indivisible.
Au sein de cette propriété, les *kambët e fisit* (pieds de la tribu) ont des parts égales ; puis dans la partie appartenant à un pied de tribu, ses fratries ont des droits égaux ; dans la partie des fratries, les familles élargies ont leurs droits et dans la partie revenant à une famille élargie les maisons ont les leurs.
À la tête de cette structure se trouve *l'aristocratie tribale*. Le premier ancêtre dont proviennent les biens et les membres de la tribu est représenté par le vieillard de la tribu, qui hérite de ce droit transmis d'aîné en aîné. Le premier ancêtre de la tribu est symbolisé par les *Ores* de la tribu. L'*Orë* (fée) de la tribu séjourne toujours au sommet du plus haut territoire de la tribu, dans un endroit d'où elle peut surveiller toutes les propriétés.
De même, le vieillard du premier *kambë* (pied), appelé *voïvodë* en *Malessie*, jouit de ce droit transmis héréditairement depuis le deuxième ancêtre jusqu'aux temps les plus récents. Appelé à Dukagjin vieillard du premier pied de la tribu, il est appelé *voïvode* à Reth, qui fait pourtant partie de cette région, comme en *Malessie e Madhe* ; il s'agit probablement là d'une influence de voisinage. Les *krenët e mëdhej* et *krenët e vegjël* (grands et petits chefs) représentant les fratries et les familles élargies héritent du droit des ancêtres de la troisième et quatrième génération, toujours transmis d'aîné en aîné. À la tête de chaque maisonnée se trouve le vieillard de la maison ou le *tatzot*, qui provient du

cinquième niveau de la hiérarchie tribale et détenait la responsabilité des décisions qui touchaient le cercle familial.
Ainsi la hiérarchie tribale comprend le vieillard de la tribu, le vieillard des *kambë* (pieds) ou *voïvodes*, les grands chefs, les petits chefs et les *tatzot* ou maîtres de maison. Les différents degrés de cette hiérarchie se distinguent également par des signes extérieurs. Ce phénomène est parfaitement traité par Frang Bardhi en 1637 : « Ces *qefali* portent à la boutonnière de leur chemise un bouton argenté de la grosseur d'une pomme moyenne, ce qui montre qu'ils sont plus puissants et plus riches » (et il sous-entend là que les grands chefs et les petits chefs portent certainement aussi deux ou trois boutons du même type et à la même place, comme le chef de la famille élargie, de la fratrie et de la tribu)[52]. Il ajoute aussi : « ces *qefali*, quand ils partent en voyage et quand ils se rendent à l'assemblée [...] entourent leur tête d'un tissu de soie brodée »[53]. Ce phénomène a été transmis jusqu'à récemment, en s'étendant aussi aux maîtres de maison, qui entouraient leur tête d'un tissu blanc, ce qui symbolise le respect dû par les autres.
Cette voie hiérarchique se divise en deux groupes appelés *pari* (notabilités) et *vegjëli* (gens du commun). Il s'agit de jeunes gens appelés à des tâches de maintien de l'ordre.
On a cru souvent que ces deux groupes exprimaient une différenciation économique en considérant comme notabilités les riches et comme gens du commun les pauvres, mais dans la phase où cette différenciation ne se manifeste pas encore, les aînés font partie des notabilités, comme le vieillard de la tribu, les *voïvodes,* les grands chefs et les petits chefs. Les maîtres de maison ou les descendants des petits fils du vieillard sont considérés comme gens du commun.
La démocratie primitive au sein de cette société est relative et ne concerne pas tous les membres de la tribu, mais uniquement ceux qui ont droit à la propriété ; la majorité de la population dépend des *tatzot* et ne jouit d'aucun droit, même au sein de la tribu.
Au sein de l'assemblée, chaque maison est représentée par un homme, qu'elle ait 5 ou 50 membres. Chaque représentant a une

[52] I. Zamputi, *op. cit.*, II, Tirana, 1963, p. 85.
[53] *Idem.*

place désignée, qui ne peut être occupée par quelqu'un d'autre. Les droits y sont égaux, car chacun a sa part de la propriété commune. Si cette démocratie est violée, une séparation se produit et chacun constitue une tribu avec sa famille. Mais cette séparation est conditionnée et un *tatzot* ne peut pas se séparer de sa famille ou un *krye* (chef) de sa famille élargie. La séparation a lieu de haut en bas, les *pieds de la tribu* se séparent d'abord, puis les fratries, suivies des familles élargies. On divise d'abord la propriété commune en autant de parties que de nombre de fils du premier *tatzot*, puis les biens sont partagés en fonction du nombre de fils du deuxième *tatzot* et ainsi de suite. Pour que la séparation se fasse, il faut que la réclamation vienne d'un *pied de la tribu* ou d'une grande fratrie. Peu à peu le principe de la propriété collective des terres laissa la place à la propriété privée. Mais la terre ne pouvait sortir de la *gens*, si les descendants d'une même souche masculine manquaient, l'hérédité revenait aux gentilices.

La tribu constitue une unité politique et militaire. La *djelmni* (la jeunesse, les miliciens) constitue sa force militaire. Un homme par maison y participe, indépendamment du nombre de membres de cette maison. Ainsi, par exemple, Mirditë a une armée de 2000 hommes, Kelmend, 1000, Shalë 600 etc, soit autant de maisons et de parties que la propriété commune. L'organisation de la jeunesse comme force militaire de la tribu n'a été conservée de manière vivante et forte jusqu'au début du XXe siècle qu'à Shalë, Shosh, Nikaj, Mertur, Pult, Temal, Toplanë notamment. Elle a disparu en revanche dans les autres *Malessies*, ne laissant de traces de son ancienne existence que dans la *Malessi e Madhe*. Les tatzot ne participent pas eux-mêmes à la *djelmni*, mais y font participer un homme qu'ils désignent, habituellement un jeune homme habile et apte à la guerre. Mais si, en raison de longues guerres, le *tatzot* devenu le seul homme de la maison n'a personne à envoyer, il doit incorporer la *djelmni* pour ne pas perdre sa part.

La structure de la tribu prend en compte l'organisation de la *djelmni* qui constitue son unique force militaire. Pour faire respecter la démocratie intérieure et ne pas concentrer le pouvoir en une seule main, il est de règle que la conduite de la jeunesse passe de seconde géniture en seconde géniture comme la conduite de la tribu passe d'aîné en aîné.

La *djelmni* est un organisme exécutif qui applique les décisions de l'assemblée et les normes du coutumier. Elle prend part à la guerre au nom de la tribu, et les victoires sont communes. Le symbole de la communauté est une partie de drap que la population appelle *pece* (drap ou pavillon). Sous l'influence turque, elle commence à être appelée *bajrak* (bannière) et porte comme emblème une main aux cinq doigts ouverts, symbolisant la main du premier ancêtre de toute la tribu. Elle est fixée à une hampe et n'est pas attachée d'un côté comme les drapeaux actuels, mais attachée comme une ombrelle. Là où cette *pece* est placée, le site devient propriété commune. Au cours des mariages, elle est portée par les garçons d'honneur et symbolise le fait que l'épouse devenait la propriété de la tribu.

Le banneret a pour unique fonction dans la tribu de porter ce pavillon, c'est-à-dire qu'il est porte-bannière. Sa charge passe de troisième fils en troisième fils. Il ne fait pas partie des notabilités : c'est encore une période où cette institution n'a pas acquis l'importance qui lui permettra plus tard de supplanter les autres organismes de la tribu.

D'après le coutumier de Scanderbeg, les bannerets sont les guides de l'unité militaire de la Montagne de Diber, *Mali* i Dibres et de l'*Oxhak* de Mat. Ils sont le plus souvent les dirigeants militaires en temps de guerre et les dirigeants civils en temps de paix.

À la mort du banneret, son cerceuil est accompagné du drapeau.

À la guerre, chaque *pied de la tribu* marche en tête. La *pece* de Shalë, par exemple, est tenue par le porte-bannière accompagné de quatre jeunes correspondant aux quatre *pieds de la tribu*. Si le porte-bannière est tué dans la bataille, un des fils prend le drapeau et le relève. C'est alors à celui-ci et à sa fratrie que revient la fonction de porte-bannière. Ainsi la fonction de banneret est la seule qui ne se transmet pas systématiquement par héritage.

À la suite du banneret s'avance le chef de la *djelmni*, accompagné par un jeune de chaque fratrie. Il est ainsi entouré à Shalë de 24 jeunes gens. Ils forment en quelque sorte l'État-major.

Puis viennent les forces militaires de la tribu. Chaque fratrie divise ses forces en petites fratries et en familles élargies, le grand chef suivi du fils pour chaque fratrie et avec le petit chef suivi du fils derrière pour chaque famille élargie. Cette forme d'organisation assure souvent des victoires[54].

D'après le coutumier de Scanderbeg, chaque bannière a quelques Anciens qui occupent la place dirigeante. La bannière de Kurbin a trois premiers Anciens. Les trois bannières de Thkella ont aussi chacune un premier Ancien, tout comme la bannière de Selita.

Les premiers Anciens de la bannière sont aussi les premiers Anciens du village et de la tribu.

Ces premiers Anciens de la bannière représentent leur bannière parmi les autres. L'assemblée de la bannière est la plus haute autorité de l'administration de la bannière.

Chaque village a son propre Ancien qui appartient à la première tribu du village. L'Ancien du village avec les Anciens des tribus et le peuple ont le droit de prendre les décisions en ce qui concerne leur village. Même la bannière ne peut aller outre ces décisions si elles ne vont pas à l'encontre de l'intérêt général.

Chaque tribu a son propre Ancien qui appartient à la première fratrie. Il dirige la tribu et la représente. Les décisions prises par l'Ancien de la tribu ne peuvent être cassées par le village et la bannière, mais seulement dans le cas où elles seraient contraires à l'intérêt général de celle-ci.

Les Censeurs sont les deuxièmes Anciens de leur tribu. Ils représentent le peuple et prennent parole pour lui. Ils ont le droit et devoir de veiller aux droits du peuple ainsi que de s'élever contre les décisions contraires au coutumier.

La fonction des Anciens de la tribu, du village et de la bannière ainsi que celle des Censeurs est héréditaire.

[54] *Idem.*

Section III : Les rapports entre la bannière, la tribu et la région ethnographique.

Au début du XIXe siècle intervient une nouvelle donnée. La domination turque, qui n'est pas parvenue à étendre son pouvoir dans la *Malessie,* tente d'intervenir par d'autres moyens dans ses affaires intérieures en utilisant les traditions du pays. Elle crée à cette intention l'institution du banneret.

Créée à la fin du XVIIe siècle, l'institution de la bannière est une organisation administrative et territoriale aux fonctions militaires et juridiques. Elle n'existe que dans les contrées montagneuses du *sandjak* de Shkodër et de Dukagjin. Ses frontières sont celles du *sandjak* à la fin du XVIIe siècle. Elle est créée par un décret particulier de la *Sublime Porte* afin de mettre sous contrôle et de mieux exploiter les capacités guerrières de la paysannerie de ces contrées où n'a pu être institué le système de *timars.*

Il s'agit d'une sorte de compromis entre la paysannerie libre et les occupants turcs. Il permet à la Turquie de profiter des capacités militaires de ces paysans, bien que ceux-ci fussent en petit nombre. Dans le cadre de l'organisation da la bannière, ils peuvent conserver une certaine autogestion, leur forme d'organisation ancienne appuyée sur le droit coutumier.

Dans la *Malessi e Madhe,* Dukagjin, *Malessie* de Gjakovë et à Pukë, où l'institution du banneret existe déjà, la Turquie établit des contacts directs avec eux ; à Mat où elle n'est pas présente, des *semt* sont créés, toujours selon les traditions locales, en nommant un fonctionnaire (pacha ou bej) pour la région et des *agas* pour les *semt.* En Mirditë, les deux systèmes sont combinés ; la *maisonnée des Gjonmarkaj* est élevée et les bannerets collaborent avec elle. La bannière, unité territoriale et administrative divisée en villages et quartiers, comprend des tribus différentes.

D'après l'ethnographe K. Ulqini, (voir ULQINI K., "Raportet në mes bajrakut, fisit dhe krahinës etnografike", *K. Etnografike*, Tirana, 1976, pp. 563-567) on trouve un tel mélange dans les bannières de Pult, Postrribë, Krajë, Anamal, Rranza de Shkodër, *Malessie* de Lesh, Pukë, Has, Pejë, Lumë, Dibër, Fand, Dibrri, Drenicë, Kurbin, Shllak, Temal, Lurë.

Les bannières de tribu, c'est-à-dire ces bannières où la tribu coïncide parfaitement avec la bannière, sont, aux dires de K. Ulqini, des exceptions, comme à Berishë, Shosh et Toplanë. La bannière de Mërtur est habitée par la même tribu qui s'étend jusqu'à Mërtur et Aprribë de la bannière de Bugjon.
Toujours selon l'ethnographe K. Ulqini, il arrive également qu'une tribu soit divisée en plusieurs bannières : Hot en deux bannières, Mirditë en trois, Kelmend en quatre. K. Ulqini poursuit que certaines bannières comprennent une population qui appartient à des régions différentes sur le plan ethnographique. Kçire et Dush, par exemple, font partie de la bannière de Qerret. Quelques bannières connaissent une extension et prennent le nom de la zone géographique qu'elles occupent : Buza Ujit, Bregu Drinit, Temal, Anamal, etc.
Dans la *Malessi e Madhe*, la *Malessie* de Gjakovë, dans les trois bannières de la tribu de Mirditë, à Shalë, Shosh, Toplanë et jusqu'à Pukë vivent environ 20 tribus. Chacune d'elles s'étend sur un territoire donné que l'on peut appeler le berceau de la tribu, avec un nombre plus ou moins grand de membres et qui est moins mélangé au moyen d'adventices.
Un autre facteur de division encore plus profond est l'islamisation d'une partie de la population. La conversion en masse à la nouvelle religion a lieu précisément aux XVIIe et XVIIIe siècles. Elle brise l'unité du grand bloc de la population qui s'étendait des cours de Grand-Fand et Petit-Fand jusqu'aux frontières avec Dibër, Çermenikë, *Malessie* de Tiranë et de Bendë, en isolant au point de vue ethnographique et sur le plan de la gestion administrative les régions de Mirditë, *Malessie* de Lesh d'une part et Mat de l'autre, sans que soit ici prises en compte les unités ethnographiques intermédiaires ou transitoires comme Lurë et les bannières d'Ohër.
La division en régions et unités ethnographiques est plus profonde que celle en tribus. En partant des contrées ethnographiques par rapport à la tribu, K. Ulqini arrive à la classification suivante :
1) Il y a différentes tribus installées dans une contrée ethnographique qui ont des traits communs dans le domaine de la

culture matérielle et sociale et un parler caractéristique à l'intérieur du dialecte ou du sous dialecte.
La région de la tribu se voit mieux dans la région de la *Malessi e Madhe*, où en font partie Hot, Kelmend, Kastrat, Shkrel, Grudë, Triesh, Postrribë et les six bannières de Pejë.
2) Il y a aussi des tribus d'origine commune installées dans différentes régions ethnographiques, comme Shalë et Shosh avec la tribu de Mirditë, pouvant être distinguées entre elles à ce niveau alors qu'elles se situent dans deux contrées ethnographiques qui ne se trouvent pas les unes près des autres.
Les divisions en tribus et bannières ne concordent pas toujours. La tribu est entièrement comprise dans l'administration des bannières. Les deux régions considérées chacune du point de vue géographique, administratif, tribal, ethnographique et religieux ne forment pas une unité.

Conclusion

L'organisation sociale albanaise en tribu ou *fis* est ancienne. Les turbulences historiques, invasions étrangères, guerres sur le sol ancestral, participation à des batailles sur des terres lointaines, mouvements de population, n'ont pas provoqué l'éclatement total de ces communautés. En albanais, le mot *fis* ou tribu désigne un groupe de parents unis par le même sang de la lignée masculine ; il correspondait à une communauté qui descendait en succession patrilinéaire d'un même lointain ancêtre dont elle portait souvent le nom.
Les différentes tribus ne se distinguaient pas seulement suivant l'ascendance patrilinéaire, mais prenaient appui sur des liens territoriaux. La distinction fondée sur cette double appartenance ancestrale et territoriale conditionnait les rapports sociaux, les relations d'amitié anciennes s'étant établies au cours des siècles et se perpétuant à travers les générations.
À l'intérieur de chaque tribu, tous les membres n'avaient pas une position sociale égale, ils étaient soumis à une hiérarchie interne qui ne reposait pas sur la situation économique ou sociale, mais sur le principe du rang de naissance.

La tribu a vécu le processus de tout phénomène social connaissant naissance, évolution et disparition.
La disparition d'une tribu se produisait de deux manières : en laissant la place aux nouvelles tribus ou en passant à des formes plus élevées de l'évolution socio-économique. Lorsque le nombre des membres d'une tribu s'accroissait sensiblement et que les conditions en son sein devenaient insupportables, la tribu allait vers la séparation. Une fois la propriété commune divisée entre les grandes fratries, elles interrompaient leurs rapports et se constituaient en tribus à part. En séparant les tribus, leur nombre s'accrût naturellement.
Les montagnards furent obligés de porter leur attention sur l'agriculture, de chercher dans leurs propres régions de nouveaux pâturages et d'installer leurs habitations à proximité. Leur installation se fit en adaptant leur organisation sociale au terrain, produisant ainsi une combinaison de liens génétiques avec les liens territoriaux.

PARTIE III :
LA FAMILLE

L'unité de base est effectivement la *shpi* (maison). En règle générale, les occupants d'une maison sont reliés par des rapports de parenté et ils ont une propriété et une vie commune. Cela confère une stabilité interne à la famille et fait d'elle une forme immuable de l'organisation sociale.

En tant que petit groupe social et structure élémentaire de l'organisation, la famille renferme non seulement cette relation d'échange social qui sous certaines conditions prend la forme du mariage mais aussi ces relations spécifiques entre les parents et les enfants qui naissent dans ce cadre.

« La famille, fondée sur l'union plus ou moins durable, mais socialement approuvée, de deux individus de sexes différents qui fondent un ménage, procréent et élèvent des enfants, apparaît comme un phénomène pratiquement universel, présent dans tous les types de sociétés. (...) La famille prend son origine dans le mariage. Elle inclut le mari, la femme, les enfants nés de leur union, formant un noyau auquel d'autres parents peuvent éventuellement s'agréger. Les membres de la famille sont unis entre eux par des liens juridiques, des droits et obligations de nature économique, religieuse ou autre, un réseau de droits et interdits sexuels et un ensemble variable et diversifié de sentiments tels que l'amour, l'affection, le respect, la crainte, etc. »[55].

La famille renferme en même temps les relations avec les proches qui jouissent du statut de parents ayant des rôles définis à l'intérieur même de ce petit groupe social.

La vie commune des individus inclus dans la famille doit en effet être en état de remplir de telles fonctions comme non seulement l'assurance des ressources et l'administration commune, mais aussi la personnalisation et la socialisation dans l'ordre familial et parental de ses membres. Les traditions culturelles de la socialisation ne pourraient donc être comprises que conditionnées par les attitudes mentales concernant l'attente qu'on réserve à l'enfant, de sexe masculin ou féminin, et la nature

[55] Lévi-Strauss C., *Le Regard éloigné*, Paris, Plon, 1983, p. 67 et 71.

des soins en vue de son développement et de son éducation au sein de la famille.

Les relations familiales sont le produit de la vie sociale et de son évolution historique. Les différentes conditions économiques et sociales ont défini autant de types et de genres de familles et de relations familiales.

Leur variété est liée aussi bien à la transition de la société d'une organisation sociale à l'autre, que dans les conditions d'une même organisation économique et sociale.

Les différents types de famille et de relations familiales sont inclus dans la structure de la société en se différenciant par rapport aux caractéristiques essentielles de chaque classe, couche ou groupe social important.

Au caractère hétérogène des secteurs économiques et de la structure de la société correspondent différents types et genres de familles et de relations familiales.

Cette organisation familiale est basée sur la cohabitation du père et des fils mariés, les fils ne se séparant qu'après la mort du père.

Les rapports intrafamiliaux sont marqués par une double relation de domination: domination des hommes sur les femmes et domination des aînés sur les plus jeunes.

L'autorité du chef de famille est totale, bien que son pouvoir ne soit pas véritablement absolu, en ce sens que la propriété est collectivement celle du groupe et qu'il ne peut en aucune manière en disposer ou l'aliéner à sa guise.

La société traditionnelle s'appuie sur les hommes, ce sont eux qui donnent le nom patronymique à la famille, la femme vient s'établir chez son époux.

C'est lui qui dirige le groupe et hérite de la propriété. Chez les albanais, le droit des hommes a un caractère absolu, tel qu'il est prescrit dans le droit coutumier. La femme ne peut jamais et en aucune manière hériter de biens immobiliers.

Si la maison reste sans mâles, elle s'éteint, ses terres se partagent, en parties égales entre les autres maisons qui ont des droits égaux, ayant des positions égales dans la tribu. Si la famille éteinte n'a pas de parents proches, la fratrie ou la tribu, même s'il y a cent générations d'écart, a des droits égaux sur sa fortune.

Dans les conditions de cette organisation sociale, la vie de l'individu est étroitement liée à la vie de sa famille et la réussite d'une union se mesure au nombre d'enfants.
Une grande famille représentait l'assurance de se perpétuer. Car la prospérité et la progression des familles dépendent, entre autres, du nombre de forces de travail disponibles qui représentent le capital le plus précieux.
Dans le Canon de Scanderbeg, le domaine du droit de la famille comprend des règlements complexes comme ceux sur les fiançailles et le mariage, la maison, les rapports entre les parents et les enfants, l'adoption et la tutelle, les liens du sang, la fratrie et la parenté spirituelle.
La grande famille patriarcale existe chez de nombreux peuples ; sa persistance et son développement sont en rapport avec le système économique d'un État qui peut la soutenir ou avoir une politique contraire à son extension. Elle correspond également aux conceptions culturelles, morales et juridiques d'un peuple.
La grande famille patriarcale a perduré pendant longtemps chez presque tous les peuples des Balkans, jusqu'à la fin du XIXe siècle, voire plus tard encore. Plusieurs types de grandes familles sont mentionnés chez les Bulgares et on en trouve en assez grand nombre chez les Serbes, les Monténégrins, les Croates et chez les musulmans de Bosnie. Chez les Albanais, la grande famille patriarcale est mentionnée dès le Moyen Âge[56].

[56] M. Krasniqi, "La grande famille patriarcale", *Ethnographie albanaise*, X, p. 38.

CHAPITRE IV :
LA CONSTITUTION DE LA FAMILLE

Section I : L'organisation intérieure de la grande famille

1) Le maître de la maison

La famille est représentée devant autrui (devant le village et dans la bannière) par le maître de la maison. Il répond de tous les dommages que la famille peut causer à quelqu'un. Il participe à l'assemblée à chaque réunion du village et à l'assemblée de la bannière lorsque l'on convoque *un homme par maison*.
Il enverra à son tour un travailleur participer aux corvées du village. La famille devra fournir conjointement avec le village « deux bouchées de pain » aux miliciens levés par la bannière et il ira à l'armée de la bannière.
Le *paterfamilias* est appelé *zot shtëpie* (maître de la maison), terme en lui-même significatif de ses droits qui se divisent en deux groupes : les droits honorifiques et les droits matériels.
Les droits honorifiques sont assez larges : toute la famille prend le nom du maître de maison ; dans la chambre d'hôte, la place d'honneur lui est réservée, même s'il s'y trouve de plus âgés que lui, etc. L'achat de ses armes et de son cheval de selle est assuré par la famille ; le fonds commun sert également à lui acheter une couchette, des couvertures particulières et le service à café. Même s'il s'agit là de biens matériels, ils ont toujours une signification honorifique : une grande attention est accordée à la représentation de l'intérieur et de l'extérieur de la maison. En cas de démembrement de la famille, tous ces objets reviennent au maître de la maison.
Mais de tous les droits matériels qui lui reviennent, les plus importants concernent l'aspect économique de la grande famille. Il a le droit d'acheter et de vendre les biens immobiliers et mobiliers de la famille, de contracter des prêts, d'emprunter et de se faire le garant de quiconque. Il est le détenteur de la caisse de la famille. Tous les revenus en espèces des membres de la famille doivent lui être donnés, à l'exception de *selemi*, les revenus de la femme obtenus par ses travaux manuels. (Le droit du *selemi* comme une institution intermédiaire reconnaît à la femme le droit de disposer des objets qui lui ont été donnés, qui ne font pas partie des biens héréditaires du *paterfamilias* et qui attestent des

survivances du matriarcat). Aucun des autres membres ne peut vendre ou acheter quoique ce soit sans avoir obtenu préalablement la permission de contracter des emprunts ou de se porter garant pour des tiers.
Le Canon de Scanderbeg permet aux membres de la famille de devenir garants pour une somme ne dépassant pas la valeur des armes. Le soir, le maître de la maison fixe les tâches de chacun des membres pour le lendemain, sauf pour ceux qui ont une tâche permanente (les bergers). Il a aussi le droit de châtier celui qui enfreint les dispositions de la famille par son comportement. Les châtiments sont les suivants : la privation de nourriture, la confiscation des armes personnelles pour une ou deux semaines, l'enchaînement ou l'emprisonnement à domicile, l'expulsion de la maison en cas de refus de soumission aux ordres du *paterfamilias*. Toutefois, en cas d'expulsion, le maître de la maison lui donne la part des biens qui lui revient.
Les tâches du maître de la maison sont nombreuses et pénibles. Elles visent toutes au même but, l'intérêt de la famille. Le coutumier de Lekë Dukagjini décrète que le maître de la maison doit prendre soin avant tout de la famille pour qu'elle ne soit pas détruite, c'est pourquoi il doit « agir avec science et sagesse à l'intérieur et à l'extérieur de la maison, ne pas la pousser à la ruine et à la destruction » (§. 21. 5, K. L. D). Il doit tenir les gens de la maison afin qu'ils ne lui apportent pas dommages et ruine, il doit prendre soin des terres pour qu'elles ne restent pas en friches et que les troupeaux ne soient pas endommagés ou décimés. Le droit coutumier engage le maître de maison à tenir une attitude de justice équitable dans la maison et à ne pas soutenir l'un plus que l'autre. Sa justice est en effet l'un des appuis sur lesquels repose l'union de la communauté familiale.

2) La maîtresse de la maison

La maîtresse de maison, c'est-à-dire la femme qui prend soin de la cuisine, représente le personnage le plus important dans la famille après le maître de maison. Si elle s'occupe de son secteur, c'est-à-dire de la cuisine et des laitages, elle ne peut pas s'immiscer dans les autres travaux qui sont du ressort des hommes.

Le rôle est habituellement tenu par l'une des femmes les plus âgées de la maison, mais elle peut aussi être plus jeune. Elle a des remplaçantes, dont le nombre est en rapport avec celui de la famille et notamment avec la taille du cheptel. Sa principale tâche est de préparer le déjeuner et le dîner et d'entretenir le foyer. La maîtresse de la maison a le droit de disposer de toutes les choses fabriquées dans la maison, de prêter et d'emprunter de la farine, du pain, du sel, du fromage, du beurre, de commander les femmes de la maison, de les envoyer puiser l'eau, chercher le bois, porter à manger aux travailleurs, arroser, transporter le fumier, moissonner, bêcher ou battre le grain.

3) Les membres de la famille

Les tâches et les droits des autres membres de la famille sont tous fixés préalablement, de sorte que tous les travaux de la grande famille peuvent être faits sans perte, ni omission.
Les droits des membres des grandes familles par rapport à leurs tâches et à leur engagement au travail sont assez limités. L'intérêt de l'individu ne rentre en ligne de compte qu'à l'arrière-plan de celui de la communauté.
Les gens de la maison ont le droit de révoquer le maître de maison s'ils voient qu'il ne travaille pas pour le bien de la maison ou qu'il la mène à sa perte. Ils ont aussi le droit de révoquer la maîtresse de maison si elle est surprise à chaparder ou à vendre quelque chose en cachette, ou si elle prend le parti de ses enfants plus que celui des autres.
Mais ils ont aussi des devoirs : ne pas se porter garants sans la permission du maître de la maison ; ils peuvent cautionner sans lui en faire la demande, mais seulement jusqu'à la valeur de leurs armes personnelles ; ils ne peuvent aller travailler chez qui que ce soit sans la permission du maître de la maison, il faut lui obéir et aller partout où il l'ordonne.

Section II : Le mariage

Selon le Kanun de Lekë Dukagjini et celui de Scanderbeg, se marier signifie fonder une maison ou l'accroître en vue du travail et de l'augmentation du nombre des enfants.

Le coutumier albanais évoque différentes sortes de mariages :
a) Le mariage avec couronne, admis par la foi comme par le coutumier.
b) la femme entretenue sans couronne, à l'encontre de la foi comme du coutumier.
c) Le rapt de la femme ou de la fille, chose tout â fait contraire à la foi comme au canon.
d) Le mariage à l'essai, contraire à la foi comme au canon.
Celui qui prend une femme sans couronne ou enlève une femme ou une fille, paiera 1000 grosh à l'Église, 500 grosh aux chefs et 10 moutons (X- Adjonction de l'an 1894, K.L.D).
Le coutumier albanais statue que « le garçon ne doit réfléchir à son mariage que s'il n'a pas de parents ». Tant qu'il a des parents, le garçon n'a le droit ni de penser à son mariage, ni de choisir un marieur, ni de s'occuper de ses fiançailles, pas plus que du gage, des habits, des chaussures ou de la date du mariage. La fille non plus n'a pas le droit de réfléchir à son mariage, même si elle n'a pas de parents. Ce droit est alors celui de ses frères ou de ses cousins.

1) Le marieur

Le coutumier albanais n'admet pas de mariage sans marieur. On appelle marieur celui qui conduit par ses paroles à ce que les parents du garçon ou ceux de la fille prennent ou donnent telle fille pour tel garçon. Il est l'intermédiaire entre le futur et la future de façon à ce qu'ils ne changent d'avis ni l'un ni l'autre. Son devoir est de diriger les pourparlers et de recevoir du père ou du frère du garçon la somme d'argent destinée aux parents de la fille. Jusqu'au jour du mariage, le marieur a le droit d'intervenir dans tous les rapports entre les parents du garçon et de la fille. Il est choisi soit par la famille du garçon, soit par celle de la fille, mais c'est toujours la famille du garçon qui paie ses honoraires au marieur, même si c'est la famille de la fille qui l'a désigné.

2) Les empêchements au mariage

Chaque jeune homme a le droit de se marier aux frais de la famille. Garçons et filles se marient par ordre d'âge.

À Dibër, une légende est conservée, selon laquelle Scanderbeg avait fixé l'âge propice pour le mariage tant du jeune homme que de la jeune fille, pour éviter le préjudice que causait le mariage trop hâtif des enfants.
Lleshi i Zi, (chef dans la région de Mirditë) voulut introduire dans le Coutumier de Lekë Dukagjini, le droit au mariage à l'intérieur de la tribu, mais il ne put convaincre la population de la région, peut-être parce que les conditions n'étaient pas encore mûres pour cela. La norme resta inchangée ; « même s'ils étaient éloignés de cent générations, ils ne pouvaient se marier à l'intérieur de la tribu ».
Lors des fiançailles des filles, on examine s'il n'y a pas communauté de sang et de parenté, si elle n'est pas la nièce d'une personne de la tribu du garçon qui doit l'épouser, si elle n'est pas une femme répudiée, si elle n'a pas formé de parenté spirituelle avec le futur (en portant un enfant au baptême, en étant témoin à un mariage, par l'effet de la coupe de cheveux ou de la fraternité par échange du sang).
Le coutumier albanais n'admet ni fiançailles, ni mariage quand interviennent les susdits empêchements, même après 400 générations.

3) Le gage des fiançailles

Quand les fiançailles sont possibles, le canon prévoit que le marieur amène, une nuit fixée d'avance, le père ou le frère du garçon chez les parents de la fille pour leur porter le gage des fiançailles. Celui-ci est composé d'un anneau qui a été jusqu'à ces derniers temps en cuivre ou en argent.
Il ne s'échange pas et ne se retourne pas de toute la vie de celui qui prend la fille. Avec le gage, la fille est engagée et, s'ils reviennent sur leur parole, les parents de la fille ont une dette de sang envers la famille du garçon.

4) Le cérémonial nuptial

Les noces qui signent l'aboutissement du cycle nuptial dans la maison paternelle ou dans la maison conjugale ont la signification d'une consécration traditionnelle du mariage. Les noces, en tant que coutume transmise depuis les anciens temps avec ses rites et ses nombreuses cérémonies variées, comportent des éléments intéressants de diverses origines ethnographiques. En font partie les rites et les coutumes connus de la préparation des noces dans la maison paternelle et dans la maison conjugale, ceux de la séparation de la parenté et de la maison paternelle, ceux de l'accompagnement de l'épouse, de son accueil dans la maison conjugale et de plusieurs autres cérémonies ayant lieu à cette occasion.

5) Fixation de la date

Le désignation du jour de noces est dénommée selon le coutumier de Scanderbeg *damja e ditës*. Ayant en général la signification de la désignation du jour, elle fixe le jour où l'on envoie le cortège quérir l'épouse.

Dans la plupart des régions d'Albanie, le jour désigné ne peut absolument pas changer. Tout renvoi est considéré comme un motif de calamités. Ce jour-là, lit-on dans le coutumier de Scanderbeg (§. 256), le cortège doit absolument partir, et même s'il y a un décès dans l'une des deux familles, on ne peut renvoyer la noce. Il est fait état de cas où le mort de la maison sortait d'une porte, tandis que de l'autre on menait l'épouse dans la maison conjugale. Si l'un des deux époux est malade, on ne renvoie pas le jour des noces. Si la jeune mariée est en train de mourir, les garçons d'honneur l'emmèneront en la traînant jusqu'à la maison du fiancé.

Une fois le jour fixé, la jeune fille *vlonej* (§. 258, C. S), c'est-à-dire qu'elle s'enferme dans la maison, évitant le contact avec les autres. Durant ce temps, aidée par les femmes et les jeunes filles de la tribu, elle termine son trousseau.

Chez les Albanais comme chez les autres peuples, les mariages ont lieu en automne, lorsque se terminent les travaux des champs et les granges sont pleines. Il y a des cas, mais assez rares, où l'on fait la quête de l'épouse au printemps.

Pour cette quête, on fixe un jour de la semaine qui, d'après le coutumier de Scanderbeg (§. 290), est le lundi pour les noces des régions catholiques et le jeudi pour les régions musulmanes ; plus tard, c'est le dimanche pour les deux confessions.

6) Préparation du mariage

La désignation du jour s'accompagne de l'achèvement des préparatifs du trousseau. À la fin des préparatifs des noces, le maître de maison consulte sa tribu pour les faire-part du mariage. Ceux qui sont choisis pour les invitations sont appelés *thirrës*.

D'après le coutumier albanais, le père du futur marié ou le maître de maison doit se déplacer en personne, quatre semaines avant les noces, pour convoquer les garçons d'honneur. Il invitera d'abord les garçons d'honneur *extérieurs,* puis les garçons d'honneur du *village.*

Entrent dans la noce, selon le coutumier albanais :

a) 12 garçons d'honneur et 13 demoiselles d'honneur, b) ceux qui ont porté les invitations, c) les servantes, d) les femmes qui font le pain, la cuisine, e) les serviteurs, f) les danseuses, g) les meneurs de moutons, h) des chanteuses, i) le jeune marié et la jeune mariée, j) les deux témoins, k) les invités.

Le Canon veut, pour un mariage, qu'on aille chez l'hôte avec un mouton. Amèneront un mouton, selon le coutumier albanais, l'oncle du futur et les neveux et petits enfants.

À Mat, pour l'invitation d'une famille, on disait : « XY te salue. Prends les enfants et viens aux noces ». Quand l'invitation concernait une seule femme, on disait « prends le tissu (un foulard blanc destiné à couvrir la tête) et viens aux noces ». Pour l'homme, la formule conventionnelle était « prends le fusil et viens aux noces ».

7) Le départ du cortège pour quérir l'épouse

Une fois tous les convives réunis, on doit désigner les garçons d'honneur. Ils sont choisis par le maître de maison et ses proches et sont appelés *krushq*. Ils forment le cortège des garçons d'honneur et prennent part à toutes les cérémonies nuptiales. La coutume veut que le nombre des garçons d'honneur soit impair.

L'ordre des garçons d'honneur ne peut être changé. Le Canon ne s'occupe pas de l'apparence du chef des garçons, mais de la préséance et, même si c'est un enfant horrible à voir, la maison du futur marié devra l'accepter (§. 306, C. S).

D'après le Coutumier de Scanderbeg, le chef des garçons d'honneur, *krushkapari* ne peut pas être un homme de la maison, mais un compagnon de l'époux.
Le *Krushkapari* est chargé d'une tâche importante, il doit non seulement être intelligent et adroit, mais il doit avoir aussi d'autres aptitudes, connaître parfaitement bien les coutumes, savoir manier la plaisanterie, bien diriger les autres garçons d'honneur en fonction des cas imprévus susceptibles de surgir.
Une fois sortis dans la cour, les garçons d'honneur doivent tirer des coups de fusil et, après les salutations d'usage, ils se mettent en route.
L'ordre des garçons d'honneur, quand ils partent prendre en charge la future et quand ils reviennent avec elle est le suivant, selon le coutumier :
1) C'est le chef des garçons d'honneur qui dirige, 2) Garçons d'honneur du village, 3) Garçon d'honneur extérieur, 4) Garçon d'honneur du village, 5) Garçons d'honneur du village, 6) Garçons d'honneur extérieur qui tient un mouton à la main... 13) Demoiselle d'honneur qui chasse devant elle un mouton.
Le père ou le frère du futur ira en dernier, le cheval à la main.
Vu de loin, ce cortège ressemble à une formation militaire. Cela vient du fait que dans un lointain passé, les garçons d'honneur avaient une tâche extrêmement importante : ils devaient ravir une fille d'une autre tribu et la ramener dans la leur. C'est pourquoi on considérait le garçon d'honneur comme exposé à des périls.
On disait ainsi que l'on « connaît le nombre de garçons d'honneur au départ, mais on n'en sait rien au retour », etc.
Dans les régions où le Coutumier de Scanderbeg est en vigueur, le futur ne va pas quérir la future. Si le village où se trouve sa maison est éloigné, les garçons d'honneur prennent avec eux de quoi manger : du pain, de la viande, de l'eau-de-vie, etc. (§. 313, C. S). Il est de coutume que pendant le chemin, les garçons d'honneur ne chantent pas et ne tirent pas de coups de fusils ; ils doivent en revanche avancer en silence et s'approcher de la maison de la future en ordre parfait. Leur entrée dans la cour est accompagnée par trois coups de fusil ou davantage, ce qui indique le début de la « bataille » entre les deux parties. C'est ce

qu'évoque le droit coutumier albanais : « Cette nuit-là, les garçons d'honneur viennent comme des pillards et comme une bande de brigands pour rapiner et faire un prisonnier, ils ne viennent pas en amis » (§. 54, 9-a, K. L. D).

Ainsi les garçons d'honneur ne sont pas considérés comme des hôtes et la famille de la jeune fille n'assume aucune responsabilité pour les accueillir comme des hôtes ordinaires. Au contraire, dans le cas où ils commettraient des infractions aux coutumes, on peut même leur infliger des amendes.

Le chef des garçons d'honneur est seul à parler, le Canon de Scanderbeg ne le permet pas aux autres, sauf si quelqu'un les appelle par leur nom. Les garçons d'honneur et la demoiselle d'honneur mangeront ensemble, à la même table. Après le repas, les gens de la noce laisseront leur cadeau à la mariée.

L'accompagnement hors de la maison de la future donne lieu à plusieurs types de cérémonies. À Mirditë, elle est enlevée par un homme et une femme. À Mat, où le Coutumier de Scanderbeg est en vigueur, ses frères et ses proches la traînent jusqu'à l'extérieur : « la mariée sort de la maison presque entraînée de force, pliée en deux et versant des torrents de larmes, emportée par les hommes de sa maison et ses frères » est-il dit dans le coutumier de Scanderbeg. Au retour, il est de rigueur, dans les régions où le coutumier est en vigueur, que les garçons d'honneur changent de chemin. On n'emprunte jamais deux fois le même itinéraire, toujours en fonction de la coutume du rapt.

Si en cours de route deux troupes de garçons d'honneur se rencontrent, la coutume veut que les plus proches de leur maison cèdent le chemin aux plus éloignés (§. 347, C. S). Cette coutume va à l'encontre des usages des temps plus anciens, au cours desquels il y avait des querelles, voire des batailles puisque l'on considérait comme une faiblesse et une grave offense de céder le chemin. Des toponymes comme *les tombes des garçons d'honneur*, qu'on trouve dans les régions où était en vigueur le Coutumier de Scanderbeg, montrent les sépultures de garçons d'honneur pour des querelles de ce genre.

8) Le mariage dans la maison conjugale

L'arrivée de la nouvelle épouse dans la maison conjugale donne lieu à de nombreuses cérémonies. À Mat, et en général dans les zones où le Coutumier de Scanderbeg est en vigueur, le futur époux court à l'arrivée des garçons d'honneur et de la future en tirant des coups de fusil. La jeune femme, qui n'est pas encore descendue de sa monture, salue trois fois de la tête (§. 351, C. S). Ce sont en général son beau-père ou quelques proches qui lui font mettre pied à terre.

Une coutume, générale en Albanie, veut que soient jetés sur l'épouse du blé, riz, du mil et de l'argent à la sortie de la maison paternelle et à l'arrivée dans la maison conjugale (§. 353, C. S). Selon les croyances populaires, il s'agit de vœux pour que l'épouse soit féconde. Le sucre a la signification d'une vie douce. L'arrivée dans la maison conjugale est accompagnée de cérémonies pour augurer que la jeune femme mette au monde des garçons.

On fait ainsi faire à un petit enfant trois fois le tour du cheval (Kurbin, *Malessie* de Krujë, d'après §. 354, C. S).

Une fois l'épouse dans la maison conjugale, la nouvelle mariée doit plonger ses mains dans un récipient de miel et en enduire le seuil de la porte à l'intérieur et à l'extérieur, ainsi que les marches du perron (§. 356, C. S). À Skuraj de Krujë, elle doit prendre le miel qu'on lui offrait avec son mari. Le fait de tremper la main dans du miel, symbole de l'harmonie et de l'affection, est une coutume commune à l'ensemble du peuple albanais. En prononçant les mêmes vœux d'une vie douce, le couple boit du *raki* (l'eau-de-vie) (§. 358, C. S). À Mirditë, l'épouse doit se rendre seule à l'âtre pour ajouter un peu de sel dans un pot où a été préparé un mets de viande ou pour mettre un peu de sucre dans un pot vide. La coutume d'ajouter du sel au plat se produit à Mat et dans toutes les zones où le Coutumier de Scanderbeg est en vigueur.

Le voile est ôté par le beau père, le frère, l'oncle paternel ou quelques cousins (§. 357, C. S).

L'arrivée de la nouvelle mariée dans la maison conjugale s'accompagne de nombreuses chansons qui représentent un apport très riche au répertoire populaire.

Après la fin des noces, l'épouse donne des cadeaux, dans la plupart des cas, des bas, des serviettes, des mouchoirs, etc., aux hommes de la maison et aux convives ; en retour, ceux-ci lui offrent quelque chose, selon leur volonté ou à la demande de l'épouse. L'argent ainsi réuni constitue un avoir de l'épouse *(selemi)*. À l'intérieur de l'économie commune de la famille, cette somme forme un avoir personnel dont personne d'autre n'a le droit d'en disposer. L'épouse dispose de ce petit capital comme elle l'entend, sans rendre de compte à personne ; elle peut par exemple acquérir du cheptel ou un lopin de terre.

Si l'on se réfère à un document (A. Q. Sh., Fonds « Sous Préfecture de Krujë », dossier nr. 12), au début de XXe siècle, la maison du gendre doit donner aux parents de la fille :

1) 3 napoléons comme dot de fiançailles, 5 napoléons pour les vêtements, 1 napoléon au marieur, 1 napoléon à la personne qui s'occupe de la toilette et 15 napoléons pour le mariage, soit un total de 25 napoléons.

2) si l'épouse devient veuve, elle doit toucher de l'homme 15 napoléons, dont 1 revient au marieur

3) Si la fille a déjà été fiancée, on agira de la sorte :

a) Si l'argent a déjà été reçu, on n'y touche plus.

b) Si les parents de la fille ont touché plus que la somme délimitée et ont encore à toucher, la décision est annulée.

4) Comme droit d'oncle maternel (c'est-à-dire en récompense du mariage de la nièce) on fixa une somme de 20 francs, pour celui qui s'occupait de l'habillement jusqu'à 15 francs.

Dans le cadre des cérémonies se déroulant après les noces, le troisième jour, l'épouse doit aller puiser de l'eau. Elle est accompagnée par un petit garçon dont les parents doivent être vivants (Mat), parfois par des convives (Kurbin, *Malessie* de Krujë). On la conduit à la fontaine, au puits ou au fleuve. Avant de remplir ses seaux, elle jette dans l'eau de la monnaie que son accompagnateur doit aller chercher (Mat). L'épouse fait un autre voyage à la fontaine pour rapporter à boire à tous les hommes de la maison (Mat) ou elle donne à boire à ses accompagnateurs à la fontaine (Kurbin). À Mat et dans la *Malessie* de Krujë, elle doit ajouter une petite quantité de sucre à l'eau pour être aimable avec tout le monde.

9) La visite de l'épouse aux siens

En général, la coutume veut que la femme retourne chez les siens dans les premières quatre ou cinq semaines après son mariage et par la suite, du moins une fois par an.
(§. 402, C. S) Cette visite est appelée *pasi*, *t'pamët* dans le coutumier de Scanderbeg. Le *pasi* est l'un des jours les plus importants. Il s'agissait du banquet, « le mélange de pain » entre les deux familles, désormais réunies par une alliance.

10) Devoirs du mari et de la femme

Le mari a le devoir de procurer à sa femme tout ce qui est nécessaire à sa vie, de préserver son honneur et de ne lui donner aucun sujet de plainte quant à ses besoins.
La femme a le devoir de préserver l'honneur de son époux, de le servir sans réserve, de demeurer sous son autorité, de satisfaire au devoir conjugal, d'élever les enfants dans l'honneur et de ne pas s'occuper des fiançailles de ses fils et de ses filles.

11) Les différentes sortes de mariage

Durant des siècles, les *Malessores* ont procédé à la célébration religieuse du mariage très en retard. Celle-ci, selon l'Église catholique, doit être faite en premier pour que le mariage soit considéré comme effectif. Une autre conception prédomine dans le droit coutumier albanais, et une plus grande importance est accordée aux fiançailles. La jeune fille est considérée comme prise à la consignation du gage (§.188 C. S), ce qui entraîne une obligation juridique : « ... le gage ne s'échange pas et ne peut être retourné durant la vie entière de celui qui prend la fille » (§. 41, K. L. D).
N. Jokl a expliqué que l'expression *vë kunorë* (mettre la couronne), qui est employée dans ces cas, est une traduction du grec des temps byzantins et commune à tous les Balkans[57].
Le *Malessor* considère le mariage réussi à la naissance des enfants, surtout à l'arrivée des garçons. Dans le cas contraire, le mari épouse une autre femme, tout en continuant à vivre également avec sa première femme. Un manuscrit de Shtjefën

---

[57] E. Çabej, *Studime Gjuhësore*, III, Prishtina, 1976, p. 48.

Gjeçovi révèle la mentalité du *Malessor* : l'objet du mariage étant d'avoir des enfants, et plus particulièrement des garçons,[58] pour éviter des conflits avec l'église, les *Malessores* n'organisent pas de célébration religieuse jusqu'à ce qu'ils aient un garçon ; dans le cas contraire, la célébration a lieu avec la deuxième femme. E. Cozzi a aussi enregistré que la deuxième femme, prise pour avoir des enfants, était légale[59]. Depuis le XVIIe siècle, le terme employé pour ce comportement est le *mariage à l'essai*.

Sh. Gjeçovi considère, dans son coutumier de Lekë Dukagjini, que l'enfant né de parents dont l'union n'est pas consacrée par une célébration religieuse est un *champi* (illégitime) qui ne peut donc prétendre à aucun droit d'héritage sur les biens de son père ; mais d'après le droit coutumier albanais les enfants nés de chacune des femmes reconnues par le père ont des droits égaux en tant qu'enfants d'un seul père, indépendamment de la célébration religieuse ou de son absence.

Le mariage avec la belle-sœur est une ancienne coutume d'origine tribale. D'après le coutumier de Scanderbeg (§§. 327-344), cet usage est employé chez les musulmans. Il se présente sous deux formes : comme le mariage d'un homme avec la femme de son frère mort ou comme le mariage avec la sœur de la femme morte. Lorsque le frère ou l'un des cousins se marie avec la veuve du proche, on emploie l'expression « la tenir, ne pas la faire sortir de la maison ».

Ce type de mariage, courant dans les *Malessies*, est appelé par l'église concubinage et est condamné : « sont excommuniés tous ceux qui donnent leur fille, leur sœur ou leur nièce pour mariage au frère du défunt »[60]. Les *Malessores* avancent diverses raisons pour justifier ce comportement : « nous nous sommes habitués à

---

[58] Sh. Gjeçovi, *Doke darsmash në Kanu të Maleve* (Coutumes nuptiales dans le coutumier des Montagnes), Gomsiqe, 1910-1911, Archives d'État, Fonds Sh. Gjeçov.

[59] E. Cozzi, *op. cit*, p. 331.

[60] Les excommunications de l'archevêque de Shkodër en 1774. K.Kamsi, Një dokument gjuhësor shqip dhe disa vjersha e materiale gjuhësore të kolonive të Kalabrisë e Bazilikatës, përmbledhje frëngjisht, (Un document linguistique albanais : « vers et matériaux des colonies des Albanais d'Italie de Calabre et Bazilicata »), *Buletini i Universitetit Shtetëror të Tiranës*, 2, 1958, p. 211.

cette femme et elle s'est habituée à nous ». Dans le cas où la veuve est jeune et a des enfants, elle doit les élever et être sous « la domination d'un homme ». Le mariage avec la sœur de sa femme est considéré comme le plus adéquat, car la sœur traite mieux que la marâtre les enfants de la défunte.

12) La rupture du mariage d'après le droit coutumier

L'institution de la rupture du mariage est quasiment aussi ancienne que le mariage lui-même. Si le christianisme tâche d'imposer les mariages religieux devant le desservant et interdit le divorce, l'islamisme accorde une plus grande liberté à l'homme pour abandonner sa femme ou la répudier à son gré.

Il est notoire que l'église catholique n'admet pas le divorce. Mais dans les faits, dans les régions montagneuses de l'Albanie du Nord peuplées de catholiques, la rupture ne put jamais être interdite malgré la lutte menée par le clergé et les menaces d'amende. Comme l'attestent différentes sources historiques, divorces et fuites des femmes de leur maison conjugale se produisirent à toutes époques, surtout dans les montagnes d'Albanie du Nord.

Dès la fin du XIIe siècle, plusieurs conciles furent organisés sur le problème de la rupture du mariage, et de nombreux rapports furent envoyés à Rome sur les infractions au mariage commises dans ces régions, portant surtout sur le châtiment et la fuite des femmes. Le Concile albanais de 1703 statue : « si une femme chrétienne abandonne son mari chrétien [...] il n'est pas permis au chrétien d'épouser une autre femme car la loi de Dieu ne l'admet pas [...] Celui qui épouse une autre femme à sa place [...] se met en état de fornication avec elle et s'il ne s'en sépare pas, il sera privé des sacrements »[61].

Dans un document en albanais de 1744, il est écrit : « soient maudits tous ceux qui répudient leurs femmes et en prennent d'autres »[62].

---

[61] *Concilium Albanium*, 1703, nr, 1651, *Relacione mbi gjendjen e Shqipërisë veriore dhe të mesme në shekullin e XVII*, (Relations sur la situation de l'Albanie septrionale et centrale au XVIIe siècle), Tirana, 1963, Tome 1.

[62] K. Kamsi, *art. cit*, p. 219.

D'après le droit islamique, si le divorce est réclamé par l'homme, il peut être obtenu facilement.
Au terme du droit coutumier albanais, l'homme est le détenteur du pouvoir familial, ce qui lui confère un droit illimité pour répudier et divorcer de sa femme ; toutefois, les divorces sont limités chez les Albanais et des raisons valables sont réclamées pour l'abandon de la fiancée ou le divorce.
L'article 31 du Coutumier de Lekë Dukagjini concerne les infractions des femmes pouvant entraîner la répudiation. Aux termes de ce Kanun, l'homme a le droit de divorcer de sa femme « si elle ne se comporte pas bien dans la maison conjugale, (...) pour un vol ou un brigandage, le mari répudie sa femme, mais il n'a pas le droit de lui faire d'autre violence ». La femme répudiée n'a le droit de ne rien prendre en quittant la maison du mari, hormis les habits qu'elle a sur le dos.
De même, la femme reçoit une balle dans la dot, qui sera utilisée pour deux infractions, pour une autre infraction on se limite à lui couper la frange et la renvoyer a) pour adultère, b) pour l'hôte trahi.
Aux termes du Coutumier de Scanderbeg, la femme est renvoyée : 1) pour adultère, 2) pour la trahison de l'hôte, 3) pour vol (§. 461).
L'infraction à la loi conjugale est l'une des principales causes entraînant la séparation d'avec la femme. Le droit coutumier albanais condamne sévèrement un tel acte d'adultère. Outre le droit qu'il a de poursuivre son épouse en indiquant les raisons aux parents de celle-ci, l'homme peut prendre d'autres mesures très sévères, tant à l'encontre de sa femme que de son séducteur. « Ceux qui font corps et viol ensemble, est-il dit dans le C.L.D, s'ils sont tués pendant l'acte, l'outrage est lavé, sans réparations ». Mais dans de tels cas, ceux qui commettent l'adultère doivent être abattus *par le fusil*. S'ils sont tués chacun séparément, les familles des morts réclament le sang. « Si l'on trouve ensemble calotte et foulard, souligne le Coutumier de Scanderbeg, tire-leur dessus avec ton fusil, et l'outrage est lavé ».
D'autres normes coutumières statuent sur la conservation de l'honneur de la jeune fille. Ces normes prévoient la mort pour les

filles mères, ou comme il est dit dans le Coutumier de Lekë Dukagjini, pour celle qui « a déshonoré ». Il s'agit en fait de l'une des normes les plus importantes du droit coutumier albanais qui sert aussi à l'abandon de la fiancée.

Il n'est jamais arrivé que les parents de ceux qui commettent l'adultère réclament le sang pour les meurtres sur des questions d'honneur. Tout au contraire, dans la plupart des régions où le droit coutumier était en vigueur et notamment en Albanie du Nord, on félicitait fortement le meurtrier.

D'après le droit coutumier de Lekë Dukagjini et celui de Scanderbeg, la femme commet une infraction quand elle n'accueille pas un hôte chez elle, surtout en l'absence des hommes. L'infraction est plus grave si « l'hôte est trahi », c'est-à-dire lorsque la femme est complice de son assassinat, ou lorsqu'elle le dénonce à ses ennemis. Dans le premier cas, l'homme répudie sa femme, dans le second, il la tue.

Le fiancé ou l'époux ont le droit de chasser de la maison la femme qu'ils trouvent en train de voler. Le vol est une grande honte qui n'est toléré ni par la maison conjugale, ni par la maison maternelle. Si le mariage n'a pas encore eu lieu, les parents de la jeune fille disent à leur futur gendre : « prends la fille et la cartouche », c'est-à-dire s'il la trouve en train de voler, il a le droit de la tuer sans encourir de vengeance.

Des normes particulières peuvent s'ajouter au Canon de Scanderbeg et permettent la répudiation pour d'autres causes que celles que nous venons de mentionner (§§. 458-472).

Le signe marquant le renvoi de la femme est différent selon les régions. Par exemple, dans les régions où sont en vigueur le Kanun de Lekë Dukagjini et de Scanderbeg, l'homme qui chasse sa femme lui coupe les franges du tablier ou la ceinture de moitié. Dans les régions où la population est islamisée, une partie des cheveux de la femme est coupée.

Le renvoi était considéré définitif lorsque l'homme le fait en présence de deux témoins ou publiquement (§. 460, C. S).

La jeune fille fiancée ne peut abandonner son futur mari : « La fille retenue ne peut laisser le garçon, même s'il ne lui plaît pas » est-il dit dans le Canon de Lekë Dukagjini (§. 43, K. L. D). Et le

Canon de Scanderbeg statue qu' « une fois fiancée, la fille n'a le droit en aucune façon d'abandonner son fiancé ».
La même chose peut être notée sur la femme en ce qui concerne la rupture du mariage. Le droit coutumier albanais ne permet pas à la femme de réclamer le divorce ou de quitter la demeure conjugale ; cette particularité est davantage observée chez la population catholique. Chez les musulmans, même si la Charia admet la rupture du mariage dans les régions où le coutumier était en vigueur, ces normes sont sans effet pour la femme.
Outre la lourde responsabilité que porte la jeune fille qui abandonne son fiancé, elle ne peut en épouser un autre. Même si le fiancé se marie avec une autre femme, la jeune fille est toujours considérée comme engagée parce que, selon le Kanun de Lekë Dukagjini (§. 43), « même si le garçon prend une autre femme, la fille qu'il a retenue reste liée et bien liée » (§. 43, K. L. D).
D'après le Canon de Scanderbeg, la famille de la jeune fille ne peut accepter une autre bague sans avoir récupéré la première, au risque de s'exposer à la vendetta de la maison du gendre.
Celle-ci jouit même du droit de tenir en gage la jeune fille durant toute sa vie, en laissant la bague aux parents. Dans le cas où la famille de la fille avait de fortes raisons pour abandonner le gendre, elle intervient au moyen d'amis pour lui faire restituer la bague des fiançailles ; sinon la jeune fille ne peut se marier à un autre car, comme le statue le coutumier, « la fille reste liée, et sauf permission du garçon qui l'a prise et s'il lève la main (sur elle) elle ne peut se marier, le Kanun ne permet pas qu'un autre aille la demander s'il sait qu'elle se trouve empêchée » (§. 43, K. L. D).

13) La vierge

L'abandon du jeune homme par la fiancée peut ne pas avoir de lourdes conséquences pour elle si elle fait le serment solennel de ne pas se marier et de rester vierge.
Le coutumier de Scanderbeg (§§. 981-991) statue que la fille qui reste vierge doit trouver un garant pour l'observation de sa promesse.
Dans la *Malessie* de Mat, même après l'islamisation de la région,

de tels cas se trouvent sous le nom de *sadik*, « cuca bahet *sadik* », (« la jeune fille devient vierge », le mot turque *sadik* signifiant juste, intègre) quand elle se rase les cheveux, s'habille en homme, porte les armes et la blague à tabac et participe à l'assemblée des hommes. Des sources affirment qu'il y a eu des filles devenues *sadik* pour entretenir leurs parents. La vierge occupe une fonction à savoir celle d'assurer le *service* des parents.

Les vierges peuvent rester avec leurs parents et, après leur mort conserver la maison et les terres. Mais la vierge ne transmet rien à sa mort, les biens reviennent de toute façon à la branche collatérale la plus proche. Si la maison qui s'éteint n'a pas de parent proche, le lignage, fût-il éloigné de cent générations, a des droit sur le bétail, les terres et les biens de cette maison.

Lorsqu'une jeune fille veut rester chez elle et se sent assez forte pour servir son pays au même titre que les hommes, elle devient une vierge, ne se marie pas et s'habille en homme, et ne se considère ainsi plus comme un excédent dans sa maison et sa tribu.

Les vierges sont dans une position intermédiaire, leur refus ou l'interdiction qui leur est faite de se marier et d'avoir des enfants est en contradiction avec leur statut social de femmes, elles ne sont plus tout à fait des femmes, mais pourtant pas tout à fait des hommes.

Section III : La position juridique de la femme d'après le coutumier albanais

« L'enfant albanais est avant tout un fils, il va succéder à son père, hériter de lui, garantir la pérennité de la lignée et surtout les ancêtres. La fille est une épouse, c'est-à-dire une mère en puissance, destinée pourtant à assurer la descendance d'une autre lignée étrangère.

En général, les cérémonies, les différentes pratiques et les formes symboliques entourant l'attente et la célébration de la naissance, le développement et l'éducation des enfants à l'intérieur de la famille sont nettement différenciés selon le sexe de l'enfant »[63].

[63] Doja A., "Aspekte të pasqyrimit të marrëdhënieve shoqërore në folklorin e lindjes" (Aspects de la représentation des relations sociales dans les traditions orales et rituelles de la naissance), *Kultura Popullore*, 11, (2), pp. 53-68.

Dans les régions du Nord, alors que pour la naissance des filles on ne fait rien entendre et on ne fait aucune annonce, sauf quand on apprend la nouvelle par hasard, l'annonce de la naissance du garçon s'effectue notamment par des coups de feu du groupe parental, du quartier et du village pour que tous l'apprennent.

L'une des caractéristiques du droit coutumier albanais est que la femme est considérée étrangère dans la maison conjugale, et n'a ni droit de propriété ni droit d'héritage sur les biens. Au fil du temps, à mesure que se consolide la famille patriarcale, une différenciation sensible se produit entre le fils et la fille ; si le garçon continue à hériter de plein droit, la fille perd peu à peu le droit à l'hérédité.

Le coutumier donne trois raisons à l'exclusion de la femme de l'hérédité : il s'agit d'empêcher aux neveux de s'implanter dans la maison de l'oncle maternel qui n'a pas de progéniture mâle, d'empêcher aux parents de la femme de s'implanter dans la maison du gendre, d'empêcher la confusion des tribus.

Cette règle patriarcale vise à éviter des conflits de succession. Malgré son rôle important dans l'économie domestique, l'épouse ne jouit donc pas des droits sociaux et familiaux.

Elle n'a aucun pouvoir décisionnaire important, et sa condition, sur le plan juridique, égale celle des enfants ou des hommes inaptes au travail (elle est en fait moindre, car ceux-ci bénéficient de l'hoirie). Le droit coutumier de Scanderbeg (§§. 1896-1890) est explicite en cela : les femmes ne peuvent être assesseurs, ni Anciens, ni jurés (ce que pouvaient être même les enfants mâles) ni enquêteurs.

Les paroles de la femme, note le Coutumier de Lekë Dukagjini, ne sont pas prises en compte dans le coutumier : il leur est impossible de se venger, car la vendetta, dans la société patriarcale, est considérée comme une affaire d'hommes. Elles ne peuvent la commettre que lorsqu'il ne reste plus d'homme dans leur famille. À l'opposé, une femme ne peut faire l'objet d'une vendetta, même dans les cas où elle commet un assassinat. Son père ou ses frères se portent garants pour elle.

Tuer une femme est considéré comme une grande honte par le coutumier, mais si ce crime a lieu, le meurtrier doit payer le sang dans la mesure de la moitié du sang de l'homme.
La femme du coutumier est non seulement maintenue loin de la vie sociale, mais elle ne participe également pas aux assemblées de famille et n'intervient pas directement pour marier ses enfants.

Section IV : La parenté spirituelle et la fraternité

La parenté spirituelle des Albanais des montagnes a trois aspects : baptême, mariage, coupe de cheveux.

1) La parenté spirituelle par le baptême

D'après le Canon de Scanderbeg (§. 77. C. S), la parenté spirituelle interdit le mariage de génération en génération, non seulement entre le baptisé, les parents du baptisé et ceux qui l'ont porté à la porte de l'église, mais aussi entre tous les membres de l'une et l'autre maison.

2) La parenté spirituelle par la couronne de mariage

On appelle parenté par la couronne de mariage celui qui est témoin à un mariage (§§. 81-86, C. S).
Être témoin à un mariage empêche le mariage entre les membres de la famille des témoins de la maison du gendre et celui qui tient la couronne de mariage, y compris pour leurs fratries et leurs parents.

3) La parenté spirituelle par les cheveux

La première coupe de cheveux s'effectue à un âge relativement bas. Si le garçon ou la fille a atteint l'âge d'un an, on ne procède plus à la coupe de cheveux.
Sans avoir procédé à la coupe rituelle de cheveux, les ciseaux ne doivent jamais toucher la tête de l'enfant, de sexe masculin ou féminin, même s'il atteint l'âge de sept ou huit ans. Si les cheveux deviennent trop longs, ils sont brûlés à la flamme de la torche de résine. Par contre, si l'enfant est mort sans avoir reçu la coupe de cheveux, il ne sera pas enterré avant que le parrain arrive pour effectuer le rituel. Des règles strictes sont sanctionnées par les normes coutumières. La coupe de cheveux

a toujours été un élément déterminant, non seulement de la personnalité, mais aussi d'une fonction sociale óu spirituelle, individuelle ou collective.
La coupe rituelle de cheveux crée chez les albanais des liens de parenté spirituelle plus solides que tout autre rituel. C'est en fait ce même rituel qui a créé en albanais une terminologie de parenté spirituelle aussi rigoureuse que la terminologie de parenté réelle, prescrite expressément dans les normes coutumières.
Cette forme de parenté spirituelle entraîne des interdictions de mariage comme une véritable parenté et des attitudes ritualisées comme une véritable alliance.
La nation albanaise apprécie au plus haut degré le parrainage des cheveux. Cette forme de parenté est effectivement tenue en grand honneur dans les Montagnes du Nord.
Elle est généralement considérée comme plus importante que celle du baptême et elle est courante parmi les chrétiens comme parmi les musulmans.
« Qu'il soit musulman ou chrétien, il (le parrain) peut librement entrer dans le *haremlik* si son filleul est musulman et voir la mère qui ne se voile plus devant lui, il est de la famille, même plus que le frère du mari »[64].
Bien que les non-chrétiens ne puissent pas être parrains vis-à-vis de l'Eglise et que les musulmans ne connaissent pas le parrainage par le baptême, de même que chez d'autres populations du sud-est européen (Hammel, 1968), les musulmans fonctionnent souvent comme parrains de baptême des chrétiens et les chrétiens obtiennent la qualité de parrain en participant à la circoncision des jeunes musulmans.
« ... Pour couper une mèche de cheveux à son enfant, le père choisit l'homme qu'il veut honorer ou un de ses amis, soit musulman soit chrétien »[65].
L'Albanais catholique devient souvent parrain d'un autre Albanais musulman avec la charge de couper les cheveux à ses enfants.

---

[64] Degrand A, *Souvenirs de la Haute Albanie*, Paris, 1901, p. 44
[65] Hecquard Hyacinthe, *Histoire et description de la Haute Albanie ou Ghégarie*, Paris, 1858, Bertrand, p. 319.

« Actuellement, dit explicitement Degrand, la coutume est devenue commune aux musulmans et aux chrétiens »[66].
La parenté spirituelle est de façon héréditaire transmissible entre deux familles. La continuité du parrainage devait à tout prix garantir la continuité de la maison et de la tribu, exprimée dans la succession rythmique des générations dont le médiateur spirituel et social était déjà devenu le parrain en personne.
La parenté qui se crée par la coupe de cheveux entraîne, selon le Canon de Scanderbeg, une relation intangible. La coupe de cheveux interdit le mariage génération après génération entre les familles, les fratries et les parents du parrain et de la marraine.
On appelle parrain celui qui coupe les cheveux. On appelle marraine la mère du garçon ou de la fille à qui on coupe les cheveux. On appelle filleul ou filleule le garçon ou la fille à qui on coupe les cheveux.
D'après le Canon de Scanderbeg (§. 89, C. S), c'est un homme, et jamais une femme qui coupe les cheveux d'un enfant. Le parrain coupe les cheveux dans cet ordre : une mèche sur le front, une mèche sur chaque tempe, une mèche derrière le crâne. Après la coupe, le parrain frappe trois fois le crâne du ou de la récipiendaire avec les ciseaux en disant « Santé et longue vie ». Il l'embrasse et en l'enlevant de ce giron, il le donne à sa marraine qui prend la coupe avec l'aspre d'argent. Le parrain donne à la marraine entre 50 et 150 *grosh*, et la marraine offre au parrain des cadeaux. Après avoir coupé les cheveux, le parrain reste pour la nuit dans la maison du récipiendaire, et le lendemain prend avec lui la marraine et l'enfant et les conduit chez lui où ils restent trois à cinq jours. On ne célèbre ni enterrement, ni noce, ni aucune autre fête de famille sans la marraine, le parrain, le filleul et la filleule.
Ces coutumes des *Malessores* sont en contradiction ouverte avec les ordonnances de la religion. Une importance particulière est accordée à la parenté spirituelle, découlant de la première coupe de cheveux d'un enfant. La parenté spirituelle par les cheveux est exercée par les musulmans comme par les chrétiens. Nopcsa et M. E. Durham ont noté que ce baptême païen est plus considéré

[66] Degrand A, *Souvenirs de la Haute Albanie,* Paris, 1901, Walter, 44.

que le baptême des chrétiens et la circoncision des musulmans.[67] Les curés catholiques veulent faire disparaître cette pratique païenne[68]. La parenté spirituelle par les cheveux et la fraternité par échange du sang sont appelés par le clergé une fausse fratrie. Les *Malessores* ne font pas de distinction religieuse. Ils choisissaient comme parrain des orthodoxes et des musulmans, ce qui est interdit péremptoirement par le Concile de l'Albanie. Un missionnaire jésuite polonais qui a parcouru les montagnes de l'Albanie septentrionale écrit que « le Premier et le Deuxième Concile se sont opposés à la coutume des fratries mais ni leurs serments, ni l'intervention de l'évêque et des prêtres n'ont fait changer les préjugés »[69].

4) La fraternité par le sang échangé

D'après le Canon de Scanderbeg (§§. 117-131, C. S) et celui de Lekë Dukagjini (§. 704, K. L. D), la fraternité qui se fait en buvant le sang interdit pour toujours les alliances entre les intéressés, leurs familles et leurs parents et ils deviennent comme des frères de même père et de même mère.

Concéder la fraternité à quelqu'un signifie accepter qu'une famille d'une bannière étrangère puisse venir s'établir dans un village d'une autre bannière. Si le village a accordé la fraternité à cette famille, toute personne du village peut lui vendre de la terre, mais rien ne peut être vendu parmi les pâturages d'été et d'hiver, ni des communaux du village et de la bannière. La famille acceptée s'acquittera des droits et des devoirs communs du village.

La fraternité de sang est une parenté obtenue par artifice, elle ne doit rien à la filiation ou à l'union matrimoniale et tisse des liens aussi étroits, voire parfois plus étroits encore que ceux établis par la nature.

La puissance de ces liens est plus mystique que psychologique.

---

[67] Nopcsa., F., *Les opinions religieuses des albanais*, (traduction aux Archives de l'Institut de Culture Populaire, p. 41).

[68] Durham, M. E., *Some tribals...*, p. 304, *Hight Albania...*, p. 21.

[69] Czerminski, M., *Albania Zarysy Etnograficzna kulturalne i religia*, Krakovie, 1893, p. 93.

5) La circoncision

La plus célèbre des mutilations rituelles, la seule qui ait connu une large audience est aussi celle qui, par certains côtés, peut paraître la plus surprenante : la circoncision. La circoncision n'en est pas moins un signe et c'est là l'essentiel.

Toutes les sociétés qui la pratiquent reconnaissent plus ou moins que seuls ceux qui l'ont subie font partie du groupe, que par elle ils deviennent distincts, séparés d'une humanité informe.

Partout le circoncis par le fait même de sa circoncision, participe à l'archétype de la condition humaine reconnu dans la société où il vit.

Chez les albanais, comme on le sait, l'opération de la circoncision s'est propagée sous l'influence de l'islamisation. La circoncision, comme la coupe des cheveux, symbolise le passage de l'enfant au monde social, au monde des membres socialisés et personnalisés du groupe familial et parental et de la société entière.

Dans la culture albanaise, la circoncision chez les musulmans, comme la coupe de cheveux chez les chrétiens, étaient des cérémonies profondément ancrées qui ratifiaient de façon symbolique l'entrée de l'enfant dans la vie adulte des hommes.

La coupe de cheveux et surtout la circoncision donnaient lieu dans toute l'aire albanaise également à des festivités qui valaient parfois celles des noces (C. S, Art V, §§. 107-116).

Pendant les cérémonies, ce n'est pas seulement l'oncle maternel qui distribue des cadeaux, mais tous les invités en couvrent l'enfant circoncis en signe de reconnaissance de son passage et d'admission à leur groupe avec un statut nouveau (C. S, §. 112).

Les parents et les autres proches auxquels il aurait pu arriver de ne pas assister aux cérémonies vont visiter l'enfant un jour jusqu'à un an après même, en lui apportant des cadeaux, beignets, feuilletés, gâteaux, sucreries et autres friandises, ou bien des vêtements, chemises, chaussettes, mais aussi de l'argent selon les possibilités économiques et le degré de parenté.

Les chants et les cérémonies de la circoncision ont transposé la séparation de l'individu du monde fermé enfantin pour passer au monde adulte des hommes.

Les données des traditions cérémonielles, des pratiques rituelles

et des autres formes symboliques qui entourent l'acte de la circoncision dans le Canon de Scanderbeg font clairement apparaître que cet individu nouveau, symboliquement distingué des façons les plus variées, doit être réintégré dans son groupe familial, parental, territorial et social.
Donc, la circoncision de l'enfant est à comprendre dans ce qu'elle représente pour l'enfant, pour l'environnement familial, pour l'enfant et sa famille devant le groupe élargi, présent physiquement ou symboliquement.

Conclusion

La grande famille albanaise peut être classée, en fonction du mode de vie et de travail, en plusieurs catégories, dans une grande mesure en rapport avec la position géographique du site où vivent les familles.
La grande famille albanaise est avant tout une communauté d'hommes rattachés à une tribu ayant un bien commun, au sein de laquelle ils vivent, travaillent ensemble et se partagent les fruits de leur labeur.
Le mode de vie patriarcale chez les Albanais s'est adapté aux normes du coutumier.
À la tête de la grande famille se trouve le maître de maison. Cette fonction revient d'ordinaire au plus ancien, mais c'est souvent un plus jeune, plus intelligent et plus expert qui fait le maître de céans. Il est élu pour un temps indéterminé. Toutes les décisions sont prises après sa consultation au sein du conseil de maison, formé par tous les hommes âgés de la famille.
La femme ne jouit pas de droits civiques et ne peut décider de rien d'important d'après le Canon de Scanderbeg, malgré son rôle essentiel dans la maison.

PARTIE IV :
LES PRINCIPES ÉTHIQUES

Introduction

Les principes éthiques de l'honneur, de la vaillance, de la liberté, de l'égalité et de l'aide mutuelle sont conditionnés par l'absence de structures d'État.

Car, si la morale est un ensemble de règles, l'éthique est un ensemble de vertus.

Les vertus sont des attitudes fermes, des dispositions stables, des perfections habituelles de l'intelligence et de la volonté qui règlent les actes et guident la conduite.

De même, ces individus sont comme attirés les uns vers les autres en vertu d'une force qui tient à la fois d'une sorte d'instinct, du calcul et du besoin de reconnaissance mutuelle, de dévouement ou d'amitié.

Pour garantir l'ordre et la tranquillité nécessaires à une activité socio-économique, une partie des règles à caractère public est construite sur des accords communs et sanctionnée par les assemblées, en évitant l'arbitrage d'individus particuliers.

Ces règles apparaissent clairement dans des institutions comme la parole donnée, l'honneur, l'hôte qui, chez les albanais, constituent l'expression la plus puissante de la dignité et de la bravoure ; ce sont des caractéristiques liées intimement au sens héroïque de la vie.

CHAPITRE V :
L'HONNEUR ET L'HOSPITALITÉ

Section I : L'honneur personnel

Le coutumier albanais ne distingue pas l'homme de l'homme : « âme pour âme, puisque c'est Dieu qui nous a donné l'apparence ». L'homme bon et le mauvais ont un seul prix. Le coutumier albanais les tient tous pour des hommes. « Le bon engendre le mauvais et le mauvais le bon ». Chacun a son honneur pour soi et personne ne peut intervenir pour autrui.

Lorsque l'honneur est pris, il n'y a pas d'amende : il ne peut être compensé par de l'argent, mais par du sang versé ou par un pardon généreux. Le Canon statue que « l'honneur pris ne peut jamais être pardonné ». Celui dont l'honneur a été pris est considéré comme mort par le coutumier albanais. Il a toute latitude pour le recouvrer. Il ne reçoit pas d'amende : un vrai homme doit la prendre lui-même. « C'est Dieu tout puissant qui nous a placé deux doigts d'honneur sur le front » est-il dit dans le coutumier albanais.

Ce sont l'honneur, la parole donnée, le serment, l'hospitalité, qui, dans le domaine de la gestion, décident de n'importe quelle affaire importante publique ; dans le droit pénal, ils servent à l'apaisement et à l'arrêt de la vendetta ; dans les rapports juridiques civils, ils accompagnent la stipulation des contrats et évitent l'action civile suscitée par un conflit éventuel ; dans le processus du jugement (procédure pénale et civile), ils ont valeur de preuve prédéterminée légale incontestable.

Section II : L'hôte

Le rôle de l'hospitalité, comme trait fondamental du Canon, a été largement évoqué dans les études historiques, ethnographiques et juridiques. Ismail Kadare, dans *Avril brisé* (I. Kadaré, *œuvres*, tome quatrième, Fayard, Paris, 1996, p. 219) écrit :

« Dès que le voyageur le plus humble avec sa besace à l'épaule frappe à la porte et s'en remet à toi, comme ton hôte, il se mue à l'instant même en personnage hors du commun, en souverain inviolable, législateur, flambeau du monde. La soudaineté de cette transformation participe précisément de la nature de la divinité.

Les dieux des anciens Grecs n'apparaissaient pas brusquement ou de la manière la plus imprévisible. C'est ainsi que l'hôte se présente à la porte de l'Albanais. Comme toutes les divinités, il recèle une énigme et est directement issu du royaume du destin ou de la fatalité, appelle ça comme tu voudras. De quelques coups frappés à une porte peut dépendre la survie ou l'extinction des générations entières. Voilà ce qu'est l'hôte pour les Albanais des montagnes ».

D'après le coutumier, la maison de l'Albanais est à Dieu et à l'hôte. Le pain, le sel et le cœur, le feu et la bûche, ainsi qu'un peu de fougère disposée en litière se trouvent prêts pour celui-ci, à tout moment du jour et de la nuit.

Le Canon de Scanderbeg (§§. 372-663) décrit la position de l'hôte : en entrant dans la maison, le maître de la maison doit porter l'arme de l'hôte. C'est un signe de chevalerie, d'honneur et du contentement que procure son arrivée. On laisse la place d'honneur à l'hôte par respect, pour qu'il soit mieux en vue et pour qu'il ne soit pas mêlé aux membres de la famille.

« Même s'il te doit un sang – est-il dit dans le coutumier albanais – tu diras « Bienvenue » à l'hôte qui est entré chez toi ».

Il reçoit la place d'honneur à table et par la suite la protection de la maison. Il prend le café avant le maître de maison. À table, le maître de maison se lave les mains et boit le *raki* en premier, puis c'est au tour de l'hôte. Celui-ci prend la première bouchée, puis le maître de la maison se sert.

Si l'hôte est un banneret, il a droit aux têtes de mouton et s'il n'a pas de titre, à l'épaule.

Si l'hôte est offensé par quelqu'un, le Canon ne laisse que deux possibilités : la ruine ou le déshonneur. Selon le coutumier albanais, on pardonne l'offense faite au père, au frère, aux cousins, mais jamais celle faite à l'hôte. Il y a bris d'hospitalité à l'intérieur d'un même village « quand un habitant manque d'hospitalité à un autre en tuant un autre villageois ou n'importe qui quand il sort de sa maison. Même si c'est un ami ou un cousin qui a tué, il faut en tirer vengeance ». Si on ne tire pas vengeance du meurtre de son hôte et quand bien même l'assassin serait un ami, on ne prendra plus part à l'assemblée des hommes parce qu'on sera déshonoré à vie. L'Albanais peut pardonner le sang versé de son père, de son frère, de sa mère et de son enfant, mais jamais celui d'un hôte.

D'après le coutumier de Scanderbeg le crime le plus grave est l'hospitalité violée. Dans ce cas-là, le meurtrier est fusillé par tous les hommes du village et déclaré indigne d'être vengé. Puis la maison qui a violé la *besa* est brûlée. Le propriétaire est le premier à y jeter des brandons et à la démolir à coups de hache, en criant « puissé-je me laver ainsi de mes fautes envers le village et la bannière ». Derrière lui, armés aussi de brandons et de haches, se pressent tous les hommes du village (§§. 2310-2311, C. S). La maison est ainsi détruite sans tenir compte du fait que ses autres occupants ne sont en rien coupables.

Si l'hôte viole l'hospitalité, le maître de maison répond de ses actes, qu'il s'agisse de la destruction d'une maison ou d'une étable, du vol d'un troupeau ou d'autres brigandages. Le Canon ordonne que l'hôte soit accompagné pour qu'il ne subisse aucun dommage, mais aussi pour qu'il n'en fasse, parce que le Canon considère qu'il ne connaît pas la route et ne sait pas s'il tombera sur un ami ou sur un ennemi. L'hôte peut être accompagné par un enfant garçon ou fille, aussi bien que par un homme ou une femme.

« Si tu as accompagné l'hôte là où il voulait aller et que tu as tourné le dos pour aller à tes affaires, un coup de fusil peut éclater à ce moment et le tuer. L'hospitalité n'est pas violée en ce qui te concerne ».

CHAPITRE IV :
LA PAROLE DONNÉE

Section I : L'origine de la *besa*

L'origine de la parole donnée ou *besa* (tout au moins dans l'Albanie septentrionale) doit être recherchée dans la vie de la tribu ; elle s'est développée et a influé sur la formation des normes particulières dans les rapports entre tribus. C'est la qualité qui personnifie les vertus de l'individu. La *besa* est devenue au cours des âges non seulement une composante de la vie morale de la collectivité, mais aussi une partie intégrante et inséparable de l'éthique de l'homme, représentant l'honneur et la vaillance. J. Bourcard écrit dans son œuvre « L'Albanie et les Albanais », paru en 1921, que « la *besa*, c'est à la foi la vérité, la sauvegarde, la foi jurée, la fidélité dans un contrat ».

La *besa* était au début une notion morale importante dans la vie de la tribu, qui est ultérieurement devenue une institution juridique, en premier lieu par rapport à la vendetta – en permettant de modérer la loi sévère de la vengeance – et en raison des nécessités économiques impérieuses. F. Gibert, dans son livre sur l'Albanie (*Les pays d'Albanie et leur histoire*, paru en 1914, p. 24) écrit que la *besa* constitue un heureux correctif. Ce mot signifie serment et il apporte une protection dans la crainte d'une vendetta qui menacerait les parjures. Cette sauvegarde peut être donnée soit par la présence d'un Albanais connu dans la tribu à traverser, soit par celle d'une femme qui étend sur ses compagnons l'immunité dont elle jouit elle-même. Une autre *besa* est encore conférée par le fait d'être l'hôte d'un montagnard et elle dure tant que l'on demeure sous son toit, lui fut-on redevable d'un sang. Enfin, il est interdit de se livrer à des attaques sur certains chemins, mais cette défense ne s'étend que du lever au coucher du soleil, aussi pendant la nuit entend-on « les fusils saluer ».

À l'époque de la généralisation des règles du droit coutumier, le rôle de la *besa* s'accroît encore davantage, surtout si l'on considère qu'il n'y a pas de sanction permanente et organisée par l'État. C'est pourquoi on dit que « la parole de l'homme est le fondement du Coutumier ». Dans une société où l'aide mutuelle est une obligation, la *besa* est aussi importante dans le droit des obligations que dans le droit pénal et la procédure pénale.

La *besà* perdure après la disparition des raisons sociales et économiques lui ayant donné jour, mais elle change de caractère au fil du temps. Au sens plus large du terme, la *besa* est le symbole de l'honneur, de la conscience et de la bonne foi.

Section II : La trêve du bétail et du berger

Pour garantir l'ordre et la tranquillité nécessaire d'une activité socio-économique et pour résoudre les conflits entre les tribus et les bannières lorsque sont violés les confins communs de la pâture, les normes coutumières d'un caractère public sont établies sur des accords communs, comme « la trêve du bétail et du berger » (§§. 690-698, C. S). Ces accords publics sont sanctionnés par les assemblées du village ou de la bannière.

À l'allée et au retour, le voyageur et le messager doivent passer par la grande route et sans dépasser les bornes établies par les bannières dans la trêve du bétail et du berger. Le voyageur vaquant à ses affaires et le messager à celles de sa bannière ne peuvent passer seuls dans une bannière étrangère. Ils doivent être accompagnés par le banneret ou par quelqu'un que celui-ci désigne.

Conséquence inévitable de la mise en commun des troupeaux, la solidarité de la communauté est forte et toute atteinte qui lui est faite est considérée comme une violation personnelle de chacun de ses membres.

Celui qui enfreint la règle est condamné à une amende ou d'autres condamnations dures appliquées dans les cas où l'on a la conviction que le coupable ne peut pas se réhabiliter:

a) l'assassin versera à la famille du mort 22 *bourses* pour le sang.

b) sa bannière brûlera 3 demeures lui appartenant ; s'il ne les a pas, on brûlera sa demeure et deux autres appartenant à ses parents, même éloignés de cent générations.

La bannière de l'assassin détruit aussi son bien, ses plantes, sa terre ou son bétail.

Si le voyageur s'écarte de la route ou si un berger avec son troupeau passe les bornes et si quelqu'un les tue, il ne viole pas la trêve du bétail et du berger, et l'assassin tombe avec sa famille dans la loi du sang envers la maison d'où est sortie la victime. Mais si quelqu'un touche à un troupeau dans la montagne à l'intérieur des bornes fixées, le voleur tombe sous le coup des châtiments et amendes parce qu'il a enfreint la trêve du bétail et du berger.

D'après le droit coutumier albanais, celui qui tue un berger a sa maison incendiée et sa terre reste inculte pendant 3 ans. Les gens du pays ne subissent pas l'incendie, mais ils devront payer 5 *bourses,* 1000 *grosh* au maître du sang et 3 *bourses* aux garants. Personne ne peut enterrer l'assassin avant 3 années, sauf accord du maître du sang et, quand on l'enterra, on donnera à celui-ci 5 *bourses*, soit en argent, soit en bétail, comme les parties en conviendront. L'assassin ne jouit pas de la trêve du berger jusqu'à ce que le sang soit pris ou pacifié.

Celui qui fait des torches ainsi que le moissonneur sont dans la trêve de la nuit de Saint-Antoine jusqu'à la nuit de la Vierge d'Alshiqe. Le faucheur et le chasseur sont dans la trêve (... La trêve du troupeau et du berger à Nikaj et Cerraj, jour de la Saint-Jean, 1895, K.L.D). Les garants de la trêve du troupeau et du berger sont les chefs et les miliciens des bannières qui l'ont conclue.

Section III : L'institution de la remise ou de la protection

L'institution de la remise ou de la protection par laquelle une personne se remettait à une autre famille ou autre personne a également contribué à limiter la vendetta (§§. 664-674, C. S). Quelque soit la personne entre les mains de qui se remet l'individu engagé dans une vendetta, il est intouchable tant qu'il se trouve sous sa protection ; en effet, en le tuant, le meurtrier éventuel encourait une nouvelle vendetta avec la famille accueillant la victime. Le caractère sacré de la loi de l'hospitalité est tel que nul n'ose l'enfreindre.

Dans la tradition albanaise, le nom est étroitement lié aux traits de caractère de l'homme. Une expression agonistique de cette notion se manifeste quand un individu se trouvant en mauvaise situation implore le concours d'un « ami » en lui adressant le terme technique, *ndore tande,* littéralement « en tes mains ». Se sentant

en danger, il lui suffisait d'embrasser un arbre ou de se poser en haut d'un roc et au moment critique de crier le nom de quelqu'un « je suis à la *ndore* d'un tel ». S'il venait à être tué l'appelé devait à tout prix venger le sang de la victime[70].
Cette notion de l'obligation n'est pas seulement une valeur morale de l'honneur, mais une institution juridique et historique du droit coutumier, corollaire à la notion de *besa*.
La *besa* est une obligation, un engagement qu'il faut accomplir. La notion de *ndore* diffère de la *besa* du fait que c'est un pacte unilatéral, il s'agit d'une parole demandée, qui n'en est pas moins pour autant une contrainte d'honneur.
« La *ndore* se présente ainsi comme une autre institution juridique du droit coutumier albanais. Le pouvoir de cet appel engage obligatoirement le sort de l'appelé à celui de la victime ».[71]
Dans les normes du droit coutumier albanais il est dit "Si quelqu'un appelle à ta *ndore*, rien qu'en prononçant ton nom, disant "je suis ami d'un tel", et sans même l'avoir jamais vu devant la porte de la maison, s'il arrive qu'on lui fasse du tort, il demeure à jamais lié à ta réputation."[72]
D'après le coutumier de Scanderbeg (§. 673, C. S) et celui de Lekë Dukagjini (Appendice VII, Le meurtre, K. L. D), l'institution de la remise ou de la protection peut être demandée au bouc à la grosse sonnaille pendant l'absence du propriétaire du troupeau : « ô bouc à la grosse sonnaille, s'il m'arrive malheur, dis à ton maître qu'avant d'avoir franchi le col de cette colline, je serai tué sous sa *besa* ». Et le propriétaire du troupeau qui ne connaît pas la victime doit aller venger l'homme qui s'est lié à lui par la *besa*, s'engageant ainsi dans la vendetta.

---

[70] Cozzi E., "La Vendetta del sangue nelle Montagne dell'Alta Albania", Anthropos, International Reise of Anthropology and Linguistics, 1910, 7, pp. 309-333.

[71] Doja A., *Naître et grandir chez les Albanais. La construction culturelle de la personne*, Paris, 2000, Editions L'Harmattan, p. 176.

[72] Gjeçov Shtjefën K, 1989, Kanuni i Lekë Dukagjinit, (Le Code de Leka Dukagini). Publié et annoté par K Nova, Tirana, Académie des Sciences, p. 116.

Section IV : L'acte conciliant (la réconciliation)

La réconciliation est largement pratiquée. Afin de réconcilier deux maisons ayant des liens de parenté, d'amitié et de voisinage, mais qui se sont brouillées pour raison de richesse, d'alliance ou autre, on fait venir « des amis et des parrains ».

Ceux qui interviennent dans un but de réconciliation sont les proches des deux parties adverses. Il suffit que quelqu'un dise « pour me faire plaisir » et cette formule, comme F. Nopcsa l'a mis en évidence, « fait des merveilles comme dans aucun autre pays du monde ».

Dans des cas pareils, il n'y a pas de confrontations, de serments, de témoins, de délateurs, d'anciens, de gages, d'amendes et de garants. Les réconciliateurs et les réconciliés ne diffèrent pas l'un de l'autre. Même si chaque élément dans le règlement de l'affaire s'appuie sur le droit coutumier, la bienveillance et la concession réciproque règnent au nom de l'amitié, des liens de parenté et de l'intérêt de la famille commune.

Section V : La médiation

L'ancienne institution de la médiation est une importante institution préventive qui a joué un rôle de premier plan afin d'éviter les conflits. Le coutumier albanais appelle médiateurs ceux qui interviennent « pour arranger les mauvaises paroles, pour apaiser les insultes qui pourraient causer la mort ou tout autre dommage » (K. L. D, §. 668; C. S, §. 675).

De cette définition du coutumier, il résulte que les médiateurs sont en tout premier lieu des individus qui interviennent de leur propre initiative, ils entraient directement dans les conflits. D'après le coutumier de Scanderbeg, les paroles habituelles du médiateur sont les suivantes : « Taisez-vous, vous là-bas. C'est moi le médiateur! Levez les fusils ô braves, je suis le médiateur et je le reste jusqu'à ce que vous vous arrangiez ». « Cessez le feu puisque le village... ou la bannière interviennent ». D'après le coutumier de Lekë Dukagjini, un individu mais aussi un représentant du village ou de la bannière peuvent être médiateurs « Cessez la fusillade, le village est médiateur » (K. L. D, §. 679).

Le médiateur peut intervenir de sa propre initiative ou sur la demande expresse de l'une des parties ou des deux parties intéressées pour trouver une solution à un conflit susceptible d'éclater par des offenses et des injures des deux parties.
La responsabilité du médiateur est seulement morale. « Personne n'est garant ou médiateur pour de l'argent » (K. L. D, § 136). On peut donner aux médiateurs dans des cas particuliers un cadeau en signe de reconnaissance.
La médiation du village ou de la bannière s'applique quand un conflit latent et tendu prend de l'ampleur au point de risquer d'éclater d'un instant à l'autre. Elle peut intervenir pour résoudre une suite de vendettas réciproques qui, en raison de circonstances particulières des faits, se sont prolongées et compliquées et rendent difficile leur solution.
Le coutumier de Lekë Dukagjini (§. 667) statue que « le médiateur, comme le messager, n'est ni coupable ni arrêté », dans le sens qu'il ne peut être criminalisé.
La médiation est une phase préliminaire de la réconciliation qui constitue un élément absolument nécessaire de la vie quotidienne des *Malessores* et correspond au besoin de renforcer l'unité, nécessité vitale puisqu'ils sont la plupart du temps en guerre avec les envahisseurs ottomans mais aussi doivent faire face aux besoins économiques et sociaux. C'est pourquoi, non seulement les différentes parties des vendettas, mais aussi les Assemblées se montrent intéressées par la réconciliation, comme l'assemblée de Kurbin qui utilise dans cette intention l'institution de la *besa*.
La réconciliation avait lieu selon la règle par le médiateur.
D'après les paragraphes 677-678 du Canon de Scanderbeg, le médiateur peut être "un homme ou une femme, un fils ou une fille et même un prêtre".
Le Coutumier de Scanderbeg a donné à ce dernier des garanties particulières. D'après le Coutumier de Scanderbeg, le médiateur peut faire l'intermédiaire "de maison à maison, de village à village, de *bayrak* à *bayrak* ».
D'après la procédure de la médiation, le médiateur prend les gages aux deux parties en désignant le jour, l'heure et le lieu où ils doivent se réunir en Assemblée pour s'entendre.

Et le Coutumier prévoit la possibilité que le médiateur passe les gages aux hommes sages (qui sont habituellement les Anciens) pour qu'ainsi il soit affranchi de la médiation.
Un autre problème concernant la médiation est celui de la violation de l'accord par l'une des deux parties en cause.
À cette occasion, le médiateur a le droit de réclamer son compte au violateur de l'accord qui, à cette occasion, est appelé *hôte trahi*.
Si la médiation est interrompue pour une raison particulière, l'hôte trahi est réclamé par cette maison, cependant, si l'on interrompt la médiation à un village ou à une bannière, "l'hospitalité violée" est réclamée respectivement par le village ou la bannière.
Ainsi, la solution donnée à la question, quoique n'ayant pas la vigueur de l'affaire jugée, jouissait néanmoins de fortes garanties coutumières car la réclamation de l'hôte trahi (l'hospitalité violée) était l'obligation morale la plus haute de l'individu (du village ou de la bannière, lesquels, à travers cette fixation juridique coutumière, se présentaient comme exécuteurs de la justice).
Cela était garanti par les règles morales, surtout quand il s'agissait de l'individu. Il se vengeait de l'hôte trahi en se présentant comme un *exécuteur de la justice*, même s'il ne protégeait pas les intérêts personnels.

CHAPITRE VII :
LE DROIT CONTRACTUEL

L'origine de l'obligation doit plutôt être recherchée dans le contrat, l'engagement personnel, la promesse. Son développement résulterait essentiellement de l'accroissement des relations sociales.

Les ethnojuristes mettent en avant des considérations où domine l'idée de réciprocité. La première forme d'obligation résulterait d'un système d'échange d'un ensemble de devoirs réciproques, nés du don et parfois de la vengeance, qui lie les hommes entre eux et qui repose sur le sentiment commun de donner et de rendre. D'après l'ethnosociologue Marcel Mauss (voir ouvrages consultés), à l'origine de l'obligation il y a plus à proprement parler de contrat ou de délit, mais bien plutôt un transfert de puissance et de biens.

Le droit contractuel dans le coutumier albanais n'est pas développé.

Le bas niveau du développement du droit contractuel est à attribuer à deux motifs principaux : la société de ces temps-là reposait sur une économie close naturelle.

En outre, la grande famille a été jusqu'à un passé pas très lointain un trait dominant.

Conjointement à l'extension incessante des échanges et du morcellement des grandes familles et même de l'organisation de la tribu et de l'organisation rurale, prenait une grande ampleur ce que l'on pourrait appeler la circulation juridique.

On voit se former de nouvelles règles coutumières dérivant du domaine des obligations où des nouveaux contrats apparaissent en vue de régler les rapports de ce genre, ce qui signifie que peu à peu, le droit des obligations commence à se développer.

Dans le droit coutumier albanais il y a peu de dispositions juridiques et même moins qu'il y en avait dans la vie pratique.

Section I : Le commerce

Selon le coutumier albanais du commerce, on vend et achète, ou bien sans conditions c'est-à-dire comptant, soit sous conditions avec des témoins ou encore avec des arrhes.

Les arrhes une fois données, le vendeur ne peut plus changer d'avis, même si cent acheteurs se présentent. Si l'acheteur se repent, il perd ses arrhes.

La chose achetée sous conditions est retournée au propriétaire si elle s'avère défectueuse.
Quand une chose a été achetée en soupçonnant qu'elle ait été volée et si le propriétaire se manifeste après l'achat, l'acheteur la retourne au vendeur et celui-ci lui rend le prix donné.
Avant qu'on vende une terre, un tour d'eau ou un tour de moulin, on le proposera aux cousins, à la fratrie et à la tribu. Si ceux-ci et le voisin ne sont pas acheteurs, le propriétaire est libre de le vendre à n'importe qui dans le village.
Il n'est presque jamais arrivé selon le coutumier albanais qu'une terre, un moulin ou un tour d'eau ait été vendu hors du village. Même si le cousinage, la tribu et le voisinage ne les achètent pas, le village fera tout pour éviter qu'un étranger ne l'achète.
Une arme s'achète toujours chargée. Le cheval s'achète toujours avec le licol.
L'ancien Canon, comme le plus récent, en de nombreuses occasions ne connaissait pas le prix en argent et ces obligations se réglaient chose contre chose.
Si quelqu'un a une amende par le village ou la bannière, l'amende se paie en bétail, non pas en argent.
En cas de meurtre, le sang se paie *chose contre chose* avec du bétail, de la terre ou des armes, bien que ces derniers temps l'assassin paye le sang avec de l'argent.
C'est pourquoi, outre les règles juridiques coutumières (comme par exemple les règles sur le prêt, la vente et l'achat, le don, les délits), il existait aussi de nombreuses règles comme celles sur la consignation d'un bien, l'aide rurale à titre gratuit, la communauté des biens, l'échange respectivement sur les contrats juridiques d'obligations qui avait été introduite à cette époque.

Section II : Le prêt

Le prêt repose essentiellement sur la confiance, l'honnêteté et l'honneur, qu'on se doit entre amis, avec une sanction d'ordre moral uniquement si un emprunteur a posé des problèmes pour rendre selon l'usage une quantité équivalente à ce qu'il a reçu.
Le coutumier albanais ne connaît pas le prêt à intérêt. Le Canon connaît le simple prêt "tu me donneras autant que je t'ai donné".

Pour garantir le prêt et éloigner tout soupçon d'infidélité dans le prêt on prend un gage. Le prêt rendu au jour dit, rachète le gage. Le jour dit s'étend jusqu'au coucher du soleil. Si l'emprunteur n'est pas venu voir le prêteur, celui-ci peut vendre le gage et récupérer son prêt.

De temps à autre, les formes de stipulations de contrats et certaines opérations et cérémonies fixées se répétaient comme vestiges d'une tradition qui en substance n'avaient pas d'existence de contrats.

Dans le droit coutumier vers le milieu du XIXe siècle, des éléments qui constituaient au début des composantes de la forme solennelle, concernent le plus souvent la conclusion d'un contrat de vente ou d'achat, d'habitude des propriétés immobilières servant en principe à confirmer le contrat stipulé pour le prouver plus aisément.

Dans le contrat de solidarité du Coutumier de Scanderbeg, il n'y a presque aucune trace de formalisme.

La parole donnée constitue la base, il n'est donc pas question d'intenter un procès en cas de conflit éventuel.

La parole donnée est ce que chaque Albanais a de plus sacré. C'est pourquoi il s'en tiendra à la convention ou à la promesse même *au risque de la tête* : quiconque porte atteinte à la parole donnée est tenu de comparaître devant le tribunal de la tribu.

Les contrats de ce genre occupent une place importante parmi les contrats dans le droit coutumier et ils se sont développés parallèlement à la parole donnée.

La parole donnée a joué un rôle important en tant qu'institution servant à diminuer ou à interrompre la vendetta.

Elle a également une grande importance dans le droit civil. Néanmoins, dans la science, on n'y a pas consacré l'attention voulue.

D'après le coutumier albanais le prêt peut être accordé même par le moyen de la promesse de la parole donnée. « Le prêt peut se consentir sur parole, avec des garants ou uniquement par l'échange avec un gage » (§. 510, K. L. D), compte tenu que celui qui ne tient pas la parole donnée (le débiteur) n'est plus considéré comme un homme.

Section III : La nature des sanctions

Des sanctions de natures différentes peuvent être appliquées contre la partie contractante qui n'exécute pas l'obligation contractée fondée sur la parole donnée.

D'après le coutumier albanais, si quelqu'un revient sur sa parole, le Canon ne l'attaque ni en demandant des gages, ni auprès des anciens grâce au principe « Promesse ou pas » : « Libre de garder ta dignité, libre d'échoir dans l'indignité ».

Le Canon de Scanderbeg statue « Une fois le visage flétri, tu peux ou le laver ou bien le flétrir davantage » (§. 1510, C. S).

C'est ce qui est dit à propos d'une donation. Si un tel promet de faire don à un autre, puis se rétracte, il ne pourra pas être poursuivi *par gage et par échevins*, mais il tombera dans la lâcheté. C'est aussi valable pour les contrats en général.

L'Albanais, d'après le coutumier, considère son visage comme sacré. Il entend par ces mots sa réputation, sa fierté, sa gloire. « Je respecte l'honneur d'autrui », mais il tient à son propre honneur auquel on ne doit pas porter atteinte.

Il s'agit en premier lieu de sanctions morales, très graves dans la société patriarcale. Outre celles-ci, il existe aussi des sanctions juridiques de toute sorte contre ceux qui ne tiennent pas leur parole.

L'homme perd son honneur lorsqu'on ne lui rembourse pas son prêt : « L'homme est déshonoré si on ne lui restitue pas la somme prêtée et si on n'exécute pas son obligation ».

Lorsque quelqu'un perd son honneur, aux termes du coutumier, il le retrouve en se vengeant ou en pardonnant l'offensé au moyen d'intermédiaires.

Quiconque a perdu son honneur ne demande « ni gage ni échevins pour l'offense », mais « la vaillance fait justice elle-même » (§. 3413, C. S).

L'important est que la parole donnée devant être tenue, le contrat fondé sur la *besa* doit être exécuté et cela peut être aussi remarqué dans beaucoup de proverbes et de dictons du peuple albanais. C'est pourquoi on dit que la parole de l'homme est le fondement du coutumier. La parole donnée comprise de cette façon était tenue et respectée, il s'est même formé un véritable culte autour d'elle. C'est pourquoi, même dans le contrat, le crédit personnel a une importance remarquable.

Parallèlement au développement des obligations fondées sur la parole donnée, à commencer par les obligations morales et juridiques, on remarque aussi les traces de la voie du développement de la sanction de la *besa,* à commencer par les sanctions morale, juridique et pénale puis juridique et civile.

La pratique de l'application du coutumier de Scanderbeg a fixé quelques règles assez cristallisées dans le domaine des rapports civils, dans le cas de dommage du bétail entre le propriétaire, le berger et celui qui a subi le dommage (§§. 3154-3327, C. S).

Ainsi, par exemple, si le bétail a endommagé quoique ce soit et si l'endommagé a pu prendre leur signe aux bêtes, leur propriétaire doit payer le dommage causé dans les pâturages de l'autre, même si le berger est lui-même responsable de cette faute.

Dans les rapports pénaux, le berger est obligé de trouver les indices quand on lui vole le bétail dans la montagne. Même si le bétail se perd ou s'il est mangé par les fauves, le berger est obligé de présenter au propriétaire l'indice et de prouver que ce n'est pas de sa faute, en d'autres termes que la perte n'a pas été causée par son incurie.

Section IV : La garantie

Même dans les rapports de famille, commerciaux et relatifs à la propriété, la garantie a joué un rôle important. D'après le coutumier albanais on appelle garant celui qui est tenu de répondre d'une dette envers quelqu'un.

Le garant s'engage volontairement, il ne peut donc demander d'honoraires, ni au débiteur ni au créancier. « Garant et médiateur, personne ne le devient pour de l'argent ».

Le créancier exige des garants pour l'exécution des obligations pour le débiteur. Le droit coutumier albanais admettait le gage, résultant d'une tradition de la possession.

D'après le droit coutumier albanais, si le débiteur ne s'acquitte pas envers le garant et qu'il laisse mettre en cause celui qui paiera à sa place son dû, le garant donnera un gage au créancier.

Le créancier a le droit de livrer ce gage à n'importe qui pour récupérer son dû.
Mais si c'est uniquement par mauvaise intention et déloyauté que le débiteur n'a pas préparé les fonds, le village le met à l'amende, selon l'importance de sa faute.
Si c'est seulement par suite de sa pauvreté que le débiteur n'a pu préparer les fonds au jour fixé, le garant devra être prêt à payer pour lui.
Pour la procédure juridique, les garants constituaient un élément de garantie, c'est pourquoi figurent les noms des garants dans les décisions prises par quelques conseils des Anciens.
Il est même noté dans le coutumier de *djibal* que les personnes suspectes devaient avoir des garants et si le coupable ne répondait pas à l'appel, le garant était gardé incarcéré jusqu'à ce que le coupable soit arrêté ou rendu.

Conclusion

L'absence d'un pouvoir d'État fort a renforcé quelques éléments qui ont permis de rendre plus effective la collaboration des individus et tribus albanais.
Quelques uns de ces éléments, tels que la parole donnée, l'honneur personnel, l'hospitalité, la vaillance, l'aide mutuelle sont ainsi devenus non seulement des parties constitutives de la vie morale de la tribu mais aussi de l'éthique individuelle.
Mais au bout d'un certain temps, la parole donnée est devenue une institution juridique et civile.
Au Moyen Âge, où dominait le formalisme dans le droit civil du droit coutumier albanais, des opérations juridiques avaient lieu entre individus avec ou sans rétribution, opérations qui reposaient sur la parole donnée en tant que catégorie éthique.

PARTIE V :
L'AUTONOMIE
DES INSTANCES JUDICIAIRES

Introduction

En l'absence d'un système gouvernemental accepté par l'ensemble de la population et dans le cadre d'une réglementation définie par les coutumiers, les tribus exerçaient un pouvoir d'administration et de justice à travers des assemblées appelées *kuvend*. Les assemblées se trouvaient munies des structures nécessaires à l'exercice d'un pouvoir qui jouait un rôle dans le domaine économique, juridique et social.

L'existence des *kuvend* offrit à la population la possibilité de s'exprimer. La parole ne resta plus confinée au village, à la maisonnée, mais put se faire entendre à un niveau spatial plus large. Peu à peu, les assemblées qui fonctionnaient pour régler des débats locaux, en vinrent à résoudre des questions qui portaient sur le destin politique de la communauté.

CHAPITRE VIII : LES ASSEMBLÉES

Dans le domaine de l'activité législative, à chaque fois qu'une ancienne norme n'est plus conforme à l'évolution des conditions, l'organisation d'assemblées est obligatoire. Les matériaux d'observation que l'on peut recueillir témoignent d'une tradition autochtone faisant référence à un stade de civilisation définie représentant un intérêt, non seulement pour l'histoire du droit coutumier albanais, mais également pour l'étude de la genèse et le caractère autochtone de ce droit de manière plus générale.
Sur le plan de l'organisation, les assemblées se divisent en assemblées particulières et en assemblées générales.

1) Les assemblées particulières

Les assemblées particulières sont celles des villages, auxquelles prennent part les Anciens, les Censeurs et les habitants d'un village. Ce sont également les assemblées dans lesquelles se réunissent tous les Anciens, les Censeurs et les membres de tribus différentes, mais commandées par un même chef.

2) Les assemblées générales

On appelle générales les assemblées dans lesquelles se réunissent les Anciens, les censeurs et le peuple avec les chefs et la maison de Gjonmarkaj selon le Kanun de Lekë Dukagjini. Prennent part aux assemblées, aux jugements, aux discussions les chefs des tribus, les Anciens des tribus et des villages, les censeurs des tribus et des villages, les miliciens et le peuple de toutes les tribus, les hérauts des tribus et les percepteurs d'amende.

3) Le chef de la tribu

Chaque chef a l'autorité sur sa propre tribu. C'est le premier de la tribu et son pouvoir est héréditaire. D'après le coutumier albanais, le chef de la tribu a le droit de tenir des assemblées, de conclure des trêves et de faire des jugements et des plaids avec les Anciens et le peuple des fratries. Il ne peut prendre de décisions contraires aux dispositions du Canon.
Le chef d'une tribu ne peut être mis en accusation auprès des chefs des autres tribus et personne ne peut l'attaquer à propos des jugements et des plaids qu'il a rendus. Les chefs des autres tribus ne peuvent interférer dans les jugements et les plaids intervenant

dans le territoire d'un chef. Si quelqu'un émet des plaintes contre un chef, elles seront jugées par les Anciens et le peuple du lieu et aussi par la maison de Gjonmarkaj. Le chef de la tribu, au même titre que tout homme du peuple, peut être mis à l'amende, accusé, fusillé ou exilé, et ses biens brûlés ou confisqués.

4) Les Anciens des villages

Chaque village a des Anciens qui représentent les tribus. Ils ont le droit de réunir le village en assemblée. Ils ne sont exempts ni des charges, ni des contributions, ni des corvées du village, ni du service militaire. Quand un village est maltraité par les Anciens d'une tribu, l'Ancien du village maltraité a le droit de le défendre. Ils n'ont pas le droit de mettre à l'amende ou de mettre au ban quelqu'un sans l'accord des Censeurs et du peuple.

5) Les Censeurs

Les Censeurs représentent le peuple. Ils ont le droit d'élever la voix quand ils le voient accablé par des jugements et des plaids contraires au Canon.

6) Les percepteurs des amendes

Les percepteurs des amendes sont ceux qui, au nom de la communauté, pénètrent dans l'enclos à bétail du condamné pour prélever le nombre de moutons ou de bœufs décidé par un jugement des chefs, des anciens et du peuple. Les percepteurs des amendes choisissent eux-mêmes les moutons et les bœufs et le propriétaire ne peut empêcher les percepteurs des amendes d'entrer dans son enclos. S'il le fait, l'assemblée décide de forcer sa porte.

7) La représentation dans l'assemblée

Quelle que soit la forme prise par les assemblées, leur trait fondamental est la représentation de deux larges couches de la population : les notables et le peuple. Ces deux catégories jouissent dans les assemblées de droits et de devoirs égaux, sans aucune restriction dans la manière de poser les questions et de les discuter, dans l'approbation ou la réfutation des normes. C'est sur la base de cette organisation, avec des réunions publiques et en accordant à l'institution des Anciens le droit d'initiative législative que le Canon a pu se constituer au fil des siècles.

Il est prévu par le Canon de Scanderbeg que les affaires les plus importantes soient soumises à l'assemblée des Anciens du village et aux membres de la communauté d'après le principe *vox populi vox Dei*.

Les réunions de l'assemblée examinent d'habitude les crimes touchant à l'intérêt de toute la communauté tribale, ou qui sont en contradiction avec les normes des principes coutumiers, comme par exemple la trahison, la violation de la parole donnée, l'atteinte à l'honneur de l'hôte, etc.

Ces réunions ont lieu deux fois par an « avant la Saint-Georges » (au printemps) et « à la Saint-Michel » (en automne), mais des assemblées extraordinaires ne sont pas exclues. Elles sont annoncées par un héraut désigné par le chef, les Anciens ou le peuple, qui va de porte en porte et fait connaître les ordres du chef de la tribu. Les hérauts des villages vont également de maison en maison lorsqu'est demandé « un homme par maison ». L'office du héraut est héréditaire.

La participation et le comportement dans les assemblées sont soumis à des règles précises. Le chef de la tribu inflige une amende à celui qui ne s'y présente pas[73]. Les maisons soumises à la vendetta doivent également être présentes ; l'assemblée leur fait trêve et nul au sein de la bannière ne peut leur porter atteinte. Cette trêve dure « de soleil en soleil ».

Les chefs de la tribu et le comité de conciliation siègent selon leur fonction et le droit qui leur revient. Des veuves et des vierges peuvent être présentes, uniquement pour écouter ; elles prennent alors place au fond, à l'écart des hommes, la tête baissée et couverte d'un voile et les mains l'une sur l'autre. Elles n'ont pas le droit de prendre la parole, leurs intérêts étant défendus par un de leurs proches ou de leur famille.

[73] *Iskodra Vilajeti Salnamesi*, 1312 (1894).

8) Les lieux des assemblées

Les assemblées de la région se réunissent dans toutes sortes de lieux le permettant : bien que le centre administratif de la région de Mirdita soit Orosh, des assemblées ont lieu à Shpal. Le centre de la région de Pukë est à Kabash ; celui de Dukagjin, à Ura e Shalës ; celui des Montagnes de Shkodër, à Çezmja e Koplikut ; celui de la Montagne de Gjakovë, à Bregu i Llukë ; celui de Mat, à Lis et Suç ; de la *Malessie* de Krujë, à Bendë ; celui de Kurbin, à Selitë ; celui de Laç, à Sebaste, etc.

Le droit coutumier albanais a bénéficié dans son évolution et son enrichissement de la contribution de certains individus connus comme des Anciens de coutumier : ainsi Binak Alia de Gash, Mehmet Shpendi de Shalë, Lleshi i Zi de Mirditë, Çun Mula de Hot, Bali Rama de Guci, Niman Aga de Iballë, Ramadan Shabani et Xhemal Odrija de Drenicë, Sali Rrusta de Deçan, Mus Ballgjini de Çermenikë, Idriz Suli de Labëri etc.

9) Les décisions

Les décisions prises ont un caractère temporaire. Les nouvelles normes, même approuvées par tous, ne sont pas appliquées sur le champ et sans rencontrer d'oppositions.

Dans les grandes assemblées de la bannière où est convoqué « un homme par foyer », la décision est signée par les notables et par les représentants du peuple. Certains émettent l'opinion que les décisions prises dans les assemblées albanaises n'ont jamais été écrites[74]. Toutefois des décisions ont été consignées en albanais, turc, italien, et suivies d'empreintes digitales ou de cachets mais rarement de signatures.

Dans l'ancienne principauté de Scanderbeg, suivant les traditions du temps du prince, les assemblées continuent à jouer un rôle moteur dans les mouvements de liberté et d'indépendance. Une assemblée très importante illustre cette situation : celle réunie en 1601-1602 dans le Dukagjin de la région de Mat, où l'organisation d'une grande insurrection contre l'envahisseur turc est décidée.

À l'origine, lorsque les règles des communautés rurales étaient

[74] E. Elić *Krvna osveka i umir u Crojgorii Severnoj Albaniji*, Belgrad, 1926.

encore en petit nombre, le verdict était rendu à l'unanimité. Ceux qui avaient une opinion contraire se soumettent à l'argumentation de la majorité.
Plus tard, le principe de l'unanimité est aboli, et les décisions sont prises par les chefs et les Anciens après un débat démocratique. Les gens du commun ont le droit d'accepter ou de ne pas accepter le jugement des notables et des Anciens pour les problèmes principaux touchant à l'interprétation des normes du coutumier.
Comme on le sait, la fin du XVIIe siècle voit siéger les bannerets aux côtés des chefs de tribus dans les assemblées des *Malessores*. Ils dirigent héréditairement les unités administratives militaires et utilisent l'autorité des assemblées pour faire échouer la résistance armée de la *Malessie*, ce qui eut comme résultat l'échec de l'instauration du régime *timarial* par les envahisseurs.
Les gens du commun représentent les basses couches ; il leur arrive de s'opposer aux décisions des chefs des assemblées ; ils peuvent provoquer jusqu'à la réunion de l'assemblée pour condamner les Anciens et le banneret pour leur partialité dans les jugements.
Krujë, la ville de Scanderbeg, adopte les décisions prises par chaque assemblée du pays, surtout lorsqu'elles concernent le sort de la patrie. Cette tradition est restée toujours vivante.
En 1906, deux assemblées se tiennent, l'une à Delbinisht, dans le district de Krujë et l'autre dans la ville de Krujë. Dans la première, à laquelle prennent part Nikollë Kaçorri et Shtjefën Gjeçovi, les principaux dirigeants du mouvement d'indépendance nationale, une alliance est décidée contre les envahisseurs turcs. Les décisions prises par la bannière de Kurbin à Delblinisht sont très importantes et punissent toutes formes de collaboration avec l'ennemi : 1. celui qui s'engage comme gendarme aura sa maison brûlée et subira un exil perpétuel ; 2. celui qui ira se plaindre au gouvernement turc contre les chrétiens payera 1000 *grosh* d'amende ; ... 11. celui qui donnera de la nourriture ou accueillera un gendarme au service du sultan, qu'il soit musulman ou chrétien, payera 1500 *grosh* d'amende ; 12. celui qui brisera la trêve conclue par les Anciens et le peuple de Kurbin verra ceux-ci briser sa maison et le chasser de la bannière (dispositions prises par la bannière de Kurbin les 5, 6 et 7 avril 1906; §. 287, K. L. D).

CHAPITRE IX :
LA JUSTICE
D'APRÈS LE CANON DE SCANDERBEG

Les normes coutumières de tradition séculaire ont ordonné en Albanie toutes les sphères socio-économiques des communautés rurales libres. Elles traitent en détail de l'activité des notables et des Anciens, ainsi que de celle des assemblées et des individus dans la sphère de la justice.

Pour comprendre le fonctionnement de la justice coutumière albanaise, il est nécessaire de partir du contexte tribal dans lequel elle s'inscrit. Les liens de sang, le territoire, la parole donnée et l'honneur, à concevoir dans le cadre d'un espace moral, y occupent une place importante.

Le droit coutumier est constitué d'un ensemble de normes qui permettent de hiérarchiser les infractions commises et de déterminer la réparation correspondante.

La justice coutumière a donc pour objet de réparer l'honneur bafoué, honneur sur lequel repose l'ordre tribal. Au niveau de son fonctionnement, il est possible de dire qu'elle repose sur trois pilliers : un système de compensations, le respect des instances de régulation et l'implication de l'assemblée de la tribu.

Dans ces assemblées, la juste interprétation des normes coutumières d'après les précédents joue un rôle important. La connaissance des règles, des précédents ou des variantes par les Anciens est utilisée pour trouver des références d'application des normes coutumières.

De ce fait, la responsabilité de jugement est assumée dans la plupart des cas par certains notables de la vie tribale, comme les Anciens.

L'absence de distinction entre le conflit civil et le conflit pénal, les gages, l'enquêteur, les jurés, le caractère de la première forme du verdict, les mesures quasiment identiques de la peine, leur mode d'exécution, montrent que les institutions fondamentales du jugement en Albanie dans leur complexité sont d'une nature albanaise, malgré les influences inévitables du droit coutumier féodal du droit byzantin et de la Charia islamique.

Tous les verdicts des assemblées et ceux des Anciens ont une forme irrévocable. Le Canon de Scanderbeg (§. 2397) proclame le principe : « Ancien sur Ancien, le coutumier ne veut pas un procès deux fois ni un serment deux fois».

Le même principe se retrouve dans le Canon de Lekë Dukagjni : « une fois que tu as remis ton gage à l'Ancien et qu'il a fait ton jugement, tu n'as plus rien à demander en matière d'Ancien ni de jugement » (§. 1036, K. L. D) ou « si le jugement des Anciens que tu as choisi et à qui tu as donné ton gage ne te convainc pas, tu n'as pas le droit de retirer le gage ni de choisir d'autres Anciens » (§. 1037, K. L. D).

Fondée sur le consentement mutuel, l'exécution du jugement repose sur la solidarité qui unit l'individu au reste de sa tribu. Si l'individu condamné ou sa famille ne respectent pas la décision, ils peuvent perdre la protection de la tribu, subir la vengeance et tomber dans la honte.

La désignation de sanctions et la soumission à leur jugement d'après l'esprit des règles coutumières de l'Albanie sous-entend obligatoirement l'admission non conditionnée de la solution définitive qui a été donnée à l'affaire. C'est pourquoi on prévoit des sanctions contre ceux qui ne s'y plient pas.

Toutefois, les règles coutumières prévoient la possibilité de faire recours contre le verdict de la part du jugé, lorsqu'il soutient que les Anciens ont donné un verdict intentionnellement injuste, c'est-à-dire qu'ils ont abusé de leur tâche de juge impartial. Il est dit dans le droit coutumier albanais : « si les propriétaires des gages ont le doute que le jugement ait été injuste, ils ont le droit de ne pas se soumettre aux Anciens ».

Les premiers Anciens n'abandonnent pas leurs gages, mais leur tâche est de se purifier, en mettant leurs gages dans les mains d'autres Anciens qu'ils désignent eux-mêmes après leur avoir soumis le jugement rendu, pour qu'il soit évalué. « Si ces derniers trouvent mauvais le jugement des premiers, ils prendront les gages des parties et, comme ils n'ont pas d'honoraires, ce sont les premiers qui leurs les paieront » (§. 1040, K. L. D).

Le même principe se trouve dans le Canon de Scanderbeg (§§. 2293-2294). La pratique de l'application des règles coutumières dans le Nord de l'Albanie connaît aussi la possibilité de revoir encore ce verdict, mais toujours sur cette base et par quelqu'un faisant partie des notables féodaux.

À Mirditë, le droit de forme irrévocable n'est reconnu qu'à l'Assemblée de Saint-Paul, mais aussi dans quelques cas au chef de la famille de Gjonmarkaj d'Orosh, lequel, outre le privilège d'avoir la meilleure place à l'Assemblée, a aussi celui d'examiner plusieurs plaids.
La maison de Gjonmarkaj est le *fondement du Kanun*. Elle ne peut être mise au ban, elle ne peut s'éteindre et elle ne peut être chassée du pays. Elle a le droit de retirer la qualité de chef à celui qui est convaincu de conspiration ou de trahison, mais cette dignité ne pourra être donnée qu'à quelqu'un de la fratrie, car c'est un bien héréditaire. Elle a droit à une part de chaque amende et elle a droit à 500 *grosh* pour chaque meurtre. Quand elle sort pour proclamer une pacification, elle a droit aux *ratzogj* (double ration). Si quelqu'un de la maison de Gjonmarkaj est appelé comme juré, il est compté pour 12. Quand elle va à l'armée, elle a droit à la préséance et au commandement.
Il peut donner de durs châtiments comme la destruction, l'expulsion, l'abolition de la primauté et la condamnation à mort, « les membres appartiennent aux tribus, la tête à Gjonmarkaj » mais à condition que ses décisions soient acceptées auparavant par les autres nobles et les petites gens.
Dans chaque jugement ou controverse elle a le dernier mot. Cette règle n'est appliquée que pour les décisions des Anciens, et non pour celles de l'assemblée.

Section I : Le conseil des Anciens

1) L'Ancien

L'Ancien n'est pas seulement respectable en vertu de son âge, il est également dépositaire de l'expérience, la sagesse, l'honneur et la gloire des temps ; il instruit les jeunes générations, sait nombre de choses, est le dépositaire de secrets et transmet les recommandations du passé. Son expérience est un apport considérable dans la vie quotidienne, tant dans l'agencement de la vie de famille, que dans les rapports socio-économiques. Les valeurs morales et sociales

d'une communauté tribale sont mesurées à la réputation acquise par ses Anciens. Un Ancien devient juge lorsqu'il travaille selon la tradition.
Issus du peuple, de tels Anciens ne sont pas nommés, ni élus et ne dépendent d'aucun bureau du gouvernement. Ils ont le droit de prendre des décisions selon les principes fondamentaux du coutumier à l'exception de certaines de poids (incendie, destruction, ban, grief de tout le village) pour lesquelles l'approbation des chefs et de l'assemblée est nécessaire.
Sont appelés *Anciens* selon le coutumier de Scanderbeg « les hommes fameux pour leur sagesse et qui sont habitués aux jugements et aux plaids ». Leur jugement est reconnu par le coutumier, il suffit qu'ils suivent ses normes.
Au cours de leur travail, ils confirment leurs aptitudes comme bons connaisseurs du coutumier, intelligents, justes et honnêtes dans leurs sentences. Il faut trois générations de preuves de participation dans le conseil des Anciens pour qu'une famille gagne le nom *maison de plaid* et ce titre est transmis de génération en génération. L'Ancien désigne le fils ou le neveu qu'il juge le plus apte et le garde avec lui lors des séances du conseil afin de lui léguer le trésor des lois.
Les Anciens et le conseil des Anciens constituent une vieille institution. Le peuple considère Scanderbeg et Lekë Dukagjini comme des Anciens. Les Anciens viennent de différentes couches de la population. Lorsqu'ils vont tenir le conseil, ils portent le bâton destiné à montrer le chemin et signaler le but de leur déplacement ; ils sont alors intouchables. Les Anciens doivent juger sans partialité et sans être influencés par des *pots de vin* ou les paroles de l'une ou l'autre partie. Un Ancien jugeant avec partialité et contre le Canon est déshonoré et ne sera plus jamais choisi comme ancien.
En 1907, la bannière de Kryezezë mit à l'amende les chefs et le banneret pour quelques procès partiaux et iniques. Une fois ces juges déloyaux mis en enquête par le peuple de la bannière et la réunion de l'Assemblée faite, suivant la coutume, le peuple infligea une amende de 100 moutons et un bœuf.
Une fois que de nouveaux Anciens les ont démasqués, ceux qui

jugent avec un bras corrumpu par les dessous de table, encourent la honte, ne sont plus guère pris comme Anciens et sont mis à l'amende suivant l'importance de l'affaire (VIII-Le Kanun judiciaire K.L.D).

Les normes du droit pénal se trouvent mélangées à celles du droit civil dans le Canon de Scanderbeg et les règles de procédure ne se distinguent pas clairement des normes coutumières.

Le commencement du jugement se fait soit à la demande de la partie qui persiste à demander le rétablissement de son droit, soit à la demande des deux parties en cause. Lorsque qu'il s'avère qu'aucune conciliation n'est possible, il faut *tomber sur des Anciens*, c'est-à-dire qu'il faut soumettre l'affaire à leur jugement. Chaque partie choisit ses Anciens et le conseil se tient au lieu de leur choix, éventuellement hors de la bannière ou de la région. Le nombre d'Anciens dépend de l'importance de l'affaire à juger.

Il est d'usage que les Anciens soient issus de la *maison du tribunal* sans aucune fonction administrative d'État. Dans certains cas, un des chefs de la tribu peut participer, mais le jugement de l'affaire garde toujours un caractère privé.

Au cours du jugement des Anciens, les preuves classiques comme l'audition des témoins, l'interrogation des experts, etc., ne sont pas prises en considération. Ce n'est pas un duel entre les parties (dans le sens du processus d'accusation) mais un conseil des Anciens, après écoute de leurs explications et de leurs raisonnements.

2) Les gages

Le procès commence lorsque les deux parties rendent les gages aux Anciens. Le gage est un objet que les Anciens tiennent en main et qui leur donne le droit de juger sur les plaintes des parties. On nomme le gage « gage d'accord », ce qui veut dire qu'en le mettant dans la main des Anciens, les plaideurs s'engagent à se soumettre à leur jugement.

N'importe quel objet à usage personnel comme une boite à tabac, une montre, une arme, un bracelet, une pipe peut constituer un gage.

Un jugement rendu sans gage n'a pas de valeur d'après le Canon.

La promesse n'a valeur de gage que si quelqu'un propose de

donner une certaine somme à un tiers pour régler l'affaire (§. 1024, K. L. D). « Mais si celui-ci l'arrange, il faudra lui donner la chose promise » (§. 1025, K. L. D).

Il existe différentes sortes de gages :

a) des gages judiciaires que les parties en cause rendent aux anciens : *peng paqi* (gage de paix), *pengu i pëlqimit apo i zabukës* (gage du consentement), *pengu i razisë* (gage de l'approbation)

b) des gages rendus

- à l'occasion d'accord pour raison de dettes et que l'on appelle aussi *gages donnés*
- le gage arrêté : le bétail qui a causé des dégâts est retenu, l'arme du voleur ou du tueur est confisquée et est gardée à titre de témoignage par la partie victime, jusqu'à ce que ce gage soit échangé contre le gage de paix. L'échange est fait par les anciens qui l'utilisent comme preuve de culpabilité.

Les propriétaires des gages paieront à part égale les honoraires des Anciens. Ils dépendent de l'importance de l'affaire : « les honoraires suivent le gage », « les honoraires suivent l'affaire ».

Le gage a été expliqué par certains chercheurs comme une expression de l'obéissance à la décision qui va être rendue. Mais cela n'est pas convaincant dans la mesure où les parties en cause ont le droit de faire appel. Le gage marque la confiance par rapport au jugement rendu par les Anciens, d'autant plus que ce gage les signale comme représentants autorisés par chaque partie. Une fois le gage rendu, même si l'une des parties se repent, nul ne peut se retirer ou demander un changement d'Anciens.

3) Le jugement

Les Anciens choisissent le lieu de réunion ; les procès se déroulent généralement sur une place connue du village ou de la bannière, mais ils peuvent également avoir lieu à l'intérieur d'une maison. Les Anciens de chaque partie prennent place face à face, installant à la meilleure place le plus apte d'entre eux (sans que n'entre en ligne de compte son âge et sa famille d'origine) qui devra parler au nom de ses pairs. Le rôle le plus important n'est donc occupé que par deux Anciens durant les pourparlers. Ils sont à la fois juge et avocat de la défense pour la partie qu'ils représentent.

Avant de se mettre au travail, ils doivent jurer de juger l'affaire avec justice et impartialité : « vous nous avez appelés à tenir conseil et nous allons tenir conseil selon le coutumier », « par cet objet sacré (un symbole religieux) et avec l'aide de Dieu dans ce que je ferai, je jugerai sans détours ni partialité et, jusqu'à ce que j'aie perdu la raison et l'esprit, je ne ferai tort ni au Canon ni à la justice », « de la façon dont nous agissons ici, de la même façon nous voulons que l'on agisse dans nos maisons ».
Les Anciens de la partie qui a porté plainte prennent la parole les premiers. Si les accusations sont réciproques, la parole est d'abord donnée à l'Ancien le mieux vu par les deux parties en cause. Lorsque l'accusé ne s'avoue pas coupable, on lui demande de jurer parce que selon le Canon de Scanderbeg la dénégation doit être accompagnée d'un serment. Le nombre de jurés *betar* dépend de l'importance de l'affaire.
L'accusateur annonce le nom de ceux qui vont jurer de l'innocence de l'accusé, ce sont dans la mesure du possible les gens les plus proches de la famille ou des voisins. Selon le Canon de Scanderbeg, durant la procédure juridique, le témoignage ne peut être accepté que donné sous serment.

4) Les jurés

Dans le coutumier albanais, les jurés sont les gens désignés par les juges pour prêter serment en faveur de quelqu'un. Ils doivent ne jamais avoir prêté de faux serment et sont supposés connaître l'affaire de manière à pouvoir l'élucider plus facilement. En général, le serment ne se fait pas sans jurés. Le principe du coutumier albanais est « le serment a le jury, celui-ci a la peine de l'enquête ».
Les femmes ne sont pas admises comme jurés. Le serment n'est pas déféré à un prêtre, mais si celui-ci est appelé, soit pour se justifier, soit comme juré, il vaut 24 personnes. Si un banneret est appelé dans un serment de 24 personnes, le juge n'en choisit que 12 car il équivaut aux 12 autres. En fonction des circonstances, les jurés peuvent être des parents éloignés.
Le jury ne va pas au serment avant le maître de serment. Le maître du serment est lié au jury. Il donnera devant le tribunal le nom des

jurés par lui et qui ne sont pas connus, la cour donnera de son côté le nom de ceux qui sont connus.
Si le maître de serment montre des motifs fondés contre l'un ou l'autre des jurés, les Anciens du tribunal ont le devoir de le changer. Le changement de jurés peut porter sur 3 hommes, pas davantage. Le jury a le droit de faire ses propres enquêtes et, si la question est trop compliquée, il a droit de repousser le serment jusqu'à 6 mois. Pour des problèmes très importants il a même le droit de repousser le serment à un an et plus.

5) Le dénégateur

On appelle dénégateur celui qui refuse une accusation. Le Canon de Scanderbeg ne permet pas les menaces fondées sur une seule impression. On ne peut obliger celui qui nie à devoir se laver de n'importe quelle accusation, qu'il soit coupable ou non. Le dénégateur a le droit de refuser jusqu'à deux jurés qu'il juge comme malveillants à son égard ou comme ennemis, qu'il peut remplacer par deux autres jurés.
Le dénégateur ne se rend fautif que quand il refuse de se disculper.

6) Le serment

Le serment est un acte religieux par lequel un homme veut se disculper d'une grave accusation. Il est reconnu par le coutumier albanais non seulement pour se libérer des accusations, mais aussi pour conclure des pactes.
Le Kanun dit "Jure et perds" et non "Jure et prends" (§. 538, K. L).
Les Anciens décident du jour et de la façon dont le serment doit être prêté. Le serment se fait dans cet ordre : a) D'abord le maître de serment pour conforter le cœur du jury, b) Ensuite ceux qui sont les plus proches de lui par le sang, c) Les jurés choisis par les juges, d) Enfin les jurés non choisis par eux.
La charge de la preuve par serment va, d'après le Canon de Scanderbeg (§. 2517) à celui qui nie. Font exception seulement les cas où est revendiquée la possession d'un objet trouvé ayant précédemment été vu dans les mains d'un autre et lorsque le débiteur est prétendu mort ; il est alors donné au plaignant la possibilité de prêter serment d'après un rituel particulier.

D'après le droit coutumier, « la dénégation entraîne le serment ». C'est celui qui rejette une accusation qui doit prêter serment : « le dénégateur a le serment, le serment les jurés, les jurés la fatigue ». L'accusé se rend dans les maisons des jurés pour leur annoncer qu'ils sont désignés comme tels, il les informe de l'accusation, de la date du serment et de la façon dont ils vont jurer et enfin il les prie « de le sauver par leur serment ».

Les jurés se réunissent à plusieurs reprises pour évoquer l'honnêteté ou la culpabilité de la personne accusée. Ils appellent l'accusé pour l'interroger de manière détaillée sur toutes les circonstances de l'affaire soumise au jugement et à la fin l'obligent à jurer en leur présence. S'ils ne sont pas convaincus, ils demandent aux Anciens de prolonger le temps de serment et ont le droit d'ajouter eux-mêmes d'autres jurés. Ceci fait, si les jurés ne se présentent pas le jour fixé pour jurer, l'accusé est reconnu coupable.

Pour perdre son procès, il suffit que trois jurés sur 24 ne jurent pas, ou 2 sur 12, ou, s'il y a moins de 12 jurés, d'un seul. Une des conséquences les plus directes du serment est la résolution de l'affaire sans procédure ultérieure ; on n'a plus le droit d'enquêter après avoir été acquitté par le serment, ni pour une affaire de sang. Au paragraphe 577 du K. L. D, il est écrit : « une fois le serment d'ignorance fait, personne ne peut demander un serment sur un vol ou un meurtre, ni à l'accusé, ni aux jurés, il faudra faire des enquêtes sur la chose et le sang perdus » : Le Kanun n'admet pas serment sur serment ».

Il résulte de ces explications que l'on a à faire au principe de la chose jugée, *res judicata pro veritate habetur* qui est basé sur le code moral considérant l'accusé complètement disculpé et réhabilité, sans qu'il n'y ait le moindre doute. Pour la formulation du serment, le jugement veille à ce qu'il n'y ait pas de double sens possible, ne permet pas de ruses, ni que l'accusé puisse accuser autrui pour être disculpé.

Les différents modes de serment sont :

1) sur la pierre du coutumier,

2) sur la tête des enfants,

3) avec la croix et l'évangile.

On invoque aussi le ciel et la lumière, le pain et la pierre qui représentent des vestiges du temps du paganisme.
Le Canon ne reconnaît pas un serment en parole. Il est considéré que pour se libérer des accusations, il faut absolument jurer sur un signe religieux et le toucher de la main. Cette forme de serment est reconnue par le coutumier albanais non seulement pour se libérer des accusations, mais aussi pour conclure des pactes.

7) Le serment sur la pierre

Souvent, pendant le serment, le symbole païen que représente la pierre est utilisé. Le serment sur la pierre est l'un des plus graves pour l'Albanais des montagnes.
Il s'agit d'une pratique très ancienne. Par *pierre*, on entend une pierre triangulaire percée de trois trous supportant une balance utilisée pour le pesage de la cire des cierges offerts à l'église. Faire un serment sur la pierre équivaut à le faire sur une chose sainte. Les paroles en sont : « je jure sur cette pierre et sur ce poids, dont je me suis chargé, que, ce que j'ai entendu, je vais vous le raconter tel quel ». Après que tous aient prêté serment, l'Ancien du village prend la pierre et ajoute les paroles suivantes « celui qui rompt ce serment, qu'il meure sur le coup » ; il jette la pierre par terre au milieu de tous, qui répondent : « Ainsi soit-il ».
Les serments sur la pierre se font :
1) Pour se laver d'une accusation,
2) Pour conclure une alliance contre les mauvais et les traîtres,
3) Pour être prêt à faire front contre les menaces et les dangers communs.
Dans la région de Pukë, (selon la variante du coutumier de Lekë Dukagjini) le serment est prononcé avec du pain et du sel devant soi.
Le fait de prêter serment revêt une force particulière à cause de la superstition enracinée dans l'esprit des croyants selon laquelle celui qui commet un parjure attire un malheur dans sa famille ou sur lui-même. On appelle au Kosovo *Tybeli* les gens ayant juré de ne prêter serment pour personne, afin de ne pas prendre sur soi cette responsabilité. Les jurés comptent beaucoup sur le côté moral de l'acte, sur l'opinion publique, ainsi que sur les amendes

infligées en cas de mensonge. Selon des explications du peuple, le faux serment se fait pour trois raisons : « pour faire plaisir à quelqu'un », « pour concussion » et « « pour ignorance ».
Les jurés sont récompensés de dix sous et d'un repas. Dans certains cas, le repas est refusé et l'argent accepté. S'il y a 24 jurés, ils s'entendent pour décider collectivement d'accepter ou non l'argent afin de ne pas se couvrir de honte.

8) Le serment d'ignorance

Aux termes du Coutumier de Scanderbeg (§§. 2517-2520), on distingue le serment prêté par le juge et le serment prêté par les jurés, avec pour principe que « le sommet du serment est le serment d'ignorance ».
Ce dernier est un moyen érigé en principe par le Canon pour limiter les manœuvres au sein d'un village et pour que nul ne devienne complice d'actions nuisibles à la communauté ou aux particuliers. « Celui qui a prêté le serment, quoi qu'il n'ait pas volé ou assassiné, ou qu'il ait entendu que son frère, son cousin ou quiconque d'autre a volé, il ignore tout et dira "je ne sais pas" ».
Une fois le serment d'ignorance fait, personne ne peut demander un serment sur le vol ou le meurtre ni à l'accusé, ni aux jurés en vertu du fait que « le Canon n'admet pas serment sur serment » ; il faut alors procéder à une enquête sur la chose et le sang perdus.
Le coutumier albanais n'admet pas de serment vague, si quelqu'un ne veut pas prêter le serment d'ignorance, il est tenu pour coupable ; il doit en conséquence jurer, donner la chose, ou dénoncer le malfaiteur pour ne pas passer pour complice du vol ou du meurtre. Dans de telles circonstances, le Canon en reste là, d'où la formule "Dieu te garde du parjure". Pour éviter tout soupçon de parjure, les anciens choisissent des gens d'honneur comme jurés.

9) Le serment familial

Lorsqu'on prête serment *pour chaque maison*, le maître de maison jure au nom de tous les membres de la famille. L'accusateur doit faire attention à ne pas exclure du serment la personne dont il doute le plus ainsi que ceux qui vont jurer pour lui, du fait de la possibilité de ne jurer qu'une seule fois par affaire.

10) L'amende du faux serment

D'après le Canon de Scanderbeg (§§. 2705-2727, C. S), les châtiments pour le responsable d'un faux serment sont les suivants :

1) Il paiera le double de la valeur au propriétaire de la chose.

2) Il paiera les honoraires dus au dénonciateur.

3) Il paiera 100 moutons et 1 bœuf, si c'est un serment à 24 jurés. Si c'est un serment nécessitant moins de 24 jurés c'est le village qui recevra l'amende.

4) Il ira à l'église avec tous les jurés pour se délier du faux serment.

5) Il paiera 500 *grosh* par juré parce qu'il les a poussés à faire un faux serment insultant ainsi l'église.

11) Le dénonciateur

On appelle dénonciateur celui qui dévoile, d'après les enquêtes qu'il fait, la faute de quelqu'un, tel un vol caché ou un meurtre caché.

Selon le Canon de Scanderbeg (§. 2265), le dénonciateur est la personne qui fournit à la partie lésée des données et des faits nécessaires à la découverte de l'auteur de l'infraction.

Le mot *Kapucar* vient de *këpucë* (chaussure) et au sens figuré désigne la récompense que l'on donne pour un service rendu. En cas de vol, la récompense ne dépassait pas la valeur de la chose volée. Le dénonciateur ne se montre généralement pas ouvertement. Avant de parler honoraires au dénonciateur, le propriétaire de l'objet volé ou du sang perdu se rend dans le village de l'accusé avec deux amis pour lui demander raison.

Si l'accusé ne veut rien reconnaître, le propriétaire de la chose lui annonce qu'il va faire énoncer ses charges au dénonciateur. Si l'accusé lui dit que le dénonciateur est libre de parler autant qu'il veut, c'est lui qui, s'il est reconnu coupable, réglera les honoraires promis au propriétaire. Le dénonciateur convaincu de mensonge paiera la chose à la place du prétendu voleur. Si le dénonciateur est un homme honnête, l'accusé n'est pas soumis au serment, mais il donnera ses raisons. Le coutumier albanais n'admet pas la femme comme dénonciatrice.

12) Les enquêteurs après dénonciation

Afin de parler avec le dénonciateur et de vérifier la véracité de ses dépositions, on charge des enquêteurs appelés *pritëtarë* de s'occuper de lui. Leur fonction est de faire les recherches nécessaires en posant au dénonciateur de nombreuses questions, en s'attachant à ne pas tendre de pièges ni à calomnier qui que ce soit. Ils sont choisis parmi ceux que le tribunal aura reconnus comme jurés. Avant de commencer les enquêtes, les enquêteurs feront jurer au dénonciateur que son accusation est juste, sans partialité ni colère.

Lorsque les affaires sont complexes et peuvent avoir des conséquences fâcheuses, trois groupes d'enquêteurs ou plus sont d'emblée désignés (§. 2690, C. S) pour examiner le dénonciateur. Chaque entretien avec le dénonciateur a lieu en secret.

Les enquêteurs doivent jurer de ne pas dévoiler son identité de toute leur vie s'il ne veut pas se montrer lui-même. Même si les indications du dénonciateur sont bien accueillies par les enquêteurs, personne ne peut arrêter les dénégations du voleur ou de l'assassin, même fausses, jusqu'au moment du serment. Le jury a le droit d'arrêter sa main et de ne pas le laisser aller à un faux serment.

Si les enquêteurs doutent du dénonciateur et que, sûr de son bon droit, celui-ci se dévoile et prend par le bras le voleur ou l'assassin, il a droit à un dédommagement de 500 à 1500 *grosh*. Il existe des cas où l'enquêteur a témoigné ouvertement. Dans les cas où tout est clair, le plaid a lieu sans serment, car le coupable est présent et avoue sa faute.

Cela peut arriver avec *la trace laissée* et le *gage arrêté*. Il arrive que le malfaiteur s'empare d'un objet à usage personnel sur le lieu du crime ou du vol et que celui-ci soit reconnu publiquement: boîte à tabac, montre, armes, etc.

D'autre part, un méfait peut laisser des traces. Il suffit alors que la personne concernée suive la trace jusqu'à la limite d'une maison et celle-ci doit alors en répondre ou suivre à son tour les traces plus loin, jusqu'à une autre maison, un autre village ou une autre bannière (les traces sont d'habitude des empruntes de pas, des filets de laine du bétail volé laissés dans les ronces, du sang du bétail égorgé, etc.).

La preuve permet de résoudre de nombreux problèmes soumis au jugement. Dès que les Anciens ont les preuves nécessaires, les débats commencent alors au sujet de la décision à rendre. Le procès peut parfois se prolonger en raison des difficultés rencontrées chez les parties en conflit ; les Anciens se rendent alors le soir chez les parties brouillées pour *leur acheter l'avis* et pour les prévenir.
Lorsque l'un des Anciens se distingue des autres par son avis, le doute est susceptible de s'installer à son sujet. Si on le soupçonne d'agir par amitié ou en raison de pots-de-vin reçus, les juges l'invitent à assumer la responsabilité de ses actes en lui disant « Touche la pierre ». S'il est impartial, il ne peut pas la toucher. Lorsque tous les Anciens ont touché la pierre, le jugement final est prononcé. Ces sortes de tribunaux n'ont le droit d'infliger des condamnations d'aucune sorte, mais ils précisent le montant de l'indemnité en cas de vols, de dégâts et de vendetta.
L'un des Anciens fait connaître la décision rendue et si les deux parties disent « tant que vous vivrez vous veillerez sur vos vieux jours » le conflit est réglé. La plupart du temps, la décision est écrite. Si le conseil des Anciens ne peut se prononcer en raison de désaccords entre les jurés, l'affaire est soumise à un deuxième conseil dont les membres perçoivent la somme destinée au premier.
Avant que les gages ne soient donnés, les *opingat* des Anciens ont été marchandés en fonction de l'importance de l'affaire à juger. L'obstacle est constitué par les parties en cause. Ceci fait, les Anciens rendent les gages à leurs propriétaires. La récompense est donnée aux Anciens par l'intermédiaire des garants qui rendent également les gages.
La garantie est connue depuis longtemps en Albanie. Elle est courante dans les rapports familiaux, commerciaux et ceux relatifs à la propriété. Les prêts représentant une certaine somme ainsi que les liquidations à l'occasion d'achats de terres exigent impérativement des garants pouvant répondre au terme du temps fixé. Ce sont des prêteurs de serment de première classe au conseil des Anciens. Pour la procédure juridique, ils représentent un élément de garantie, ce qui explique que leurs noms

apparaissent dans les décisions prises par quelques conseils des Anciens.
Il existe également un tribunal formé d'Anciens recommandés par les autorités de la bannière et acceptés par les parties brouillées au cas où l'une ne répond pas à l'autre au conseil ou au cas où les deux parties en cause vont en même temps déposer plainte auprès du chef de tribu.
Celui-ci ou un de ses porte-parole est présent pour assister au serment. Si les jurés ne sont pas convaincus, ils déclarent « nous avons laissé un tel au conseil », « nous ne pouvons pas l'acquitter », etc. Chaque unité a ses propres tribunaux avec des droits bien définis quant à la juridiction territoriale et quant aux matières de leur ressort.

Section II : Le tribunal du village

Le tribunal du village s'occupe du jugement de peines telles que vols, pillages, brigandages, de certains problèmes comme ceux touchant au ruisseau servant à irriguer, à la limite du moulin, etc. Le chef du village est le président du tribunal.
La plus grande condamnation qui puisse être infligée par ce tribunal est le boycottage. En cas de vol, on pratique d'habitude ce qui est appelé « le double pour la chose volée », alors que la mise à l'amende pour différents délits ne dépasse pas la somme de 500 sous.

Section III : Le tribunal de la bannière

Le tribunal de la bannière s'occupe des fautes graves portant atteinte aux intérêts vitaux du pays comme la trahison, la violation de la parole donnée, le non respect de la décision de la bannière, etc. Le banneret en tant que président de ce tribunal choisit les autres membres.
Les condamnations prononcées peuvent aller jusqu'à l'exécution et l'expulsion.
Pour l'application des décisions prises, un *homme par foyer* de la bannière est appelé à participer. Les premiers commencent à tirer, alors que les proches du condamné coupent les arbres ou mettent le feu à la maison ou à l'herbe, suivis des autres. De cette façon il y a *gjak hup* (on ne demande plus vengeance).

Section IV : Le tribunal de *Djibal*

Le tribunal de *Djibal*, créé en 1858, exerce toutes ses fonctions dans les bannières de la Grande Montagne, en Dukagjin en Shllak, en Temal, en Postribë, en *Fusha e Mbishkodrës*. Lui sont également liées les bannières s'étendant jusqu'au district de Podgoricë et, après 1879, celles du district de Tuzi. Des cas de jugements rendus par lui dans la plaine de Shkodër ont même été trouvés.

Le *serxhede* remplit la fonction permanente de président du tribunal, alors que les autres membres sont les *bylykbash*, les chefs des tribus et les percepteurs des amendes des diverses bannières. Les amendes représentent les condamnations les plus courantes, mais pour des affaires pénales des condamnations à la prison et à l'internement peuvent être prononcées. La procédure juridique garde certains éléments du droit coutumier comme par exemple le serment et les garants, ces derniers étant désignés par le *bylykbash* de la tribu dont est originaire l'accusé.

Ce procès se déroule lorsque quelqu'un n'est pas satisfait du conseil des Anciens dans la bannière ; il a alors le droit de faire appel à la commission de *Djibal*. Les jugements rendus au sujet des plaintes civiles ou pénales de la part de la Commission Juridique sont formels. Après la décision, les contestations des deux parties en cause ne sont plus valables.

Avant de communiquer la décision aux deux parties en cause, la direction de la commission leur demande un gage à la place de la déclaration. Par conséquent, dès que l'accusé est au courant de la décision, il a le droit de la contester en présentant à cette fin un témoin, reconnu responsable de ses actes et dont l'honnêteté est certifiée par deux membres désignés par le président de *Djibal* qui posent secrètement des questions au témoin au sujet de l'affaire. Une fois l'honnêteté du témoin en question certifiée, la première décision est annulée, ou la contestation refusée (*Iskodra vilajeti salnamesi* 1312 [1894]).

F. Gibert écrit dans son ouvrage *Les pays d'Albanie et leur histoire* (paru à Paris, 1914, pp. 25-28) : « il nous semble intéressant de donner ici les lois codifiées par Lekë (Alexandre) Dukagjini, au temps de Scanderbeg, pour régir les coutumes du sang et qui ont été résumées en 20 articles par le *Djibal,* commission siégeant à Scutari ».

Le chapitre en question se résume aux notes suivantes sur la loi de la Montagne Albanaise :

1) Si l'on offense ou si l'on assassine un montagnard qui se trouve sous la *besa* (protection ou parole d'honneur d'un autre), le protecteur se voit contraint de prendre la vendetta à son compte et, s'il vient à mourir, sa famille ou sa tribu le font à sa place.

2) Les questions de sang ne peuvent jamais être confondues avec celles qui sont prévues et jugées par les lois en vigueur et il est interdit à une autre tribu d'intervenir à ce sujet.

3) Un individu entreprenant un voyage et qui tire en l'air des coups de feu le long du chemin, nommant à voix haute celui qui le protège, est considéré par la suite du voyage comme personnellement protégé et accompagné par la personne invoquée et le protecteur contracte les obligations mentionnées plus haut.

4) Si involontairement un montagnard en tue un autre, les chefs et *giobars* (gardes de la tribu) se voient contraints de l'arrêter et de le remettre aux mains des autorités. Si le meurtrier prend la fuite, sa maison est détruite et pour couvrir les frais des chefs et des gardes, une amende de 3000 piastres est prélevée.

5) Celui qui cache un assassin paiera, chaque fois que ce sera prouvé, une amende de 3000 piastres.

6) Si, après une réconciliation, l'un des ennemis tue son ancien adversaire, les chefs sont contraints d'arrêter le meurtrier et de le remettre aux autorités. S'il fait feu sur eux, il devra être tué, toute sa famille sera chassée de la montagne et paiera une amende de 6000 piastres.

7) Celui qui cache ou protège les assassins visés par l'article précédent est considéré au même titre que les coupables eux-mêmes.

8) La défense de la tribu et de la patrie est obligatoire pour tous.

En cas de guerre et conformément aux ordres du gouvernement, les chefs principaux et les chefs secondaires arment les tribus sans exception et l'armée marche au champ de bataille. Personne ne peut, sans motif, se soustraire à ce devoir. Celui qui s'enfuit devra non seulement payer 3000 piastres d'amende, mais verra également toute sa famille et, indistinctement tous ses parents, obligés de prendre du service jusqu'à la fin de la guerre. Celui qui se soustrairait à cet ordre serait aussitôt chassé de la montagne.

9) Quiconque veut déposer une plainte pour coups, blessures, assassinats, vols ou autres dommages, doit s'adresser à la Commission des Chefs de la Montagne.

10) Celui qui protège un rebelle aux ordres de la Commission sera arrêté jusqu'à ce qu'on incarcère l'individu qui se soustrait aux recherches.

11) S'agissant d'ordres du Gouvernement concernant les habitants de la Montagne, les chefs qui représentent la tribu auprès de la Commission *Djibal* de Scutari retournent chez eux pour conférer avec les *bayraktars* et les *giobars* qui se réunissent en conseil dans ce but.

Quiconque devant faire partie de ce conseil s'abstient sans motif ou sans empêchement valable, doit payer une amende de 500 à 2000 piastres suivant l'importance de l'affaire en cause. S'il se rebelle contre l'ordre reçu ou s'il en arrive à prendre les armes, il sera puni comme à la fin du paragraphe 6.

12) Le Montagnard qui, voulant attenter à la vie de son compagnon, manque son coup se verra infliger une amende de 1500 piastres.

13) Les ravisseurs de jeunes filles et les corrupteurs de femmes mariées paient une amende de 3000 piastres.

14) Celui qui bastonne ou frappe une femme et la blesse, subit le sort d'un assassin.

15) Si quelqu'un entre avec ses bestiaux dans le champ ou dans la vigne d'un autre, les chefs estiment le dommage causé et fixent immédiatement le montant du dédommagement.

16) Si un montagnard réclame une somme à l'un de ses compagnons, les chefs obligent le débiteur à payer aussitôt s'il reconnaît sa dette. Dans le cas contraire, les chefs réunissent de un

à vingt-quatre anciens de la tribu du créancier suivant l'importance de la somme pour prêter serment au sujet du fait contesté. S'ils jurent contre le débiteur, celui-ci se voit obligé de payer; si au contraire ils refusent de jurer l'affaire en reste là.
Ce serment est prêté à l'église ou à la mosquée, suivant la religion de celui qui jure, le créancier doit être présent à cette cérémonie. Les délits non prouvés ou niés par l'accusé sont jugés de la même manière.
17) Tant au civil qu'au criminel, les sentences de la Commission *Djibal* sont sans appel. Une fois la sentence rendue, la même affaire ne peut être évoquée à nouveau, quelque soit le motif.
Avant le prononcé de l'arrêt, les deux parties doivent présenter un gage en garantie au Président de la Commission. Si, au moment où le verdict doit être rendu, l'accusé invoque le témoignage d'une personne digne de foi et qui jouit de l'estime du tribunal, son nom est transmis au Président qui procède au moment même, à un nouvel examen de la cause.
18) Si le garant d'une dette refuse de payer, il est aussitôt arrêté. Si c'est un chef, il verse dix piastres par jour à son créancier pour son entretien, un homme ordinaire ne paie que cinq piastres. Les sommes ainsi consignées viennent en déduction de la dette.
19) Celui qui, sur la voie publique, vole un objet de valeur quelconque à un autre doit, outre la restitution de la chose dérobée, payer une amende de 300 piastres. Mais si le larcin n'a pas eu lieu sur la voie publique, le malfaiteur doit, après restitution de l'objet, seulement donner le double en nature ou en argent.
20) Les chefs ou les *giobars* qui n'appliquent pas la loi avec justice se voient jugés et punis par la Commission *Djibal* de Scutari.
Le jugement du *Djibal,* comme attribution du pouvoir du *vali* en tant que représentant du pouvoir ottoman, dirige de cette façon la fonction de justice, mais ne parvient jamais à devenir un véritable organisme de justice des bannières de la Grande Montagne.
La contrée de l'ex-principauté de Scanderbeg, qui ne fait pas partie de la juridiction du jugement de *Djibal,* jouit d'une autonomie entière pour la solution des affaires de justice d'après le Coutumier de Scanderbeg.

Section V : Le *Zabitname*

Dans la région de Mirditë et dans celle de Pukë, un tribunal est créé tous les deux ou trois ans ; appelé *zabitname* dans le peuple, il se déplace dans tous les villages où se trouvent la vendetta et des affaires non résolues. Dans la région de Mirditë, le tribunal se compose du *kapidani* avec les cinq grands chefs comme membres, alors qu'à Pukë, il est présidé par l'un des notables et ses membres sont formés par les chefs du pays avec le vizir. Dans les bannières, il s'élargit avec la participation du chef de la tribu et d'un chef de famille. Il juge selon le Coutumier de Lekë Dukagjini et ses décisions sont sans appel.

Les assemblées du peuple dans la bannière ou dans la région réunissent *un homme par maison* et se transforment en tribunaux. Les circonstances doivent être exceptionnelles et ébranler la vie et les coutumes du peuple tout entier, par exemple pour des conflits de frontières et de pâturages entre les bannières.

Bien que tout le peuple soit réuni, le tribunal est composé des Anciens de la bannière avec à sa tête, le banneret. La décision prise est soumise au jugement des hommes et généralement approuvée. En cas de conflits et d'affrontements entre diverses bannières, l'assemblée de la région se réunit et juge l'affaire.

Pour des affaires entre bannières, les conseils des Anciens ont lieu aux frontières. L'assemblée qui réunit un *homme par maison* de la région ou de la bannière joue le rôle d'un haut tribunal dont personne ne peut annuler les décisions, même pas les autorités gouvernementales.

Section VI : Les procès formels

Les procès formels sont des décisions prises dans les assemblées pour quelques cas prévus.

Lorsque, pendant des conflits de frontières, quelqu'un est tué sur la terre qui ne lui appartenait pas auparavant, la nouvelle frontière est fixée à l'emplacement de sa mort. Il s'agit de « la frontière conquise par le sang » (§§. 1089-1092, C. S) qui est donnée en dédommagement du sang versé.

Si un meurtre survient pendant qu'on fixe des limites, par exemple un meurtre entre bergers dans la montagne à propos des limites de

pacage dans la montagne ou dans les alpages, alors toute négociation cesse sur le sujet. "Celui qui me demande la redevance de pacage - dit-on dans le Canon, - moi je tourne vers lui le fer et le fusil ».
Les emplacements des monuments funéraires forment les limites. D'après le Canon de Scanderbeg (§. 1090), l'espace qui sépare les deux monuments est commun aux deux parties.
S'il arrive que la mort ne soit pas immédiate et que le blessé, debout ou en rampant, avance sur la terre d'autrui, c'est là où il tombe que son monument est érigé et c'est là, sur la terre d'autrui que sera la limite. Cet endroit appartiendra au village et à la bannière du mort et son monument funéraire restera comme frontière puisqu'elle a été conquise par le sang.
D'après Gjeçovi, « les frontières gagnées par le sang, le jet d'une pierre ou l'enfoncement de la hache sont rapportés par des "Kanuns de géants" où l'on employait la force pour chasser la honte et le déshonneur » (p. 91, K. L. D).

CHAPITRE X :
LES PEINES

Les décisions prises pour les deux catégories d'affaires pénales ou civiles sont identiques et obligent en général à payer une amende ou un dédommagement. Mais le Canon de Scanderbeg prévoit aussi d'autres châtiments comme la destruction de la maison, la mise au ban, l'expulsion et la condamnation à mort.
Ces châtiments sont donnés surtout pour des affaires importantes que le Canon de Scanderbeg considère comme des questions d'honneur : la trahison, l'atteinte à l'honneur de la femme, le non accord de la fille fiancée, la destruction de la maison etc. Par leur caractère, ces peines ne suscitent pas de doutes sur l'intention particulière de leur auteur d'avilir la victime.

1) Le ban

Selon le Canon de Scanderbeg (§§. 2242-2255), le châtiment par le ban, c'est-à-dire la mise au ban (*lëçitje* en albanais), est appliqué à ceux qui veulent se dérober au verdict des Anciens, qui portent atteinte à l'autorité des décisions de l'assemblée pour ce qui est question de principe du coutumier, qui trahissent le pays en passant du côté de l'ennemi, etc[75].
Mais dans la procédure pénale ou dans la vie publique de la tribu en général, *me lëçitë* signifie d'après le coutumier, séparer, répudier, détruire une famille en lui retirant tout droit, faveur et honneur dans le village ou dans la bannière.
La mise au ban consiste à bannir ou à exclure quelqu'un « pour la vie et pour la mort » (c'est-à-dire des invitations réciproques), à ne pas l'admettre à l'occasion d'un repas mortuaire, d'une noce ou à l'occasion d'emprunts de farine. Il s'agit évidemment de la perte du droit de solidarité en général, et en particulier de la perte du droit à emprunter sans lequel il serait difficile à l'homme de vivre.
Nul dans le village n'oserait avoir affaire à quelqu'un qui est mis au ban. Celui qui ne respecterait pas cette interdiction serait à son tour mis au ban du village. La mise au ban est une condamnation prononcée par le village, non seulement contre le coupable, mais aussi contre les membres de sa famille. Le banni est mis au ban

[75] I. Elezi, "Mbrojtja juridike-penale e pronës private sipas kanuneve", (La protection juridique et pénale de la propriété privée d'après les coutumiers), *Studime historike*, nr. 2, Tirana, 1973, p. 3-27.

du coutumier et des rapports juridiques avec les villageois, au ban de la société, ce qui représente un grave châtiment.

Les cas dans lesquels on peut mettre quelqu'un au ban sont les suivant : a) Quand quelqu'un refuse de se joindre aux trêves du village ou de la bannière, b) Quand quelqu'un vend son village par conspiration et trahison, c) Quand quelqu'un viole un jugement ou une décision prise en commun par le village ou la bannière, d) Quand quelqu'un commet un acte honteux dans le village, la bannière ou ailleurs et ne se soumet pas au jugement, e) Quand quelqu'un commet un méfait hors du village ou de la bannière.

Un homme peut être exclu même dans le cas de non observation de la *besa* dans un contrat (du moins dans un cas d'enfreinte sérieuse).

Le village peut mettre au ban mais non imposer l'exil du pays. Si le coupable ne fournit pas un garant dans son village et dans sa bannière, ceux-ci retirent leur protection et laissent tous ceux qui ont à s'en plaindre lui faire ce qu'ils veulent. Si un village s'obstine à empêcher la bannière de brûler ou de détruire les biens d'un malheureux qui a déshonoré le village ou la bannière par quelque forfait trop honteux, la bannière a le droit de mettre ce village au ban ou de réunir d'autres bannières pour le ramener à la raison.

2) L'incendie, la destruction et la fusillade

L'incendie, la destruction et la fusillade punissent celui qui :

1) calomnie gravement, frappe ou tue un prêtre.
2) Tue un hôte qui est sous sa *besa*.
3) Tue quelqu'un de sa tribu.
4) Tue quelqu'un après la pacification des sangs.
5) Tue quelqu'un en « meurtre caché ».
6) Tue l'assassin pendant la trêve.
7) Tue son parent pour s'emparer de ses richesses.
8) Abrite des coupables envers la bannière.

Si quelqu'un commet ces fautes, sa maison est brûlée, ses arbres sont coupés, son jardin et ses vignes détruits. Personne d'autre, ni dans le village, ni dans la bannière ne commence la destruction ;

ce doit être la main du maître de la maison qui a commis la faute qui le fera, pendant qu'il prononcera la formule « Puissé-je prendre pour moi les maux du village et de la bannière ».
Si on ne trouve pour donner le signal de l'incendie, ni le coupable, ni un membre de sa famille, l'ancien de la tribu s'adressera à celui qui en est le plus proche : c'est lui qui prendra la torche et la hache et qui initiera la destruction et, après lui, le village et la bannière entière y prendront part.
On brûle la maison du coupable, on détruit ses plantes et sa terre et on le fusille. Il reste sans vengeance. Le châtiment par destruction ou incendie (§. 2297. C. S) est appliqué en cas de grave infraction de la *besa* ou d'autres crimes de cette catégorie[76].
En novembre 1913, 12 personnes de 12 bannières (5 de Mirditë, 4 de la montagne de Lezhë et 3 de Thkellë) fusillèrent Gjin de Preng Gjon de Kimëz dans la bannière de Spaç, parce qu'il avait tué ses cousins pour devenir maître de leurs richesses et de leur bétail. Gjon de Mark Gjon Per Ndoj de Rsheja (Thkellë) tua 3 de ces cousins (Pjetri et Preng Kol Biba et un 3e frère) parce qu'ils avaient tué son cousin pour s'emparer de ses biens. Ils restèrent sang perdu en vertu du principe ; « Heureux le doigt de la gâchette ». Cela arriva en 1900 (VIII –Le Kanun Judiciaire, K. L. D).

3) L'exil

L'expulsion du village est également une sanction très lourde. Celle-ci tire son origine des premiers jugements des Anciens dans la phase de la décomposition de la communauté primitive et est considérée comme une des réactions les plus dures de l'assemblée envers ceux qui violent les obligations collectives des *Malessores*.
Le châtiment de l'exil était donné pour une durée donnée ou pour toujours avec ou sans l'arrachement des moissons[77].

---

[76] *ibidem.*

[77] Rr. Zojzi, "Aspekte të kanunit të Skënderbeut, të para në kuadrin e përgjithshëm të së drejtës kanunore", ("Quelques aspects du Coutumier de Scanderbeg vus dans le cadre général du droit coutumier"), *Konferenca e Dytë e Studimeve Albanologjike*, (12-18 janar 1968), Tirana, 1969, p. 321.

D'après le Canon de Scanderbeg, les châtiments sont appliqués par ceux qui infligent l'amende ; soutenus par le village, ils ont le droit de prendre de vive force les biens mobiliers du condamné, surtout le menu cheptel, les bêtes de labeur, etc. jusqu'à concurrence de l'amende fixée par le verdict et d'un dédommagement. La reconnaissance du droit d'application de l'amende ne s'est produite qu'après un long processus d'évolution car à l'origine personne n'avait le droit de s'emparer des biens d'autrui.

4) Le bris de la maison

Si le méfait commis est particulièrement affreux et honteux, outre l'incendie, la destruction, la fusillade et l'exil, la bannière procède aussi au bris de la maison. D'après de Canon de Scanderbeg (§§. 2308-23111, C. S), briser une maison, c'est déterrer les pierres des quatre angles pour la détruire jusque dans son fondement. Cette opération se fait après l'incendie de la maison. Cette mesure indique que les habitants de la demeure sont exilés à jamais et que, pour la bannière, ils sont considérés comme absolument disparus. Leurs biens mobiliers sont confisqués à titre d'amende et leurs terres ne seront plus cultivées et serviront à la pâture commune.

CHAPITRE XI :
LA VENDETTA

Section I : La vendetta chez les Albanais

L'Europe a conservé dans ses régions situées au sud, près des bords de la Méditerranée, des formes de vie qui rappellent le passé.

Si le désir ou l'acte de vengeance individuelle pour un motif personnel se retrouve dans toute société humaine, la vendetta a un caractère différent ; en effet elle n'oppose jamais des individus isolés, mais des groupes plus ou moins importants.

La forme courante de vendetta subsistant en Europe est celle qui oppose des lignages ; plus on remonte vers le passé et plus on trouve des groupes importants qui s'opposent, des fratries, des tribus toutes entières.

Le sang et l'honneur sont les deux grands symboles de la vie humaine que chaque communauté et tout individu doivent défendre contre les blessures de l'âme et du corps.

La vendetta, comme produit de l'ordre tribal est un fait que l'on rencontre même dans les pays les plus distants l'un de l'autre. Contrairement aux autres peuples, dans les Balkans, et particulièrement chez les Albanais, la vendetta s'inscrivait dans le droit coutumier qui dirigeait leur vie juridique, morale et éthique. Dans les sociétés traditionnelles d'Albanie, le sang, signe et symbole de la vie paternelle, confère au groupe parental son unité et son identité. Partageant le même sang, les membres de la tribu appartiennent à une même chair et à un même esprit. Unissant les descendants d'un commun ancêtre par les hommes, le sang a valeur sacrée et lie les vivants aux morts.

Dans les sociétés tribales, l'honneur est une valeur familiale et religieuse et la vengeance est un devoir répondant au déshonneur subi par le groupe à travers l'un de ses membres.

Albert H. Posts, anthropologue du droit, dans la seconde moitié du XIXe siècle, insista sur l'obligation de la vengeance du sang, obligation qui répondait au besoin de préserver l'unité et l'intégrité de la communauté parentale face au dehors. Même Nietzsche voit dans la vendetta un moyen de restaurer l'équilibre entre les clans.

Et comme partout ailleurs, les auteurs de la vengeance du sang évoquent fréquemment la sauvegarde de l'honneur de la famille, devoir qui découle de la solidarité familiale. Et ils sont prêts à en assumer les conséquences.

La vendetta reposa sur l'idée antique que le sang de la victime crie vengeance et doit être payé par le meurtrier. Elle fait loi absolue pour tout membre de la famille de la victime le fait de tuer le coupable. Celui-ci ayant versé le sang se trouvera à son tour exposé à la vengeance et devra être abattu. Par cet enchaînement, la haine se transmet et souvent croît de génération en génération. Il est vrai que les sociétés tribales sont plus exposées que les autres à entrer dans le cycle infernal en raison même de l'importance de leur système de parenté, mais toute société fondée sur la famille – c'est-à-dire toutes les sociétés – est susceptible de connaître la vendetta.

Voici les remarques d'un observateur de l'Albanie du début du XXe siècle : « Partout en Albanie, la vendetta (...) est un usage établi, le devoir de la vengeance est une tradition sacrée dévolue dans la famille et dans la tribu aux générations successives. Un seul cas d'homicide mène fréquemment à une série de crimes similaires ou à une hostilité prolongée entre les familles et les communautés voisines. Le meurtrier, selon la règle, cherche refuge dans les montagnes à l'abri du vengeur du sang, ou demeure pendant des années cloîtré dans sa maison. Il est estimé qu'en raison de ces vengeances, à peine 75% de la population dans certains districts montagneux meurent d'une mort naturelle »[78].

La vendetta est apparue très tôt dans les relations intergroupes comme réaction ou représailles contre une offense considérée comme injuste de la part d'un membre étranger à la tribu. Les hostilités en effet sont continuelles avec les autres tribus.

Un tel état des choses se rencontre lorsque la nature et l'organisation d'Etat sont encore absentes. Il se prolonge après leur apparition tout en reculant et rétrécissant de plus en plus ses limites, au fur et à mesure que l'Etat accroît sa force et son prestige et remplit davantage ses fonctions essentielles de défense et de justice.

---

[78] TNC Gibbens, Ahrenfeld (eds). *Cultural Factors in Delinquency*, London, Tavistock publications, 1966, 65-66.

Mais la solidarité du groupe familial est telle qu'elle ne se borne pas à des liens entre les vivants. Les morts continuent d'exercer leur action sur les membres actuels de la tribu.
Les haines anciennes ne cessent pas d'être ressenties et chaque génération lègue à la suivante un héritage à accomplir.
On se tromperait étrangement si l'on croyait que l'exercice de la vendetta n'est que l'expression de caprices sanguinaires, même collectifs.
Pour le groupe offensé la vendetta est impérative, n'est pas seulement un droit, mais c'est un devoir.
Celui qui se dérobe à un tel devoir est l'objet de la réprobation du groupe.
La vendetta n'est pas spécifique à l'Albanie. S'il est donc des coutumes dont le caractère ne soit pas particulier à un peuple, c'est bien assurément celles de la vendetta. On peut dire sans doute qu'elles ont été universelles.
Mais, si à cet égard, au point de vue de l'armature générale du droit de vendetta et parfois même de certaines institutions spéciales l'Albanie ne peut être considérée comme exceptionnelle, elle n'en présente pas moins sur certains points, qui seront mis en lumière, des caractères tout à fait originaux.
La vendetta n'est pas propre aux seuls Albanais, on la trouve également chez d'autres peuples à une période bien déterminée de leur développement. Si les lois générales présidant à sa naissance et à son développement sont les mêmes pour l'Albanie que pour les autres pays, cela n'exclut pas l'existence de particularités caractéristiques de son développement ou de sa limitation.
Il existe un grand nombre de travaux sur la vendetta en Albanie, tant chez les auteurs albanais, notamment Rr. Zojzi[79], E. Tedeskini[80], B. Palaj[81], que chez les savants étrangers dont

[79] Rr. Zojzi, "Mbi të drejtën kanunore të popullit shqiptar" (Sur le droit coutumier du peuple albanais), *Buletin i Universitetit Shtetëror të Tiranës*, nr. 2, 1956, p. 144.
[80] E. Tedeskini, "Aspektet e vrasjes në të drejtën zakonore", (Les aspects du meutre dans le droit coutumier), *Drejtësia Popullore*, nr. 5, 1965, p. 66.
[81] B. Palaj, "Mbi kanunin e maleve", *Studi e Testi*, Rome, 1943.

les plus importants sont F. Nopcsa[82], von Hahn[83], Cozzi[84], Jelic[85], Hascluk[86], Steinmetz[87], etc. Toutes les sources concernant la vendetta, depuis les temps les plus reculés, permettent d'établir les origines historiques et sociales de cette institution, répandue dans divers pays du monde.

Parmi les auteurs étrangers ayant traité de la vendetta en Albanie, il en est qui se caractérisent par une attitude tendancieuse et antiscientifique, notamment E. Jackch[88]et Crissafulli[89]. Partant de positions biologiques et racistes, ils ont cherché à expliquer la vendetta en la rattachant à la « conformation raciale », ou encore à « la nature organique » des Albanais.

Ces attitudes se rapportent en substance à celles qui, en littérature, soutiennent que « l'homme a la vengeance dans le sang »[90] et que « la vengeance est un trait constitutif des organismes vivants »[91]. Elles se fondent sur le darwinisme vulgaire et voient une explication biologique et naturaliste au processus du développement historique.

La théorie biologique de la vendetta considère cette pratique comme un phénomène indissolublement lié à la nature humaine en général, sans en faire apparaître la véritable substance en tant que phénomène social qui correspond à un certain stade de développement d'une société donnée. Mais la théorie biologique de la vendetta n'est pas en mesure d'expliquer les institutions de rachat du sang (composition), du châtiment et autres éléments limitant cette pratique ou s'y substituant.

[82] F. Nopcsa, *Beitrag Zur Statistik der Morde in Nordalbanien*, Wien, 1907.

[83] J. Hahn, *Albanesische Studien*, Jena, 1854.

[84] E. Cozzi, "La vendetta del sangue nelle montagne del'Alta Albania", *Anthropos*, 1910.

[85] Jelic, *Kroma Osvena à umir*, Beograd, 1926.

[86] M. Hasluck, *The unwriten law in Albania*, London, 1854.

[87] C Steinmetz, "Ein Vorstase in die nordalbanischen Alpen", *Zur Kunde der Balkanhalbinsel*, Sarajevo, 1905.

[88] E. Jackh, *In Turkischen Kriegslager durch Albanien*, Heodbook, 1911.

[89] Crisafulli, *Aspetti della criminilita militare nel settore albanese*, Tirana, 1942, p. 94-95.

[90] Sergejević, *Lekci i isledovoriie po drevnoi istorii russkogo prava*, 1903.

[91] V. Budanov, *Obsor istorii ruskogo prava*, Petrograd-Kiev, 1915, p. 305.

Les chercheurs, en s'appuyant sur la théorie biologique raciste, se sont efforcés de soutenir par des arguments théoriques l'idée de la division des hommes en catégories déterminées, et l'idée du criminel né.
L'anthropologue américain C. S. Coon prend précisément l'Albanie des années 20 (période de son séjour) comme le type idéal d'une société qui a trouvé une forme d'organisation adéquate lui permettant de s'isoler de l'Europe et de son développement inquiétant, lorsque celle-ci ne fut pas en état d'éviter les développements dramatiques et les révolutions.
D'après ce concept, une tendance fondamentale constante se serait implantée dans la société patriarcale albanaise, autour de laquelle tout se serait cristallisé. L'exogamie n'est pas la conséquence des liens de sang, mais elle a un sens fonctionnel pratique : les femmes sont tenues à l'écart pour éviter des conflits de succession. La norme idéale de chaque société est, pour l'anthropologue américain, celle qui engendre des difficultés moindres dans un système de relations. Dans le système de la société patriarcale, la loi du surpeuplement détruit la stabilité du système, c'est pourquoi elle exige un principe régulateur comme une soupape de sûreté, en Albanie comme au Caucase et en Afghanistan ; la vendetta jouerait ce rôle en faisant disparaître les hommes de trop[92].
L'institution de la vendetta ne serait donc pas en rapport avec une organisation sociale donnée, mais avec le phénomène des disproportions biologiques. Un autre anthropologue américain, R. Lowie, a consacré son attention à l'Albanie pour illustrer ses théories par un exemple d'après lui instructif et soutenir qu'un système ancien s'est heurté à de nouveaux éléments engendrant des confusions.
Le fait que la vendetta constitue un phénomène universel pour une époque donnée de l'évolution historique n'exclut pas cependant l'existence de particularités distinctes dans les coutumes et usages, et qui concernent la vengeance dans un pays donné.

[92] Coon Ch., *The Mountains of Giants*, Cambrige, Mass, 1950.

Les causes qui ont déterminé le maintien de l'ancienne coutume de la vendetta en Albanie plus longtemps que dans certains autres pays d'Europe peuvent être rattachées étroitement aux conditions économiques, politiques et sociales du pays. L'existence de grandes familles patriarcales et l'organisation des communautés sur la base des liens du sang se sont prolongées dans les régions de montagnes de l'Albanie plus longtemps que dans les autres pays.
C'est donc dans l'existence des rapports patriarco-tribaux, et plus tard patriarco-féodaux qu'il faut rechercher la première raison de la longue persistance de la vendetta dans certaines contrées des montagnes de l'Albanie. Dans les hautes régions, l'absence de voies de communication et la séparation des contrées entre elles par les longues chaînes de montagnes ont également contribué à la préservation sur une longue durée des coutumes et usages antiques et notamment de la vendetta.
Toutefois, le milieu géographique ne pouvait bien entendu pas constituer le facteur déterminant des rapports sociaux. Une autre raison importante de la préservation de la vendetta dans les montagnes d'Albanie réside dans l'absence d'un État centralisé et d'une législation unique en vigueur dans tout le pays.
Le coutumier albanais prescrit : « en cas de meurtre, le sang se paye *chose contre chose*, avec du bétail, de la terre ou des armes, bien que ces derniers temps, l'assassin paye le sang avec de l'argent (mais aussi avec des armes) » (§. 496, K. L. D). Il est facile de constater que ces diverses sanctions correspondent à des étapes du développement de la société.
En des temps plus anciens, la réparation dans les régions de montagnes se faisait selon le principe plus général de la réparation du préjudice causé "*gja çdo gja*" (*litt.* chose pour chose), autrement dit en nature.
Puis, avec l'expansion des échanges commerciaux et de la circulation de la monnaie, la réparation se fait en argent. Dans le cas d'un meurtre, l'unité de base de la compensation est le prix du sang.
Malgré une tendance générale à la diminution des meurtres par la vendetta, tendance qui se manifeste à partir de la seconde moitié du XVIIIe siècle, pendant le XIXe siècle et au début du XXe siècle,

des données partielles recueillies indiquent que le nombre des meurtres à mettre sur le compte de la vendetta au cours de cette période reste considérable.
« Le sang n'est pas de l'eau » dit un proverbe albanais, complété par le suivant « rien n'est plus juste que le fusil d'un *skiptar* (albanais) ». On peut déduire avec raison de ces deux aphorismes que les mœurs de ces pays n'ont pas été particulièrement douces, surtout dans les montagnes. La vendetta, qui s'appelle *gjak* (même signification), y sévit comme un véritable fléau.
G. Giordano[93] donne pour les années 1854-1856, dans huit villages des montagnes du Nord de l'Albanie, les chiffres suivants : dans 1418 maisons, 138 personnes ont été tuées pour des motifs de vendetta. K. Hassert[94], en 1898, émet l'opinion qu'en Albanie du Nord, 25,75% de la population mourait de mort violente pour des motifs de vengeance. H. Bernatzik[95], écrit que « ... plus de la moitié du nombre total des décès chez les hommes est causée par la vendetta ». S. Gopcevic[96] affirme que « depuis l'année 1854, il n'a jamais été proclamé de trêve générale fondée sur la parole donnée et qu'il y a un tué par vendetta toutes les dix maisons ». F. Nopsca[97], s'appuyant sur les registres des décès tenus dans certaines églises, a abouti à la conclusion que le pourcentage des morts violentes indiqué par Hassert (25,75%) n'est pas exact et que seulement 19% de la population de ces régions est morte pour des raisons de vendetta. Ces données ont été utilisées plus tard dans leurs travaux par d'autres auteurs et notamment par E. Cozzi, Jackh, Steinmetz, Gibert.
À propos des données statistiques concernant les homicides pour conflits de vengeance telles qu'elles ont été formulées par certains auteurs étrangers, il convient de rappeler qu'elles ne sont ni complètes, ni précises pour toutes les régions de

[93] G. Giordano e son filio, *Il vilajet di Scutari assia, Usi e coutumi albanesi*, Rome, 1899.
[94] H. Hassert, Wanderungen in Nordalbanien in Mitteinllunhen der geografischen Geseschaft, 1898, Paris, 1956.
[95] H. Bernatzik, *Albanien*, Wien, 1922.
[96] S. Gopcević, *Oberalbanien und seine Liga*, Leipzig, 1881.
[97] F. Nopcsa, *op. cit.*

montagnes. À l'exception des indications recueillies par Nopcsa, qui reposent sur les registres de décès, les autres chiffres doivent être accueillis avec réserve. Il est important de faire observer que ces données ne peuvent pas être généralisées pour toute l'Albanie.

On voit que le taux de meurtres est relativement élevé par rapport à la population globale, bien que les dernières années du XXᵉ siècle enregistrent une baisse toujours plus prononcée de ce chiffre. Dans la seconde moitié du XIXᵉ siècle et au début du XXᵉ siècle, la vendetta a vu son champ d'action se restreindre graduellement. La vendetta a été limitée sous divers aspects.

Des restrictions ont été introduites dans la variété des actes pour lesquels est admise la vendetta. Elle était permise auparavant pour toutes sortes d'offenses ou d'actes de violence, alors qu'à la longue elle a tendu à se borner uniquement aux cas de meurtre, de rapt de femmes et de blessure. Aux termes du droit coutumier albanais, elle constitue un droit et une obligation, en premier lieu en cas de meurtre mais aussi en cas de tentative d'homicide, de blessure et d'offense contre la personne elle-même, ou ses proches (mère, sœur, épouse).

La règle du Jus Talionis, telle qu'elle est formulée dans le droit coutumier albanais « sang pour sang » atteste, entre autres, que la vendetta devrait être limitée aux cas du meurtre et considérée comme une riposte à cet acte. Groupés en tribus éloignées les unes des autres plus encore par les difficultés du terrain que par la distance, les montagnards forment des petits clans étroitement unis entre eux par des liens de famille et d'intérêt ; il est donc rare que les vengeances soient individuelles, le plus souvent elles englobent la communauté tout entière et les proches.

Si auparavant la vengeance était illimitée et s'étendait à tous les membres de la communauté tribale, elle a plus tard été restreinte de plus en plus, jusqu'à se réduire à la personne coupable ou à ses proches. Selon les coutumiers, on pouvait se venger sur le meurtrier ou sur ses parents, père, fils, frère et même cousin éloigné.

Le Coutumier de Scanderbeg comporte des dispositions (ART. XI, C. S) qui admettent que le cercle des personnes sujettes à la vendetta se limite à *l'auteur de l'acte,* autrement dit au coupable lui-même. Mais dans le coutumier de Lekë Dukagjini, il y a des dispositions prévoyant un cercle plus large de personnes : « le Canon moderne implique tous les hommes de la maison jusqu'aux enfants au berceau, ainsi que les cousins et les neveux, même s'ils vivent de leur côté, mais seulement pour 24 heures, dans la chaleur du sang; après 24 heures la maison du mort leur donnera des garants » (§. 900, C.L.D).
En fait, ces dispositions du Coutumier de Lekë Dukagjini reflètent une réalité alors périmée et non la véritable situation de fait des hautes régions où, en règle générale, la vengeance porte sur le coupable ou ses proches. L'admission du principe du Talion dans le coutumier albanais est le signe du passage de la vengeance collective (portant antérieurement sur tout habitant du village, de la bannière) à la vendetta individuelle.
D'après le coutumier albanais, la vendetta frappe toute personne (de sexe masculin) en mesure de porter les armes. Hasluck[98] émet l'opinion que les enfants au berceau peuvent être assujettis à la vendetta. Les matériaux dont nous disposons sur ce sujet font toutefois apparaître que ce dernier cas ne s'est produit que fort rarement et ne peut en conséquence être généralisé comme le fait Hasluck à toute l'Albanie du Nord.
Hahn[99] affirme que la partie lésée cherche toujours à se venger : « sur une personne de renom, sur le plus en vue de ses ennemis... il arrivait qu'une personne en quête de vengeance rencontra un de ses adversaires de peu d'éclat et que pour cette raison, elle renonça à se venger sur lui ».
En règle générale, les aliénés et les malades ne peuvent être tués pour des motifs de vendetta. Un tel acte serait stigmatisé par l'opinion sociale. En dépit de ces restrictions, la vendetta se distingue du châtiment dans le sens qu'on lui donne aujourd'hui.
Une personne qui tue son ennemi rend aussitôt son acte public (§. 2799, C. S).

---

[98] M. Hasluck, *op. cit.*
[99] H. Hahn, *op. cit.*

D'après le Kanun de Lekë Dukagjini (§§. 844, K. L. D), l'assassin, après avoir tué, doit annoncer son geste à la famille du mort afin de ne pas la laisser dans l'incertitude. « L'assassin, s'il le peut, retournera lui-même le mort et ce sera bien, sinon il dira à la première personne qu'il rencontre de le faire et de lui rapprocher l'arme de la tête » (§. 846, K. L. D). « L'assassin ne doit pas prendre l'arme du mort. S'il fait cette chose honteuse, il doit deux sangs » (§. 847, K. L. D).

L'acte de vengeance peut être exécuté en tout lieu où se rencontrent les adversaires. D'après le coutumier albanais, l'embuscade est une action par laquelle on guette dans les montagnes et les plaines les assassins et toute personne qu'on a l'intention de tuer. À l'interieur de sa bannière, on ne peut pas prendre de camarades pour aller en embuscade contre quelqu'un, et si quelqu'un y va et tue quelqu'un de sa bannière, tous tombent dans le sang. Hors de sa bannière, si quelqu'un tend une embuscade pour tuer quelqu'un appartenant à une autre bannière, c'est lui qui tombe dans le sang et non ses complices.

Si, quelqu'un a réuni ses camarades et ses amis et est allé en embuscade et si quelqu'un est tué, celui qui a organisé l'embuscade prend le sang pou lui. « Le fusil amène le sang à la maison » (& 826, K.L.D). Si quelqu'un boit le café, prend un repas ou se fournit en pain dans une maison étrangère avant de prendre part à l'embuscade, s'y rend et y tue quelqu'un, la maison du mort demandera le sang à celle qui a donné la nourriture à l'assassin. « Le fusil et la nourriture donnés en connaissant le meurtre apportent le sang à celui qui les a donnés. » (&&, 838-839, K.L.D).

Néanmoins, l'acte de vendetta ne peut être exécuté dans la propre maison de celui qui a à se venger, ni dans une autre demeure où la personne visée serait venue en ami car cela constitue une violation de l'hospitalité traditionnelle et met en conséquence le meurtrier en état de vendetta avec le maître de la maison dont la victime est l'hôte (§. 2760, C. S).

La vendetta ne peut non plus être faite dans les lieux d'assemblée, dans les églises, les mosquées et les chemins communément empruntés par les parties adverses quand ceux-ci sont admis dans le coutumier (§§. 2672-2673, C. S).

Mais en même temps, la vendetta représentait l'accomplissement d'une dette d'honneur que Dieu ne pouvait refuser. Les Albanais mettaient des cierges à Saint Nicolas, à la Madone, pour leur demander de les aider à *prendre le sang.*

Parmi ces éléments restrictifs, une importance particulière doit être attachée à la limitation de la vendetta dans le temps. En règle générale, l'acte de vengeance doit être exécuté le plus tôt possible. C'est précisément pour ces raisons que le Coutumier de Scanderbeg prévoit (§§. 2919-2927, C. S) que dans les 24 heures qui suivent le meurtre, si possible avant l'enterrement de la victime, le meurtrier, sa famille ou ses proches doivent prendre de solides mesures de défense, la vendetta au cours de ce laps de temps étant susceptible de toucher tout membre de la famille, non seulement ceux qui habitent la maison du meurtrier, mais aussi tous ses proches parents.

S'ils ont évité la mort pendant ces 24 heures, ils auront des garants de la maison du mort et seront libres de mener leurs affaires. Lorsque la vendetta n'est pas consommée dans un bref délai, la famille qui n'est pas vengée est frappée par le mépris de son entourage.

Dans certaines régions, on a coutume, à l'occasion des cérémonies telles que noces et enterrements, de servir le café par dessous la jambe à la personne qui ne s'est pas vengée. Cette manière de la traiter constitue pour elle à la fois une humiliation et une incitation à la vengeance.

Au fil du temps, on constate un rétrécissement du cercle des personnes ayant le droit de reprendre le sang. Si autrefois n'importe quel membre de la communauté tribale avait le droit de venger l'offensé, ce droit n'est plus reconnu ultérieurement qu'à la famille de la victime, à ses parents les plus proches, père, frère, fils, neveu et oncle paternel et, d'après le Coutumier de Scanderbeg, à l'oncle maternel (§. 2863).

Quand il s'agit de la vengeance de l'oncle maternel pour son neveu et vice-versa les fusils restent accrochés[100]; cependant les dispositions du Coutumier de Lekë Dukagjini ne reconnaissent pas ce droit.

[100] K. Ulqini, *art. cit.*

L'acte de vengeance est généralement exécuté par les hommes. Mais Hasluck[101] fait mention de certains cas recueillis oralement parmi la population des régions de montagnes où les femmes ont obtenu réparation de leur propre main. Ainsi, l'épouse peut venger occasionnellement son mari, la mère, son fils, la sœur, son frère.

Section II : La pacification du sang

La vendetta est restreinte par la facilité donnée à la partie lésée de renoncer à la reprise du sang et d'en accepter le rachat en nature ou en argent. Les normes coutumières albanaises du XIXe siècle et du début du XXe siècle prescrivent pour la plupart cette pratique. Dans les faits, on enregistre de nombreux cas attestant que la reprise du sang cède peu à peu la place au rachat du sang.

La substitution du rachat à la reprise du sang ne s'est opérée qu'au prix d'une âpre lutte ; dans les temps les plus anciens cette substitution n'était pas admise. Il semblait qu'une telle règle était en contradiction flagrante avec le principe du Talion « sang pour sang », mais à la longue, elle a été peu à peu admise et effectivement mise en pratique.

D'après le Coutumier de Scanderbeg (§. 3062, C. S), la pacification par le rachat du sang a lieu par le truchement de médiateurs qui interviennent entre les parties adverses. On appelle médiateur du sang celui qui s'efforce de réconcilier l'assassin avec la famille du mort. C'est la famille de l'assassin qui choisit les médiateurs du sang. Ces derniers travaillent à éloigner toute reprise de haine entre les familles du mort et de l'assassin. Les médiateurs du sang, une fois leur mission entamée, ne l'abandonnent plus.

Conduits par le maître du sang et accompagnés de quelques amis et proches, ils se rendent chez le meurtrier pour assister à la cérémonie et prendre part à un repas. Ils déjeunent selon la coutume avec le meurtrier et fixent le prix du sang à racheter. Une fois la pacification du sang réglée et après le repas, le coutumier

---

[101] M. Hasluck, *op. cit.*

albanais explique que le maître du sang fait devant les garants du sang et ceux de l'argent, une croix sur la porte qui symbolise le sang réconcilié. Une fois les cœurs apaisés, on échange le sang dans les maisons de l'assassin et du mort et la réconciliation est alors considérée comme définitivement scellée.

Dans la seconde moitié du XIXe siècle, diverses assemblées ont adopté des décisions déterminantes sur ce sujet. Ce sont notamment les décisions des années 1660, 1673, 1803, 1834, 1891, 1892, 1895, 1904, 1905, 1906-07 parues en annexe dans le Coutumier de Lekë Dukagjini. Leur trait commun consiste dans le fait qu'elles visent toutes à limiter la vendetta et à lui substituer le principe du rachat du sang (*compositio*) en argent ou en nature, à l'exception des cas de meurtre d'un hôte, crime qui selon les termes mêmes de ces arrêts doit entraîner la reprise du sang.

Une des barrières les plus efficaces pour freiner la vendetta est l'institution de la pacification ou de la trêve (§§. 3062-3091, C. S). Demander la trêve par l'entremise d'amis n'est pas une honte, mais un droit qui s'exerce régulièrement. La trêve acquise est considérée comme une « tâche et une bravoure ». La trêve est un délai de liberté et de sécurité que la maison du mort donne à l'assassin et à ceux de sa maison en ne les poursuivant pas pour le sang jusqu'au délai fixé. Quand la maison du mort a accordé la trêve à l'assassin, celui-ci doit se rendre au convoi funèbre et à sa lamentation, l'accompagner jusqu'au tombeau et prendre place au repas du deuil. Cette trêve dure 24 heures. La trêve pour la limitation ou la suppression de la vendetta est un accord bilatéral d'armistice entre les familles, mais il existe la trêve entre les régions ou sur une vaste échelle. La trêve est sanctionnée par la parole d'honneur donnée par la partie outragée qui s'engage à ne pas porter atteinte à la partie adverse pour la période fixée.

La coutume de la trêve est profondément ancrée dans la conscience du peuple albanais. Les autorités religieuses, surtout catholiques, dont les fidèles sont particulièrement atteints par ces tueries, ont essayé d'endiguer le fléau. Elles ont imposé deux trêves annuelles : la première de la Saint-Antoine à la Toussaint, la seconde du Jour des Morts à la Saint-Nicolas. Celui qui les enfreint est banni. Elles ont également établi une sorte d'échelle de dédommagement de la vie humaine, que l'on payait autrefois en têtes de bétail et plus tard en argent. La pacification est un élément absolument nécessaire de la vie des *Malessores,* et correspond aux besoins économiques, sociaux et politiques.

La pacification obligée des personnes soumises à la coutume de la vendetta se faisait de plusieurs façons :

1) par l'intervention des amis et des Anciens,

2) par le tribunal des chefs de la tribu et de la bannière

3) à l'aide de l'assemblée lorsque tout le peuple se trouve devant des événements exigeant l'union (comme celui de Kurbin qui utilise dans cette intention l'institution de la parole donnée).

Il n'existe aucun lien avec les expéditions de la conciliation obligatoire entreprises par les *valis,* surtout après les Réformes de Tanzimat et qui n'ont été en vigueur que pendant quelques années. Ni Gjeçov ni Illia ne les ont évoqué dans leurs recueils.

F. Gibert dans son livre « Les pays d'Albanie et leur histoire » paru en 1914, écrit qu' « un cortège de suppliants se forme, auquel se joignent les parents et amis du meurtrier. En tête s'avance un prêtre avec le Crucifix et l'Évangile dans les mains, suivi par des gens portant des berceaux contenant leurs nouveaux-nés, enfin le coupable, les yeux bandés, les mains liées derrière le dos, un yatagan suspendu à son cou, tandis que les siens l'entourent et le protègent.

Quand le cortège arrive devant la maison de la famille ennemie le meurtrier s'introduit dans la maison et s'installe près du foyer, ce qui le rend intangible, les autres restent devant la porte et placent les berceaux de sorte que les pieds des enfants soient tournés vers l'Est.

Le plus proche parent de la victime demande le motif qui amène les assistants. Le prêtre expose la demande et sollicite le pardon au nom des sentiments chrétiens et du sang innocent des enfants. Après une longue scène de refus et de supplications, l'offensé cède. Ne consentant encore qu'à moitié, il prend un des berceaux, le tourne trois fois en rond de gauche à droite et le place de façon à ce que les pieds de l'enfant soient tournés maintenant vers

l'Ouest. Les assistants agissent de même avec les autres berceaux. Ce rite tire sa signification de ce que les défunts ont la tête tournée à l'Ouest, tandis que les dormeurs l'orientent vers l'Est. Ainsi la première position des berceaux fait allusion à la mort que méritait le meurtrier, tandis que la seconde exprime qu'on lui a fait de nouveau don à la vie.
Toutes ces formalités prennent plusieurs heures quand on a scellé grâce à des embrassades générales, le pardon accordé au coupable par son adversaire, ce dernier réclame l'amende. Celle-ci est fixée à une certaine somme et en garantie de son paiement, on donne une importante quantité d'armes. Après toutes ces négociations a lieu un banquet au cours duquel on fait appel à la générosité de celui qui a pardonné afin d'obtenir de lui un rabais sur l'amende.
Généralement, il acquiesce et rend à leur propriétaire les armes données en garantie. L'usage veut qu'en témoignage de gratitude, le gracié fasse don à son ancien ennemi d'un fusil ou d'un sabre de prix. Parfois celui qui est blessé ne se montre pas de bonne composition avec son ennemi avec lequel les missionnaires croyaient l'avoir réconcilié : "Si je meurs je te pardonne, oui, mais si je vis, je te tuerai" »[102].

Conclusion

En exerçant des fonctions de pouvoir administratif et judiciaire, les normes coutumières étaient le plus haut organe législatif et exécutif du pays, la plus haute forme d'exercice du pouvoir pour la prise des décisions, la sanction pour enfreinte aux règles existantes, la-création ou la modification des diverses normes ainsi que pour leur sélection.
Il s'agit donc d'un système qui, bien qu'il eut subi au cours des siècles des modifications afin de correspondre aux exigences toujours croissantes de la société et de cultiver la solidarité sociale entre les membres de la communauté, a gardé encore des traces de l'ancienne démocratie des formations historiques lointaines.

[102] F. Gibert, *Les Pays d'Albanie et leur histoire*, Paris, 1914, pp. 21-23.

L'autorité du jugement des Anciens était forte. La prévision de sanctions pénales sévères comme la mise au ban, l'incendie, le bris de la maison, l'exil et même la fusillade l'illustre parfaitement.
La forte diffusion de l'autojugement en l'absence d'une autorité étatique a donné à la norme une virulence plus forte et à la vendetta une importance prioritaire.
Dans le droit coutumier, le fait de briser l'honneur est un acte de violence auquel on est en droit de répondre.
Les relations sociales intra-tribales et inter-tribales illustrent cette tension entre l'honneur maintenu et l'honneur bafoué.
De tous les conflits, le meurtre est celui qui intéresse le plus la justice coutumière, car il peut conduire à la vendetta dans la mesure où il porte atteinte à l'honneur de toute la tribu. Le meurtre crée une dette de sang aux yeux de la tribu offensée. Il entraîne aussi une dette d'honneur. La vengeance peut s'exercer contre le meurtrier lui-même ou contre les membres de sa tribu.
Le meurtre pour la défense de l'honneur était considéré comme un signe de bravoure dont l'homme devait être fier. L'homme qui devait un sang, c'est-à-dire une vengeance, était honoré parce qu'il donnait sa promesse qu'il ne se soustrayait pas à la tâche prescrite par le coutumier. Seuls les mineurs et les femmes étaient exemptés de cette obligation.
Devoir de vengeance et devoir d'honneur ne faisaient qu'un. La loi des montagnes tribales n'engageait pas seulement l'individu, elle engageait la responsabilité de toute la parenté et de la collectivité tout entière symbolisée par la tribu.

PARTIE VI :
LA FOI

CHAPITRE XII :
LES INSTITUTIONS RELIGIEUSES

Dans le passé, chez les Albanais, comme d'ailleurs chez tous les autres peuples, la religion et ses institutions s'occupaient de la vie spirituelle et sociale du peuple.
Le sentiment religieux faisait partie intégrante des croyances dans les valeurs coutumières. La foi catholique était respectée dans les traditions.
Le coutumier albanais reconnaissait les droits spirituels de l'Église, un chapitre entier était consacré aux relations avec les autorités ecclésiastiques.
Mais les principes fondamentaux du coutumier albanais se trouvaient dans certains domaines en conflit avec les principes de la religion chrétienne.
Les catholiques avaient un choix à faire ; obéir à la loi du coutumier ou suivre celle de l'Église quand elle était en contradiction avec la loi traditionnelle. Les décisions étaient presque en faveur de la loi tribale.

Section I : Les droits de l'Église

Le Coutumier de Scanderbeg souligne que l'église est sous la juridiction d'une hiérarchie ecclésiastique et ne se soumet pas aux dispositions du Coutumier de Scanderbeg, qui ne peut lui imposer aucune charge, mais qui est censé la défendre (§§. 3428-3430, C. S).
S'il y a un conflit entre la paroisse et l'église, la paroisse ne peut pas exiger un gage de l'église, mais elle doit porter plainte au niveau supérieur, à l'évêque, dont la décision doit être définitive. L'église est intangible, elle est défendue par la paroisse (§. 3431, C. S).
D'après le coutumier albanais, l'église ne paie pas d'impôts, ne participe pas à l'armée, ne donne pas de pain aux miliciens de la bannière, ne va pas en corvée pour les affaires de la paroisse. Toutefois, si la paroisse décide d'entreprendre quelques travaux en vue de maintenir ou d'augmenter la richesse commune, l'église, qui a sa part, doit alors donner de l'argent ou de la nourriture et mettre ses serviteurs au travail de la manière que la paroisse aura fixée pour chaque feu.
Celui qui offense l'église doit une amende à celle-ci, à la paroisse, à la bannière. Insulte l'église celui qui dans son périmètre se dispute, menace quelqu'un, le bat ou le tue. C'est la paroisse qui

répond de l'honneur car l'église n'a ni épée, ni corde. Mais si quelqu'un invoque la protection de l'église, il est reconnu comme son hôte, et si le coup de feu contre lui est parti hors du périmètre, puisque la protection de l'église a été violée, la paroisse doit défendre son honneur en ses lieu et place.
L'évêque seul a le droit de placer le desservant dans la paroisse et de l'en retirer.

Section II : Le desservant

Le desservant doit à sa paroisse tout le service spirituel que lui impose la loi de l'église et, de plus, quelques services particuliers à certains jours déterminés. Le desservant a le droit d'enseigner et de corriger la paroisse et d'accomplir les devoirs de la Foi selon ce qu'exige le soin des âmes ; personne dans la paroisse n'a le pouvoir de s'en mêler.
La personne du desservant est inviolable. Celui qui le diffame, l'outrage, le menace, lève la main sur lui, le bat ou le tue - lit-on dans le §. 10. 1 du Kanun de Lekë Dukagjini - en répondra selon la coutume, la paroisse qui est en devoir de demander des comptes pour l'honneur de son desservant.
S'il arrive que le serment soit déféré à un prêtre, soit pour disculper, soit à titre de juré, ce serment sera reconnu et considéré comme équivalent à celui de 24 hommes. Si le desservant commet un homicide, ni lui, ni son église ne doivent verser d'amende ou de peine pécuniaire. Le desservant ne doit pas répondre pour le sang, mais c'est sa maison qui doit le faire (§. 3483, C. S). En revanche, celui qui tue le desservant doit être fusillé par le village ou la bannière. La maison de l'assassin sera incendiée, sa terre restera en jachère, sa propriété ira à l'église.
Vers l'an 1700, fut tué à Dushman, le Franciscain qui desservait cette paroisse. Les assassins étaient 2 hommes appartenant à 2 fratries appelées Papaj et Ndregjokaj. Après l'avoir tué, ils cherchèrent de l'argent mais ils ne trouvèrent rien, les deux assassins, après avoir tué le Franciscain s'enfuirent.
Quand la bannière fut au courant, elle confisqua leur bétail à titre d'amende, chassa leurs familles de la bannière, laissa leurs terres en jachère à jamais et brûla leurs maisons.

À Mirditë vers 1883, la famille de Kodeli de Kimza assassina son desservant. La maison de Gjonmarkaj d'Orosh, les chefs et le peuple de la bannière s'assemblèrent dans le lieu du susdit méfait. On fusilla collectivement l'assassin sans reprise de sang, on prit son bétail à titre d'amende, on brûla sa maison, on détruisit ses terres avec tout ce qu'elles portaient, cultivées ou non, et on bannit pour toujours de Mirditë cette famille.

Section III : La nature des peines de ceux qui ont été coupables envers les institutions religieuses

Les peines infligées pour des infractions pénales contre l'église sont les suivantes : la condamnation à mort, l'incendie de la maison, l'expulsion de la bannière avec sa famille, l'interdiction de cultiver la terre et l'abattage des arbres fruitiers, l'amende en bétail et au comptant (§. 3320, C. S).

Comme on le voit, ces peines sont très dures et toutes tendent à former la protection la plus efficace à l'église, à son patrimoine et à ses hommes. D'après le Kanun de Lekë Dukagjini, paragraphe 4, « ni la forge, ni le moulin, ni le curé, ni la fontaine, ni le foulon, ni la boutique ne sont responsables de l'hôte trahi en leur présence ». Le droit coutumier albanais permet, sans distinction d'appartenance, l'activité normale aux institutions religieuses et au clergé, les garantissant contre toute atteinte durant les cérémonies et les services du culte à l'intérieur et en dehors de leurs temples. Ils sont sous la protection du village ou de la bannière et aucun crime ne peut y être commis.

L'auteur du Kanun de Lekë Dukagjini, Shtjefën Gjeçovi, identifie dans son œuvre le clerc à l'institution religieuse. Toute atteinte à son égard doit être considérée comme un tort fait à l'Église et à la religion. Franz Nopcsa, excellent connaisseur des traditions et des conditions socio-politiques et confessionnelles de l'Albanie du nord-ouest au commencement du XXe siècle, a remarqué, une fois en possession de l'édition de Gjeçov, que celle-ci « avait des lacunes et que l'auteur s'était mis en devoir de présenter le coutumier comme voudrait ou désirerait le présenter le clergé de l'Albanie septentrionale.

C'est pourquoi il doit être employé avec une précaution extrême »[103].

Dans le coutumier de Lekë Dukagjini, le père Gjeçov a exagéré en formulant et soulignant ces privilèges et les autres privilèges de l'Église catholique, à laquelle il avait destiné le premier livre de son recueil. Dans des confrontations et griefs, pour des offenses ou torts et préjudices du clerc, à l'exclusion des tâches religieuses, le droit coutumier albanais l'isole de l'institution, le traitant comme un individu quelconque d'un séjour temporaire, dans le village ou la bannière, tout comme le serviteur, le forgeron, le commerçant, etc.

Le coutumier de Scanderbeg prévoit que "le *hodja* (l'imam) doit rester un hodja et [que] personne n'est contre lui". Il est interdit d'assassiner l'imam durant la cérémonie religieuse et sur le chemin de la mosquée, ou pendant son retour à la maison. Dans la contrée de Mat, une distinction est faite entre l'imam qui se déplace avec un bâton à la main et celui qui est armé. Si on assassine le premier, cela n'est pas appelé *un bon coup de fusil*. Au Kosovo, l'assassinat de l'imam équivaut à celui de n'importe quel autre individu. On doit remarquer que dans la *Malessie,* aucun clerc n'a été assassiné pour un motif religieux. Les châtiments que l'église donne aux croyants maudits sont l'expulsion de la communauté, l'expulsion de l'église, la non bénédiction de la vaisselle, l'interdiction d'inhumation dans le cimetière de l'église et la pierre de pénitence. L'influence de l'église est aussi visible dans les décisions de la jeunesse de Shalë : une prise du 30 avril 1905 condamne celui qui « trouble la messe » et celui qui « commence à tirer dans la cour de l'église, etc ».

Section IV : Les immunités de l'institution religieuse

Le Kanun de Lekë Dukagjini (§. 10. 9) et celui de Scanderbeg (§. 3488) prévoient : « si la faute du prêtre envers sa paroisse est trop importante, il sera soumis au jugement du Kanun. Son supérieur envoie un autre prêtre pour constituer, au nom du

[103] F. Nopcsa, *L'Albanie Les groupes gentilices de l'Albanie septentrionale et la loi du coutumier.* (traduction du manuscrit se trouvant dans la Haus-Hof und Staatsarchiv. Politisches Archiv).

desservant, le gage exigé par le Kanun ». D'après le Canon de Scanderbeg (§. 3480), « le desservant est sous la protection de la paroisse ». D'après E. Cozzi, le desservant rentre dans la catégorie des amis de ceux qui ont une vendetta et qui ont des garants[104]. Dans les bannières de Pukë, on explique que les garants doivent exister pour interdire les mauvaises actions des malfaiteurs.
Il ne s'agit pas là d'une garantie complète, comme dans les autres cas prévus par le Coutumier, « l'arme et l'argent ». En général, les anciens et les bannerets ne sont pas garants, mais d'autres Anciens ayant une certaine influence sur la population.
Leur nombre n'est pas seulement en rapport avec l'extension de la paroisse, mais aussi avec sa condition socio-politique. On ne doit pas confondre les garants de l'église avec « les Anciens de l'église », c'est-à-dire les conseillers du desservant. D'après Nopcsa, « le fait qu'en toute formation du village, un grand nombre d'habitants influents devient garant pour le desservant n'est pas une preuve que le clergé jouit de privilèges particuliers »[105].
Les clercs sont rémunérés pour les services religieux. D'après le Kanun de Lekë Dukagjini (art. 9, §. 2, K. L. D), pour le service qu'il fait dans la paroisse, le desservant a droit de lever la dîme ecclésiastique selon les usages du lieu où se trouve l'église. La paroisse n'est pas tenue de porter la dîme au desservant, c'est lui qui doit la lever et la transporter avec ses propres travailleurs. Le desservant doit envoyer son domestique dans chaque maison pour prendre « la rétribution de l'église » (§. 3493 C. S). E. Cozzi note que les paroissiens ont l'habitude de donner à leur curé une contribution en nature qui va de 6 à 10 *ocques* de blé par maison[106]. D'après le coutumier de Scanderbeg, il est donné à Mat à l'imam de la mosquée, 8 *ocques* par feu et par maison[107]. Il n'y a pas de place pour le clerc dans la structure de l'organisation sociale. On ne trouve aucun exemple indiquant qu'il occupe le rôle de l'ancien

[104] E. Cozzi, La tribu del'alta Albania 10 / 551.
[105] F. Nopcsa, *op. cit*, p. 312.
[106] E. Cozzi, *op. cit*, note 30.
[107] K. Ulqini, "Gjurmime etnografike në trojet e Skënderbeut", (Glanes ethnographiques dans les domaines de Scanderbeg), *Buletin i Universitetit Shtetëror të Tiranës, Seria Shkencat shoqërore*, nr. 4, Tirana, 1950, p. 177.

ou du notable. Quand cette tâche lui revient par le droit d'héritage, elle ne lui est pas accordée et revient à un autre membre de la famille ou du groupe gentilice, d'après les règles de la proximité. Les prélats catholiques au XVIIe siècle, malgré leur rôle important dans les mouvements anti-ottomans, sont absolument exclus des assemblées des montagnards. D'après le coutumier albanais, le clerc, comme tout étranger, n'a pas de voix dans le village.
La non admission du desservant ou du *hodja* est ainsi expliquée :
- s'ils sont aborigènes, ils prennent la part de leur groupe gentilice,
- s'ils sont étrangers, ils sont considérés en dehors des liens de proximité et des liens gentilices.

Section V : Les propriétés, biens et le droit à l'héritage

D'après le coutumier albanais, l'église constitue un feu dans la paroisse. Elle a le droit de posséder des biens en bétail, en terres ou en maisons tant à l'intérieur qu'à l'extérieur de la paroisse. L'église a sa part d'alpage, de pâturages, de l'eau et du moulin communs à la paroisse. Elle a le droit d'acheter et de vendre, de recevoir et de garder les dons qui lui viennent de la générosité des bienfaiteurs et peut aussi les utiliser. Elle a sa part dans les amendes perçues au profit de la paroisse.
Le desservant administre les biens et la fortune de l'église et la paroisse n'a pas le droit de lui demander une justification de l'emploi du revenu de ceux-ci. Les propriétés et les biens de l'église sont inviolables et personne ne peut y mettre la main. Quand quelqu'un cause un dommage aux propriétés et aux biens de l'église, la paroisse évalue le dommage à payer par le responsable.
Celui qui vole le bétail de l'église en un lieu régi par le Canon paiera 2 pour 1 comme pour n'importe qui. Celui qui vole dans la maison ou l'habitation du desservant paiera double valeur de chaque chose volée, 100 *grosh* à l'église pour l'honneur perdu et 100 moutons et 1 bœuf d'amende à la bannière.
Les dispositions qui concernaient l'héritage, le testament ou la vente des biens sont bien précisées dans le droit coutumier.
En ce qui concerne les institutions religieuses, une petite concession a été faite. Tous les domaines sur lesquels doit être construit le bâtiment du culte et les terrains vivriers avec des

prairies sont en possession perpétuelle. Ils sont établis à l'assemblée du village ou de la bannière.
D'après K. Ulqini[108], voici l'origine des biens que possèdent les institutions religieuses :
– la terre commune
– les biens achetés par une famille, transférés définitivement en raison des vendettas ou qui n'avait pas de garçon, mais naturellement avec l'assentiment de l'héritier
– des parcelles de terrains accordées en donation d'un quartier, complétées par les autres quartiers pour les pâturages, les bois ou l'eau pour l'irrigation.
À Kurbin, Postribë et quelques bannières du Kosovo, l'extension des biens des institutions religieuses s'est faite avec le concours des autorités gouvernementales. Les biens des institutions religieuses dans les montagnes sont extrêmement petits, ils ne dépassent jamais les biens d'une famille. L'extension des frontières des biens des institutions religieuses empêche la loi de l'achat anticipé et l'interdiction des testaments.
Si l'institution religieuse (l'église est une personne juridique avec aptitude à agir) veut vendre ou procéder au troc, elle doit se tenir au droit coutumier. D'après Lazovic, l'Albanais peut laisser quelque chose pour l'âme d'autrui ; il le fait s'il possède de l'argent et du bétail, mais ne peut vendre la terre[109]. On accorde une mesure d'eau d'irrigation commune du quartier ou du village, mais sans le droit de la donner à quiconque ou de la vendre. Si l'église ne l'emploie pas, cette mesure doit retourner à la partie commune. L'église s'est évertuée à rendre commun le testament institutionnel et Gjeçovi l'a montré dans le Coutumier de Lekë Dukagjini.
Il faut noter qu'avec les nouvelles conditions socio-économiques de la première partie du XXe siècle, le droit à l'héritage est aussi ébranlé dans la *Malessie.* Ce n'est que dans les temps récents et dans les régions du Kosovo que des biens ont commencé à être laissés en

---

[108] K. Ulqini, "Le droit coutumier albanais comparé au droit canonique du chériat", *Ethnographie albanaise*, nr. 16, Tirana, 1989, p. 64.

[109] S. Pupovci, *Marrëdhëniet juridike civile në kanunin e Lekë Dukagjinit*, (Rapports juridiques civils dans le coutumier de Lekë Dukagjini), Prishtina, 1971, p. 201.

héritage à la mosquée[110]. Les peines ont même été exagérées. Il est vrai que le coutumier albanais reconnaît l'assassinat et l'expulsion de la famille du coupable pour un certain temps ou pour toujours. Si l'expulsion est permanente, son lopin de terre est vendu au cousin le plus proche. D'après le coutumier, « le terrain n'est pas passible d'amende, le bétail oui » : « celui qui détruit une église voit sa maison brisée et sa famille chassée de la bannière, et son sang n'est pas vengé. Le coupable, l'assassin, est fusillé par la bannière et son sang n'est pas vengé. La fratrie ou la tribu la plus proche du malfaiteur achète sa terre, dont le prix va à l'église détruite » (K. L. D, art. 8, §. 17. 1).

Conclusion

Le droit coutumier albanais ne reconnaît pas de distinctions d'appartenance religieuse. Le Coutumier de Scanderbeg et celui de Lekë Dukagjini ne diffèrent pas sur ce point de vue et les deux coutumiers ont été appliqués de la même façon pour des populations mixtes du point de vue religieux.

Le droit coutumier albanais permettait sans distinction d'appartenance l'activité normale des institutions religieuses et du clergé, les garantissait contre toute atteinte durant les cérémonies et les services du culte à l'intérieur et en dehors de leurs temples. Ils étaient sous la protection du village ou de la bannière.

L'esprit païen présent dans le droit coutumier albanais est une tradition que n'ont pu réduire au cours des âges ni les différentes églises, ni l'islamisme.

C'est précisément cet esprit qui a permis d'éviter la division de l'Albanie en trois cultures en fonction de l'appartenance religieuse, comme cela est arrivé dans certains pays des Balkans.

C'est le droit coutumier albanais qui ne permet aucun tort à la conscience religieuse, comme cela apparaît en *Malessie*.

M. E. Durham a écrit à ce propos que « l'institution tribale était plus forte que celle de l'église »[111].

[110] *Idem*, p. 201-202.

[111] cité, d'après M. Krasniqi, "Disa veçori etnografike të Lugut të Baranit", (Particularités ethnographiques de la vallée de Baran) *Gjurmime albanologjike, Folklor e Etnologji*, XIII, 1983, Prishtina, 1984, p. 106.

PARTIE VII : PARALLELES

CHAPITRE XIII : PARALLÈLES ENTRE LE CANON DE LEKË DUKAGJINI ET CELUI DE SCANDERBEG

Le Canon de Scanderbeg et celui de Lekë Dukagjini sont des ensembles de normes coutumières albanaises qui ont à la base un substrat ancien commun. Cette fondation commune est prouvée partiellement chez les Albanais de l'Italie, de la Grèce, de la Dalmatie et d'ailleurs qui se sont éloignés du pays depuis plusieurs siècles. Elle s'exprime dans plusieurs domaines : dans le règlement quasiment identique concernant la propriété, l'hérédité, les rapports de famille, l'institution du crime ou du délit, l'incitation ou la participation au crime, le châtiment, la vendetta, les jugements des plaids, etc. À côté de ces traits communs essentiels se trouvent également des différences locales découlant de l'évolution socio-économique inégale d'une région ou d'une autre. Analysés de ce point de vue, le Kanun de Lekë Dukagjini et celui de Scanderbeg présentent des différences considérables.

J. G. Hahn les évoque en parlant des deux coutumiers. Dans ses *Albanische Studien* parues en 1853, il fait savoir que dans les régions de l'Albanie septentrionale, un coutumier populaire (Volksrecht) connu sous le nom de Canon de Dukagjini est encore en vigueur[112]. Plus tard, dans un second livre, il écrit qu'au cours de ses voyages dans les régions du Drin en septembre 1853, il a appris que dans les contrées de Mat et de Dibër un autre coutumier populaire connu sous le nom de Canon de Scanderbeg était en vigueur[113]. Hahn note qu'ainsi « en Albanie du Nord, il n'y a pas un mais deux coutumiers populaires qui ont entre eux des différences essentielles et qu'ils peuvent avoir des noms distincts »[114].

Malgré ces réflexions, l'attention des chercheurs s'est essentiellement concentrée sur le Canon de Dukagjini et de Lekë Dukagjini, comme il est connu généralement, comme en témoigne le matériel relativement riche dont nous disposons. Il a surtout été réuni par des ethnologues et de nombreuses études ont été faites à son sujet avant la

[112] J. G. Hahn, *Albanesische Studien*, I, Jena, 1853, p. 173.
[113] J. G. Hahn, *Reise durch die Gebietedes Drin und Wardar*, Wien, 1867, p. 21.
[114] *Idem*, p. 22.

Deuxième Guerre mondiale[115]. En revanche aucun ethnologue n'a montré d'intérêt pour le Canon de Scanderbeg avant la guerre. Même le chercheur italien Villari, qui avait eu connaissance en 1939 du Canon de Scanderbeg, le traitait comme un caractère local du coutumier de Lekë Dukagjini[116].
Les premières recherches qui ont été effectuées au début des années 50 du XXe siècle, ont confirmé les dires de l'albanologue autrichien sur le Canon de Scanderbeg, tout en mettant à jour des vestiges des autres coutumiers. Dans tous ceux-ci, des éléments communs se retrouvent pour les questions les plus importantes, mais il existe incontestablement des différences.
C'est ce que démontre le chercheur K. Ulqini dans la publication du texte avec 135 points qu'il considère comme originaux au Canon de Scanderbeg ; les autres dispositions étant selon lui semblables au Kanun de Lekë Dukagjini[117]. Ce raisonnement vaut pour les coutumes qui englobent les règles sur la famille, le mariage, la propriété, la séparation de la maison, l'héritage, le serment, l'hôte, l'assassinat, etc.
Le professeur E. Çabej écrit dans un article intitulé « les bannières d'Albanie » que « Scanderbeg élabora des lois dans son coutumier qui se différencient de celles du coutumier de Lekë en certains

---

[115] N. Ashta, "Das Gewohnhreitsrecht der Stämme Mi-Schkodrak", *Zeitschrift fur Ethnologie*, Bd, 33/1901, L. Mjeda, "Das recht der Stämme von Dukadschin", *Zeitschrift für Ethnologie*, Shkodër, 1933, B. Palaj, "Kanuja e Lekë Dukagjinit mbas shqyrtimit të Mark Sadikut", (Le Kanun de Lekë Dukagjini d'après le test de Mark Sadiku), *Studime e Tekste* D, I, 'juridique, nr, I, Rome, 1944.), L.Thalloczy, "Kanuni i Lekës" (Le Canon de Lekë), *Illyrische-albanische Forschungen*, Bd., I, München und Leipzig, 1916, E. Cozzi, "La vendette del sangue nelle montagne de l'Alta Albania", *Anthropos*, Bd, 5 (1916), Heft, 4, F. Nopcsa, "Beiträge zur Vorgeschichte und Ehtnologie Nordalbaniens Geschichte der Jetzigen nordalbanischen Stamme" *Wissenschaftliche Mitteillungen aus Bosnien und der Herzogovina*, 12, 1912, G. Castelletti, "Constetudini e vita sociale nella montagne albanesi secondo il Kanun di Lekë Dukagjini", *Studi albanesi*, III-IV (1934) 61-163, S. Villari, "Le consetuedini giuridiche dell'Albania", Rome, 1940 et autres.

[116] S. Villari, *op. cit.*, p. 42.

[117] K. Ulqini, "Gjurmime etnografike në trojet e Skënderbeut", (Recherches effectuées sur les territoires de Scanderbeg), *Buletin i Universitetit Shtetëror të Tiranës, seria Shkencat shoqërore*, nr. 2, Tirana, 1961, pp. 182-201.

points importants et qui de nos jours ont de la valeur à Mat, dans les bannières de Rranxë et Bendë et dans les zones montagneuses se trouvant à l'est et jusqu'au grand Ohër, au bord du lac d'Ohër. On ne sait pas très bien quel coutumier a régi les mœurs pour les bannières du Petit Ohër (Bushkash, Rranxë, Selitë) qui se trouvent entre Mat et Mirditë. Les régions qui respectent le coutumier de Lekë s'appellent Dukagjin et celles qui suivent le coutumier de Scanderbeg s'appellent Ohër »[118].

Après l'invasion turque, le droit coutumier n'a pas survécu de la même façon dans toutes les régions, même s'il a été employé de diverses manières. En Albanie centrale, ces coutumes n'étant pas en accord avec les nouvelles relations de la production, quelques unes d'entre elles ont cessé d'exister. L'abrogation inclut le Canon de Scanderbeg mais celui de Lekë Dukagjini, isolé dans une enclave, a pu survivre plus longtemps.

Le Coutumier le plus connu a été celui de Lekë Dukagjini. Cela s'explique non du fait que Lekë jouissait de plus d'influence que Scanderbeg, mais parce que beaucoup de chercheurs étrangers ont écrit sur le Coutumier de Lekë Dukagjini, comme Hecquard, Nopcsa, Durham, etc. Tous ces savants l'ont connu alors qu'il était encore en vigueur. Le collecteur principal, Shtjefën Gjeçovi, a commencé le recueil du matériel vers la fin du XIXe siècle et le début du XXe siècle. Sa publication eut lieu pour la première fois dans une revue en 1914 et puis en ouvrage en 1933.

C'est donc un coutumier recueilli tôt, objet d'études et vite connu, ce qui explique son importance par rapport au coutumier de Scanderbeg, recueilli un demi siècle plus tard. En étudiant de près la monographie de Gjeçovi[119], un fait important apparaît : il a dû travailler à Laç de Sebaste, dans la région de Kurbin, vers le milieu de 1898 jusqu'au milieu de 1905. Il y a entrepris un grand travail dans le domaine de la collecte de la richesse de la langue albanaise, des normes du coutumier, etc. Pendant sept ans consécutifs, de sa propre volonté et par passion, il a accompli un

[118] E. Çabej, "Bajrakët e Shqipërisë", (Les bayraks d'Albanie), *Bota shqiptare*, Tirana, 1943, p. 31.

[119] R. Mata, *Sh. Gjeçovi, Jeta dhe Vepra*, Tirana, 1982, p. 152-153.

travail immense dans le recueil des normes concernant la région de Kurbin.

Partant de ce fait, nous pensons que ces normes ont été comprises dans le fond des normes recueillies plus tard dans les diverses régions de l'Albanie septentrionale, et incluses sans aucune distinction dans son œuvre *Le Coutumier de Lekë Dukagjini*. Cette conclusion est permise car ni dans la première version publiée dans une revue en 1914 et ni dans la version de 1933, nous avons trouvé de note indiquant qu'une norme ait été recueillie par exemple dans la région de Kurbin.

Il n'en est même pas question dans la préface. C'est seulement à la page 129 de l'édition de 1933 que sont rapportées les décisions prises dans l'assemblée de Delbnisht de la région de Krujë des 5, 6 et 7 juillet de 1906, en appendice à ce coutumier[120]. S. Pupovci, dans « Préface du Coutumier de Lekë Dukagjini » écrit : « naturellement, il y a aussi une série de dispositions dans le recueil de Gjeçov trouvées dans les autres régions du pays où le coutumier n'était pas appliqué ». En réalité, quand le coutumier a été collecté dans cette région, le Coutumier de Scanderbeg était en vigueur.

Si le lecteur est prévenu que telle ou telle disposition a perdu sa vigueur à l'époque de l'enregistrement, il n'est fait nulle part mention du temps auquel remonte telle ou telle autre disposition. La plupart des normes du Coutumier de Lekë Dukagjini sont un miroir du temps où la vie sociale et économique se développait à l'intérieur de la collectivité tribale. Après la conquête ottomane de l'Albanie, les normes du droit coutumier n'ont pas gardé partout la même vigueur juridique dans la vie du peuple. Avec le temps, plusieurs ensembles de normes coutumières se sont trouvés en opposition avec les nouveaux rapports dans la production. Mais les envahisseurs ottomans ont tout fait pour extirper la tradition et même la mémoire de Scanderbeg parmi la population.

Il résulte de toutes ces considérations qu'avec le temps, les champs d'application des normes du Coutumier de Scanderbeg se sont considérablement rétrécis et que ne sont restées que des

[120] S. Pupovci, "Parathënie : Marrëdhëniet civile juridike në kanunin e Lekë Dukagjinit", (Préface du Coutumier de Lekë Dukagjini), *Kanuni i Lekë Dukagjinit*, Prishtina, 1971, p. 34.

survivances plus difficilement saisissables que les normes du Coutumier de Lekë Dukagjini pour les chercheurs étrangers, alors qu'ils commençaient l'enregistrement du droit coutumier albanais vers la moitié du siècle dernier. Puis dans les *Malessies* de l'Albanie du Nord, durant les réformes du *Tanzimat* et par la suite, la lutte pour la sauvegarde de l'autonomie a été en même temps une lutte pour le self-government sur la base du coutumier de Lekë Dukagjini.

Section I : La structure économique et sociale

Les normes coutumières de Scanderbeg représentent un pas en avant par rapport aux anciens principes du droit coutumier encore en vigueur au XVe siècle. Leur application permet à l'organisation sociale des *Malessores* de mieux lutter contre les turcs.
Les normes coutumières de Scanderbeg ne sont pas des réformes radicales ; elles ne renversent pas l'ordre patriarcal. On sait que le droit coutumier appartient à la société patriarcale. Sa fonction est double : d'une part il défend l'unité morale entre les membres de la communauté régionale, sans laquelle la communauté ne peut faire face à la pression extérieure ; d'autre part il donne un cadre légal aux intérêts des notables.
En fait, l'ordre social reflété par le droit coutumier de Lekë Dukagjini a été construit sur une structure conservant les vestiges de l'organisation tribale dans la période de décomposition et de la naissance de la communauté territoriale, ces deux structures se trouvant en cohabitation.
Les régions du Canon de Scanderbeg, dès la période où ce prince a vécu et jusqu'au XIXe siècle, ont connu des communautés territoriales plutôt que tribales.
Mais le droit coutumier n'a jamais été statique. Après le XVe siècle, ses normes n'ont pu être modifiées qu'occasionnellement, non seulement sous l'emprise des lois intérieures au développement social, mais également sous la pression de la domination turque et ce, même là où l'islamisation s'implantait, ainsi que sous l'influence des normes juridiques de la Charia.
À la suite de ces facteurs, plusieurs des institutions politiques et juridiques en vigueur au XVe siècle ont été annulées ou bien n'ont

survécues que sous forme de légendes. Elles ont été remplacées par de nouvelles institutions, inconnues auparavant.
Dans le même ordre d'idées, les nouvelles institutions n'ont pas toutes pénétré dans toutes les régions du pays. L'institution du banneret, par exemple, s'est propagé sous la pression d'Istanbul dans les montagnes des *sandjaks* de Shkodër et de Pejë, mais pas dans les montagnes des *sandjaks* d'Ohër et Elbasan. L'organisme suprême du self-government s'est trouvé concentré à Mirditë entre les mains d'un seul capitaine *kapidan*, à Mat il était partagé entre *odjak* féodaux et à Dukagjin il est resté aux mains de chaque assemblée de la communauté.
Au XVe siècle, l'invasion ottomane a trouvé la communauté rurale dans la région de Dibër ébranlée par la différenciation sociale intérieure et le self-government de la communauté régionale limité par le pouvoir des féodaux Gropa et Kastriote. Toutefois, le *Mali* (Montagne) et le village ont toujours gardé vivantes les institutions du self-government coutumier avec les deux figures anciennes de la société patriarcale; l'Ancien, le gardien du droit coutumier et le *kefali* ou dirigeant militaire de la communauté. Les *kefali* (chef premier), que les habitants de la région de Dibër appellent en albanais *pari* (premier notable), ont consolidé leur position sociale en rendant leur fonction héréditaire. C'est précisément avec ce genre de pratiques au sein des communautés montagnardes que peuvent se trouver ses normes coutumières.
À ce propos, la tradition populaire présente Scanderbeg dans le rôle de l'Ancien du coutumier en débat avec Lekë Dukagjini d'après la variante de Dibër ou avec Kokë Malqi d'après la légende de Kurbin. Le débat aurait eu lieu d'après ces variantes soit à Qidhën de Dibër, soit à Shtjefën de Mat soit même à Skurje de Krujë. Pour convaincre son partenaire que l'origine de parenté ne joue aucun rôle, Scanderbeg cite comme exemple son cas personnel, et comment un chef de sa stature et de sa présence est né d'un parent de condition beaucoup plus humble, comme l'était, toujours d'après la légende, son père Jean Kastriote.
D'après la tradition de Dibër, Scanderbeg formule et statufie sa norme coutumière en ces termes : « le bien sort du mal et le mal

du bien ». Ces formules ne font pas de différences entre les hommes, mais au contraire les considère avec le même poids[121]. C'est en concordance avec cette norme que le chef de la communauté ne peut détenir son pouvoir de manière héréditaire comme auparavant ; il doit être élu périodiquement par l'assemblée des *Malessores* qui charge de cette fonction celui d'entre eux qu'ils reconnaissent comme étant le plus doué du point de vue de la conduite militaire. (Gjeçov considère au contraire Lekë Dukagjini comme défenseur de ce principe. Celui-ci convainc Scanderbeg de la rectitude de son principe).
Mais contrairement au Canon de Scanderbeg qui n'admet pas le jugement au deuxième degré, le Kanun de Lekë Dukagjini ne statue que sur des questions importantes, le rôle d'instance de deuxième degré étant joué par la maisonnée féodale des Gjonmarkaj, qui rend une décision sans appel.
On doit reprocher à Gjeçov de ne pas avoir indiqué expressément dans son recueil jusqu'où s'est étendu le pouvoir de la Maison des Gjonmarkaj, qui en réalité ne comprenait que la Mirditë (les Gjonmarkaj ont joui d'une certaine autorité aussi en dehors de cette contrée, par exemple dans les recommandations qu'ils donnaient, l'examen des plaids, les emprunts cédés à intérêt, etc).
Gjeçovi donne au lecteur l'impression que le pouvoir des Gjonmarkaj s'étendait dans presque la totalité de l'Albanie septentrionale, en affirmant par exemple que « la maison de Gjonmarkaj est le fondement du Coutumier » (C. L. D, §. 1035 ainsi que les §§. 1027, 1110, 1126, etc).
Dans les deux coutumiers, l'exogamie a agit comme une institution reflétant l'ordre de la société patriarcale-tribale, où sont appelés frère et parent tous ceux qui sont nés dans le même foyer.
La règle générale est que les liaisons matrimoniales se font entre les différentes tribus. Plus tard, sous l'influence de la religion catholique, la limitation de l'exogamie s'est étendue aux cinq générations mais cette limitation n'est pas prise en considération par les *Malessores*. Le Canon de Scanderbeg confirme l'institution

[121] M. Sirdani, *Skanderbegu mbas gojëdhanash*, Shkodër, 1926, repris dans *Tregime dhe këngë për Skënderbeun*, Tiranë, 1967, p. 34.

de *levirati* dans les régions où est pratiqué l'islamisme (à l'exception de la ville de Krujë).
Dans le domaine de la propriété, le Kanun de Lekë Dukagjini et celui de Scanderbeg se distinguent l'un de l'autre dans différentes institutions. Dans les régions où a été appliqué le Kanun de Lekë Dukagjini, la propriété commune est caractéristique de l'ordre tribal pour les personnes de même sang. D'après les normes du Canon, chaque tribu a sa terre et chaque membre, où qu'il habite, a le droit exclusif d'exploiter sa terre. À Mat et à Dibër, où le Canon de Scanderbeg est appliqué, les membres des différentes tribus qui habitent dans un territoire commun disposent du droit d'exploitation et d'utilisation du pâturage. À Mat, cette propriété commune qui est un trait caractéristique de l'ordre féodal est partagée par quatre grandes familles.
À Dukagjin (où le Kanun de Lekë Dukagjini est appliqué), il y a seulement des agriculteurs et des éleveurs là où la distribution des terres et le bétail à louer n'existent pas, mais là où le Canon de Scanderbeg est appliqué, cette pratique est légitime jusqu'à ce que soit fixé l'état des agriculteurs *çifçi* lequel exprime les relations féodales. Ces normes coutumières apportent une différenciation économique plus profonde. Ainsi Mat et Dibër ont favorisé l'émergence de grands propriétaires de terres et de troupeaux.
Un autre problème pour la société albanaise durant la période de Scanderbeg est celui de la destruction économique du pays par les expéditions continues des Ottomans. Après la fin de ces expéditions, le premier soin de la population est de reconstruire les maisons et de faire les semences. Il apparaît que dans cette situation d'expéditions successives et harcelantes, nul ne pensait à remplacer par de nouvelles plantations les cultures arboricoles abattues ou incendiées par les Turcs.
La part la plus importante de plantations pour l'économie du pays allait à l'olivier. C'est précisément à cette ressource économique de premier plan que se rapporte la norme de Scanderbeg. On comprend qu'elle agit dans la zone de l'olivier et qu'elle n'est pas reconnue dans Dibër, où ont probablement existé quelques autres variantes.
D'après la tradition de Krujë, Scanderbeg donne l'ordre qu'à la naissance d'un enfant mâle, ses parents plantent vingt marcottes

d'olivier et en prennent soin jusqu'à son mariage, sous peine que nul ne lui donne sa fille en mariage.
Dans la variante de Krujë, cette norme est formulée en ces termes : « sans vingt marcottes d'olivier plantées pour le garçon, pas d'épouse pour lui ». Il ne s'agit donc pas là d'une simple recommandation, mais d'une norme coutumière couverte d'une obligation sociale. On doit aussi noter qu'une grande partie du matériel du Coutumier de Lekë Dukagjini a été enregistrée dans les régions où l'islamisme n'a pénétré qu'insuffisamment et que ces régions ont joui d'une certaine autonomie pendant plusieurs siècles.
Toujours est-il qu'une partie considérable des normes enregistrées a été appliquée dans les tribus albanaises du Nord, ainsi que dans les régions de la campagne. Avec le temps, dans l'ancienne Principauté de Scanderbeg, la population a été islamisée dans sa majorité écrasante et c'est ainsi que le droit ottoman a commencé à exercer son influence. Au contraire, dans les *Malessies* du Nord qui jouissaient de l'autonomie même dans le domaine juridique, l'islamisation n'a été que faible ou nulle.
Mais le droit coutumier albanais, à l'exception de quelques faibles changements régionaux ne connaît pas de distinctions d'appartenance religieuse. Le coutumier de Scanderbeg et celui de Lekë Dukagjini ne se différencient pas sur ce point de vue et les deux coutumiers ont été appliqués de la même façon sur des populations de contrées mixtes au point de vue religieux. M. E. Durham a écrit que « l'enseignement de l'islam et du catholicisme, la loi de la Charia et celle de l'Église, tous se sont soumis au Coutumier de Lekë Dukagjini »[122].

Section II : La famille

Le principe d'égalité trouva aussi son application au sein de la communauté familiale. D'après cette norme, à la mort du *paterfamilias* ou en cas d'incapacité ou d'infirmité de celui-ci, il n'est plus possible de mettre à sa place, comme auparavant, l'aîné de la progéniture, mais le membre le plus doué de la famille.

[122] M. E. Durham, *op. cit.*, p. 125.

Ce principe d'égalité est aussi présent dans deux autres normes que la tradition de Dibër attribue également à Scanderbeg. L'une limite le pouvoir absolu (*pater potestas*) du *paterfamilias* pour le droit d'exclure le membre de la maison de la propriété familiale. Contrairement à cette norme, la tradition signale que Scanderbeg statue que « dès sa naissance, l'enfant a sa part au même titre que le grand »[123]. Une autre norme ancienne abolie concerne la séparation de la femme sans qu'elle ne reçoive sa part de douaire des avoirs de la famille conjugale. La tradition soutient que Scanderbeg a statué à ce propos : « la femme ne peut être séparée sans son douaire (perdu en cas de vol ou de malhonnêteté), autrement elle prend la moitié du terrain de l'homme et la partie des biens qui lui revient car elle aussi a travaillé pour la maison »[124]. Dans le domaine des relations familiales, les deux Canons manifestent des traits communs, surtout dans le domaine de l'autorité du chef de la famille, de la soumission de la femme en famille ou du mariage légal. Dans les deux Canons, le mariage avec plusieurs femmes s'explique par l'envie d'avoir « des garçons et non des filles » ; cependant la polygamie dans le sens traditionnel du terme a été constatée pour le rang féodal, sous l'influence de la Charia.

Section III : L'aperçu de l'acte pénal contre la personne d'après les deux Canons.

Dans les deux Canons la vendetta est une institution juridique. La norme coutumière « le prix de la vie de l'homme est unique pour le bon comme pour le mauvais » trouve son application dans l'institution de la vendetta. Néanmoins, l'institution de la vendetta inquiète la société albanaise du XVe siècle dans un autre sens.

En fait, à côté du principe « deux humbles pour un noble » qui a vu le jour au cours du Moyen Âge, la pratique de la vengeance se soumet encore au principe anachronique du coutumier tribal *sang pour sang* ou *sang pour tribu*.

Au terme de ce principe, la famille de la victime a le droit de se venger en abattant n'importe qui de la tribu du meurtrier. Par

[123] *Tregime dhe këngë popullore për Skënderbeun*, Tirana, 1967, p. 34.

[124] *idem*, p. 34.

conséquent, quand un meurtre a eu lieu, tous les membres de sexe masculin de la tribu du meurtrier, qui sont exposés indistinctement à la vendetta, sont contraints de se cloîtrer dans leurs maisons.
Scanderbeg intervint pour limiter l'ampleur de la vendetta pour autant que le permettent les conditions du XVe siècle. Là aussi, il agit par le droit coutumier en statuant deux nouvelles normes coutumières, dont l'une réduit les cas de vendetta et l'autre limite le cercle des victimes.
Dans les deux cas, il s'oppose à Lekë Dukagjini. D'après celui-ci, selon la tradition orale, « il n'y a pas de sang pour une faute », c'est-à-dire que dans le cas où quelqu'un commet une faute et est tué par celui qui a subi le dommage, le meurtre n'est pas considéré comme clos mais ouvre une série de vendettas continues et héréditaires.
D'après la tradition, Scanderbeg statue : « il n'y a pas de sang pour une faute », c'est-à-dire que si la faute est expiée par le meurtre, ce meurtre ne peut plus devenir l'objet d'une vendetta. Une autre norme s'oppose également au principe hérité du droit coutumier tribal. Dans la rencontre qui s'est déroulée, selon la tradition, à l'assemblée du Pays (kuvendi i Dheut) à Lurë, Lekë Dukagjini a défendu l'ancienne coutume soutenant que *le sang suit la tribu* (c'est-à-dire tous les hommes de la maison jusqu'aux enfants ainsi que les cousins même s'ils vivent de leur côté), alors que Scanderbeg a formulé l'autre principe *le sang suit le doigt* qui signifie que la vendetta doit peser uniquement sur le meurtrier et non sur sa parenté.
Dans le Canon de Scanderbeg, la vendetta est commise aussi bien par la famille du père que par celle de la mère (l'oncle de la mère pour le neveu et le neveu pour l'oncle de la mère), jusqu'à la troisième génération.
Les deux Canons jugent l'assassinat comme un crime lorsque la victime meurt. Les deux Canons distinguent deux types de crimes :
- le meurtre avec préméditation
- le meurtre par imprudence.

Les causes principales des meurtres dans les deux Canons résultent des affaires frontalières de terre et de pâturage.

Les deux canons qualifient de meurtres odieux :
- Le meurtre de l'hôte qui est sous la protection d'un individu quelconque ou de la collectivité.
- Le meurtre du berger qui est sous la protection d'une personne quelconque.
- Le meurtre de l'artisan sous la protection du village.
- Le meurtre du prêtre et de l'imam sous la protection du village.
- Le meurtre de la femme enceinte.
- Le meurtre dans la famille.

D'après les coutumes albanaises, l'assassinat de l'hôte est considéré comme un acte odieux qui est dans tous les cas vengé. Les Albanais peuvent pardonner le sang du père et du frère mais jamais celui de l'hôte.

Le droit coutumier prévoit que celui qui venge son hôte n'a pas d'amende.

Les coutumiers condamnent à la peine de mort celui qui assassine le messager du village, celui-ci étant sous la protection collective.

Dans les deux canons, la vie du berger ou du voyageur est assurée par la parole donnée des chefs. Celui qui viole la parole donnée et assassine le voyageur ou le berger est condamné à mort et sa maison est brûlée. Celui qui assassine l'artisan viole sa parole donnée, et est donc fusillé.

Le meurtrier du prêtre, d'après le Coutumier de Lekë Dukagjini, est condamné à mort et ne peut pas être vengé. D'après le Coutumier de Scanderbeg, le meurtrier de l'imam est condamné à la peine de mort seulement si le crime a eu lieu durant une cérémonie religieuse et pendant le trajet de la mosquée. Dans les autres cas, le droit de la vendetta appartient à la famille. Les deux canons prévoient que celui qui tue une femme enceinte même involontairement est obligé de payer le prix du sang de la femme et de l'enfant ; lorsque l'enfant est un garçon, il doit payer le double.

Les deux canons condamnent de la même façon l'assassinat du père par l'enfant, en le qualifiant d'un acte pénal qui viole l'autorité parentale.

D'après le coutumier de Lekë Dukagjini, l'assassinat de la mère par son propre fils rend celui-ci coupable devant les parents de la

mère. Le coutumier de Scanderbeg prévoit que le fils a le droit de tuer sa mère lorsque elle est prise en flagrant délit ou lors de la violation de la parole donnée.
D'après le coutumier, l'assassinat du mari par sa femme est considéré comme un acte grave qui bouleverse l'autorité patriarcale et qui a de lourdes conséquences. D'après le coutumier de Scanderbeg, lorsque la femme assassine son mari car elle aime un autre homme, le frère de la victime a le droit de tuer un des membres de la famille de la femme. Le coutumier donne au mari le droit de tuer sa femme lorsqu'elle viole la fidélité conjugale, lorsque elle quitte la maison ou lorsque la jeune fiancée refuse de se marier. Dans tous les cas, l'homme qui tue sa femme doit fournir des preuves de sa culpabilité. Lorsque la famille de la victime en est convaincue, elle envoie chercher la cartouche chez son mari, dans le cas contraire elle peut se venger.
Dans les deux Canons, le meurtre après la réconciliation est jugé de la même façon que le meurtre de l'hôte. Le sang de celui qui se suicide, selon les deux Canons, reste perdu.

Section IV :
Les actes pénaux contre la propriété privée

Les coutumes des deux canons châtient durement le meurtre commis par cupidité, afin de s'approprier la richesse d'autrui. Dans ce cas, le coupable est condamné à mort, sa maison brûlée, il a une amende et sa famille est chassée.
D'après le coutumier de Lekë Dukagjini, « chaque chose volée vaut le double », c'est-à-dire que le coupable doit rendre le double de la valeur de la chose volée, mais d'après le coutumier de Scanderbeg, le vol du chef bélier est considéré comme le meurtre du propriétaire du troupeau.
Le coutumier de Scanderbeg réclame le sang pour l'abattage du chien attaché à côté de la maison, qui est considéré comme le meurtre du propriétaire. Le coupable doit ainsi rendre le double du prix du sang. Les deux canons se différencient par le vol à l'intérieur et l'extérieur de la maison. Le Coutumier de Scanderbeg oblige le voleur à rendre non seulement ce qu'il a volé, mais à payer 500 groshes car il n'a pas respecté l'honneur de la maison.

Section V : L'acte pénal contre la dignité de l'individu.

D'après le coutumier albanais, « le viol de l'honneur n'est jamais pardonné ».

Les différents cas de ce type sont détaillés. On déshonore quelqu'un :

a) En le démentant en public.
b) En crachant sur lui, en le bousculant ou en le battant.
c) En brisant la médiation ou la foi.
d) En violant ou en enlevant sa femme.
e) En s'emparant de ses armes.
f) En offensant son hospitalité, en bousculant son hôte ou ses ouvriers.
g) En démolissant sa maison, sa bergerie, son poulailler ou sa laiterie.
h) En interrompant le paiement d'une dette ou ne restituant pas un prêt.
i) En enlevant le couvercle de la marmite qui chauffe dans le foyer.
j) En commençant à manger avant l'hôte on lui prend l'honneur.
k) En insultant la table sous les yeux de l'hôte (quand le maître de la maison a gratté la poêle ou qu'il a essuyé l'assiette).

Les deux Canons prévoient les mêmes sanctions à propos du non-respect de l'honneur et de la dignité de l'individu. Dans les deux canons, la violation de l'honneur est considérée comme un meurtre. À l'exception des autres régions, Dibër ne considère pas la prise des armes par la force comme un meurtre, mais la victime a le droit de se venger par le même acte.

Section VI : Les rapports juridico-civiques

L'influence de la capacité juridique dépend du statut familial, du sexe de l'individu et des rapports avec le village ou avec sa tribu. Dans le coutumier, la condamnation à l'exclusion est moralement égale à la peine de mort. La maison condamnée à l'exclusion est exclue des rapports juridico-civiques par la collectivité. Ainsi, l'exclu est déchu des droits civiques et devient donc un homme dépourvu de la capacité juridique. Mais le Canon de Scanderbeg réduit les rapports juridico-civiques des gitans qui sont des meuniers, des forgerons, etc.

D'après le coutumier de Scanderbeg, le gitan est exclu de la vie publique. Il n'a pas le droit de se marier avec une fille albanaise, et ne peut donc participer de cette façon aux réunions de l'assemblée ou aux jugements du village.
Par rapport aux autres canons, le Canon de Scanderbeg limite le pouvoir du chef de la maison dans les rapports familiaux. D'après le Canon de Scanderbeg, tout ce qui est gagné par le travail, à l'exception des cadeaux, des pourboires et de la richesse qu'apporte la femme de chez elle, doit être rendu au chef de la famille. Dans la région de Mat, il existe des grandes familles où toutes les richesses (y compris celles de la femme) sont communes. Le chef de la maison est obligé de subvenir aux besoins de sa famille. Chez la plupart des familles apparaît le phénomène de *selemi*.
D'après le droit coutumier, le défrichement des terres est l'acte le plus important pour l'agrandissement de la propriété privée. D'après le Canon de Scanderbeg, personne à Mat n'a le droit de défricher et d'inclure la terre cultivée aux biens communs : « pendant l'hiver et l'été, la construction des cabanes et des bergeries est autorisée à la montagne et au bosquet mais le défrichement des terres ne l'est pas ».
D'après les deux Canons, les biens partagés des grandes familles incluent la maison, les terrains et les enclos, la terre (les champs, la vigne, les prairies, les boissons, les bois et les bosquets), le gué (le tour d'eau), le moulin, le gain et les pertes, les armes, les objets de cuivre et de fer, les équipements pour les bœufs, les ustensiles de maison, les matelas et les couvertures, le bétail, les grains et toutes les plantes cultivées, les abeilles, le fromage et le beurre, le vin et le raki.
Les communaux, la montagne et l'alpage ne se partagent pas, ils sont communs tant pour le chauffage que pour le pacage. La maison avec le terrain autour revient au dernier des frères. La terre des parents est partagée par arpentage entre les frères, mais la terre achetée par les fils après la mort des parents est partagée par fusil. Le tour d'eau est partagé en proportion des terres. Les terrains, les enclos, les champs, les vignes, la prairie, les buissons, les bois et bosquets, le moulin, la literie et les couvertures, les objets de

cuivre et de fer, les équipements pour les bœufs, les tonneaux, les cuves, les barils, les formes à fromage, les ruches d'abeilles sont partagés également entre les frères. Les animaux à laine sont partagés par fusil, le grain se partage par bouche, le vin, le raki, les produits laitiers et tous les corps gras sont partagés par tête.

D'après les deux Canons, les gains et les pertes doivent être payés avant que la famille ne se sépare. Le partage ne comprend pas la dot de la femme et les cadeaux rassemblés par la mariée le jour de ses noces, qui lui restent. D'après le coutumier de Lekë Dukagjini, le partage est effectué par les vieillards, alors qu'à Mat, d'après le coutumier de Scanderbeg, le partage est fait par les oncles.

D'après le Kanun de Lekë Dukagjini (§§. 20-2, K. L. D), le maître de la maison a droit à des armes personnelles, même si elles coûtent plus de cent bourses, à un cheval de selle, à une couchette et à des couvertures particulières, aux ustensiles servant à faire le café ; ces objets ne sont pas compris dans le partage. À Mat, d'après le Coutumier de Scanderbeg ces choses reviennent au frère aîné.

D'après le coutumier de Lekë Dukagjini, si quatre frères se séparent de manière à cohabiter deux par deux en famille et si quelqu'un meurt sans un héritier mâle, la propriété du père est partagée en quatre parties.

À Mat, d'après le coutumier de Scanderbeg, si le père meurt après la séparation avec l'un de ses fils, seul ce dernier aura la part de son père car il s'est occupé de son enterrement. Cette coutume est appliquée même si les frères sont séparés deux par deux et même si l'un d'eux meurt.

CHAPITRE XIV :
LES CONTES POPULAIRES À PROPOS DE L'ÉPOQUE DE SCANDERBEG

La mythologie albanaise est de type païen balkanique. Les religions monothéistes qui sont superposées, catholiques dans le Nord, orthodoxes dans le sud, islamiques dans le pays entier, ont peu affecté sa nature.

Les divinités de cette mythologie sont presque toutes païennes. Il y a des oréades, *nuset e malit* et des *naïdes*, *këshetë*, mais aussi des sylphides, *shtojzovalle* et des fées, *zana*. On y trouve des géants néfastes, *baloz, katalla*, mais on y rencontre aussi les monstres, *përbindêsh,* ogres, *gogol,* hydres, *kushedër,* chimères, *lubi* et même une variante du Petit Poucet, *kacilmic.*

Le culte du héros attesté par une longue tradition nationale qui se reflète dans l'épopée populaire aussi bien que dans le droit coutumier, a observé son caractère mythique dans certaines régions de l'Albanie du Nord.

Protégés par des montagnes escarpées, leurs habitants ont pu résister aux colonisations romaines et slaves, et pu même garder une certaine autonomie pendant la domination turque. Ces habitants du Nord pour la plupart catholiques, continuent à se nommer *Uk,* loup, *Dash*, mouton, *Shpend,* oiseau, *Sokol*, faucon, ils vénèrent le feu (y cracher est tabou), jurent *par le ciel et par la terre*, pleurent leurs morts en s'égratignant le visage selon un rituel qui est un reste de danse ; croient aux génies du lieu, aux esprits, aux démons, aux sorcières, aux vampires.

Totémisme et animisme se mélangent aux mythes classiques et aux légendes médiévales. Le polyphème albanais s'appelle *katalla,* en souvenir des atrocités des mercenaires catalans du XIVe siècle. La *zanë,* patronne des héros, est même étymologiquement proche de Diane (la déesse romaine est accompagnée d'une biche, l'animal de la divinité albanaise est une chèvre sauvage).

Le nom même de *shtojzovalle* est un cas de syncrétisme païen –chrétien » Shtoj, Zo (t) vallet » se traduit littéralement « Multiplie, Dieu leurs chœurs ».

On invoque le soleil et la lune. Parmi les éléments, la terre est dominante. L'attribut superlatif du héros ou de l'héroïne, renvoie à elle, *burri i dheut*, la brave de la terre, *e bukura e dheut*, la belle de la terre.

Le jurement sur la pierre, *beja mbi gur* est solennel. Qui aura juré sur la pierre sera pétrifié s'il viole son serment. On trouve des tas de pierre, *muranë* là où quelqu'un a été tué par vendetta et on lance aussi des pierres pour soulager sa fatigue.
La mythologie albanaise est organisée autour de la bipolarité éthique du bien et du mal. D'une part, il y a un monstre, hydre, *kulshedër* ou *kuçedër*, représenté comme un serpent à sept têtes qui dessèche les eaux et empoisonne l'air. D'autre part, il y a le héros mythique (l'homme- dragon) qui l'affronte dans sa grotte et le tue.
Saint Georges est très populaire en Albanie et sa fête coïncide avec l'arrivée du printemps. Georges, *Gjergj* est aussi le nom d'un héros qui libère son pays d'un « monstre noir sorti de la mer » dans ce qui est peut être la plus belle rhapsodie albanaise.
La mythologie albanaise, dont le monument est le cycle des rhapsodies du Nord, exalte une conception de vie héroïque ethnique. Les principaux héros de ce cycle Muj et Halil sont chantés au son de la *lahutë*, la *gusla* albanaise.
La société albanaise du cycle des preux (*Kreshnik*) comporte un trait qui remonte à la période la plus ancienne de la tradition indo-européenne. En ce qui concerne les chansons qui touchent à la famille, la mère occupe la principale place, jamais on n'évoque le père. Même lorsqu'il s'agit de se présenter devant le sultan, Muj et Halil prendront l'avis de leur mère. La figure maternelle est ainsi prépondérante.
Ces éléments, que l'on ne peut assimiler à un emprunt aux Turcs, ni à un héritage de la société héroïque, nous évoquent le matriarcat.
La société tribale albanaise, illustrée dans le cycle des *Kreshnik* est un exemple typique de la société héroïque. Une des notions centrales de cette société est celle de la parole donnée, *besë*, laquelle constitue la vertu morale de l'homme dans la société de l'ordre tribal.
Un autre exemple est celui du héros national Gjergj Kastrioti Scanderbeg.
C'est autour de sa figure qu'ont tourné les événements les plus importants de l'époque, en lui ont été incarnés les traits d'un guide populaire éminent et les hautes vertus de tout un peuple.

L'humaniste M. Barletius a utilisé pour son œuvre monumentale sur le héros, les sources orales en plus de ses propres souvenirs et des sources écrites.
Les légendes sur la force merveilleuse de Scanderbeg ainsi que les données prêtées par les chansonniers à ses victoires[125], que l'auteur dit avoir connues dans son pays, parlent de toute évidence du point de départ et de la continuité de cette tradition. Pour confirmer ce fait, on a les attestations d'autres auteurs comme A. Sabellico[126], Demètre Franco[127], etc. Budi écrivait en 1621 que « le feu de l'insurrection était rallumé dans les régions connues par la population sous le nom de Domaines de Scanderbeg »[128].
Frang Bardhi dans son *Apologie,* fait remarquer entre autres que « c'est en toutes occasions que nos compatriotes parlent de Scanderbeg et chantent ouvertement ses gestes dans les réceptions »[129].
Même le voyageur turc Evliya Tchélébi note dans sa chronique qu'un quartier de la ville d'Ohër (Ohrid) porte le nom de Scanderbeg[130]. Plusieurs autres auteurs tels que M. Bizzi, F. Pouqueville, Ami Boué, Hecquard, Degrand parlent de la continuité de la tradition populaire au fil du temps.
Mais celui qui s'est particulièrement attaché à saisir dans le vif cette tradition a été Hahn qui a visité les régions d'Albanie du Nord, Krujë et Mat en 1853. Il évoque l'existence de lieux portant le nom du héros comme le Mont de Scanderbeg, le Col de Sanderbeg (entre Mat et Krujë), le Varosh et la Cité de Scanderbeg à Mat[131].

Les auteurs qui suivent sont cités d'après l'article de Q. Haxhihasani « Les contes populaires sur l'époque de Scanderbeg », *Studia albanica*, Tirana, 1967.
[125] M. Barletius, *Historia de vita et gesta Scanderbegi*, Rome, 1508-1510. Les citations qui suivent sont d'après l'edition en albanais, Tirana, 1964, pp. 3?, 50, 51, 113, 169, 216, 255, 282, 283.
[126] A. Sabellico, *Historiae Rerum Venetarium...*, Bazilae, 1570, p. 568.
[127] D. Franco, *Gli Illustri et gloriosi gesti...*, Vinegia, 1504, pp. 83, 85.
[128] *Relacione mbi gjendjen e Shqipërisë Veriore dhe të mesme në shekullin XVII*, vol. p. 301.
[129] F. Blancus, *Georgius Castriotius*,Venettis, 1636, Les citations d'après l'edition albanais, Tirana, 1957, p. 73.
[130] E. Çelebia, *Shqipnia para dy shekujsh*, (dans la traduction en albanais de 1930), p. 128.
[131] J. Hahn, *Reise durch die Gebiete des Drin und Vardar*, Wien, 1869, pp. 3, 10, 11, 14.

Il parle également de l'application du coutumier de Scanderbeg et des motifs intéressants des légendes qui lui sont consacrées, qu'il compare aux sages germaniques et notamment aux légendes du roi des Goths, Théodoric, en essayant d'y trouver, d'après les théories comparatistes en vogue à cette époque, une source commune indo-européenne[132].

Les premiers périodiques publiant des légendes sur Scanderbeg sont le *Kalendari Kombiar* de 1901[133] et la revue *Albania*.

Cette dernière a reproduit en 1905-1906 des légendes recueillies par Shtjefën Gjeçovi (sous le pseudonyme Lkeni i Hasit)[134] dans la région de Kurbin et de Kthellë de la Mirditë. Dans une autre revue, *Kopshti letrar*, ont été publiées en 1916-1919 des légendes des régions d'Elbasan sur Scanderbeg et le roi de Sopot Gjorg Golemi[135]. En 1926 paraît le volume « Scanderbeg d'après les légendes »[136].

Des légendes sur Scanderbeg ont également paru dans les revues *Normalisti* (1939)[137], *Edukata e re* (1930)[138], *Hylli i Dritës* (1933)[139], *Cirka* (1936)[140], *Shkolla Shqiptare* (1940)[141] et dans les *Visaret e kombit* (Trésors de la Nation), vol. XIII (1944)[142], etc.

---

132 J. Hahn, *Reise durch die Gbiete des Drin und Vardar*, Wien, 1887, pp. 19, 20, 21, 25.

133 L. K, "Kujtime kombëtare", *Kalendari Kombiar*, Sofia, 1901, p. 56 (3 légendes des villages de Bixulle et Mollagjesh d'Elbasan).

134 Likéni i Hasit, "Gjergj Kastriot Skanderbegu (légendes populaires de Kurbin et de Krujë)", *Albania*, IX, 1905, Nr. 12 226-227, X, 1906, n. 1, 6, n, 2, 37-8, n. 4, pp. 62-64.

135 L. N, "Skënderbeu në Liqen të Ohrit, në Rajcë, Grigan, Bixëlle", *Kopshti letrar*, 1918, nr. 1, p. 15-16, "Skënderbeu në Gur të Bardhë", nr. 2, p. 9, *Sopoti*, nr. 4, p. 14-15, Lufta e Mëlizës, 1919, nr. 6, p. 14.

136 M. Sirdani, *Skënderbeu mbas gojëdhanash*, Shkodër, 1926.

137 H. R, "Skënderbeu në Bulqizë, në Liqen të zi", *Normalisti*, 1939.

138 "Gojëdhanat mbi gurin e Skanderbegut, që gjendet në katundin Burrarë (Tirana)", *Edukata e re*, 1930, nr. 4, p. 159.

139 M. Sirdani, "Zemra e Skanderbegut (histoire et legendes)", *Hylli i Dritës*, Shkodër, 1931, nr. 5, pp. 261-299.

140 F. Gj, "Guri i Skanderbegut dhe mullini me erë", *Cirka*, 1936, nr. 4, pp. 60-61.

141 M. Gj, Bushkashi, *Shkolla Shqiptare*, 1940.

142 *Visaret e Kombit* XIII, Tirana, 1944, pp. 154, 173, 174.

Après la Deuxième Guerre mondiale, plusieurs de ces matériaux ont paru dans des périodiques, des anthologies scolaires et notamment dans le volume « Chants populaires historiques »[143]. On y trouve des forteresses et des cités, portant le nom du héros et qui constituent les principaux noyaux de cette tradition. C'est là que se sont déroulés les événements les plus importants de l'époque de Scanderbeg.
Les données sur l'origine des Kastriote et le lieu de naissance de Scanderbeg sont dignes d'intérêt. Ce sujet est élargi par des récits oraux où il est question de l'annonce de la force extraordinaire de Scanderbeg (des récits sur la naissance avec des ailes sous les aisselles comme les dragons, ceux indiquant qu'il était invulnérable, etc.).
Le peuple a élaboré ce mythe, faisant de Scanderbeg un titan qui peut étreindre « cinquante personnes » et dont les moustaches mesurent « quatre paumes ». Il lance contre ses ennemis qui l'assiègent des rochers « grands comme des maisons », et arrête « d'un coup de pied » les eaux d'un fleuve pour ne pas laisser passer les Turcs.
L'idéalisation de la figure du héros, de ses propriétés physico-morales et de ses gestes admirables, de l'effet étrange de sa force et de sa parole est l'une des caractéristiques les plus intéressantes de ces récits.
Dans un chapitre se trouvent réunis les récits oraux sur la mort de Scanderbeg, des récits sur ses dernières volontés, sur les armes qu'il confie à la terre, sur les vêtements noirs de la population portés comme expression d'un grand deuil national, etc. Aussi quand Scanderbeg meurt, le peuple le déterre pour faire de ses os des talismans.
La fantaisie populaire inspirée des gestes guerriers du guide et de ses victoires a idéalisé dans des proportions gigantesques la force de son bras et celle de son épée. Barletius affirme que « la bravoure du preux sans égal semblait invincible à tous les autres... presque aucun coup de sa main n'était porté en vain »[144].

[143] *Këngë popullore historike*, Tirana, 1956, pp. 45-57.
[144] Barletius, *op. cit.* p. 340.

Il est invulnérable, étant « né coiffé », c'est-à-dire « enveloppé dans le placenta » *lé me këmishë*.
Les mains de Scanderbeg sont décrites comme étant de fer. Dans la Cité d'Arras, il peut percer de sa main la roche comme s'il s'agissait d'une pâte pour y attacher les reines de son cheval, il déplace les roches pour élargir ou fermer les ouvertures des grottes comme à Pogjoj de Kukës, à Lurë et ailleurs.
Au Mont Scanderbeg ou à Konaj de Mirditë, à Besh de Tirana ou à Pishkash de Librazhd, Scanderbeg dresse comme table pour les convives des pierres cyclopiques.
« Tout le monde croyait et affirmait, écrit Barletius, que son corps était divin et inviolable, qu'il ne pouvait être atteint ni par le fer, ni par quelque autre coup humain »[145].
Cette réputation d'inviolabilité est expliquée dans les légendes populaires par les circonstances extraordinaires de sa naissance. Barletius reproduit la légende d'après laquelle l'enfant à venir était représenté comme un grand dragon qui couvrait de son corps l'Albanie et portait la tête vers les frontières des Turcs, où il avalait les ennemis de ses mâchoires ensanglantées.
Un récit oral recueilli à Macukull de Mat dit que « la balle ne pouvait atteindre Scanderbeg, l'épée ne pouvait le couper car il était né comme naissent les dragons, avec une chemise et des ailes sous les aisselles »[146] et une autre prise dans la Plane de Lesh conte que « Scanderbeg devient inviolable comme Achille de l'Antiquité par l'onction de son corps d'une pommade d'herbes que lui avait préparé les *Ore* de la Montagne »[147].
La rapidité surprenante avec laquelle Scanderbeg mettait en mouvement ses forces d'un lieu à l'autre, les surprises qu'il réservait à l'ennemi, les évasions surprenantes des encerclements, etc. sont exprimées par des contes qui parlent des vols de Scanderbeg d'une forteresse, d'une montagne ou d'une grotte à l'autre.
Il est dit dans les légendes recueillies à Mat et Dibër, que « Scanderbeg a sauté de Gurikuq et est retombé à Qafelurë », « Scanderbeg a fait un saut de la Cité de Selishtë jusqu'à Varosh »,

---

145 *Idem*.
146 *Tregime dhe këngë popullore*, Tirana, 1967, II/2, n. 2-5.
147 *Ibid*, II/2, n. 8.

« Quand il se trouvait cerné, Scanderbeg volait de Dejë jusqu'à Guribardhë et Bulqizë et de là jusqu'à la montagne de Bajzë, jusqu'à Darsi, Krujë », etc. Les mouvements et les manifestations soudaines du héros se rattachent aussi aux aptitudes merveilleuses de son cheval « Scanderbeg était un preux, mais son coursier volait aussi »[148].

De telles qualités de son coursier ou de son mulet trouvent leur expression dans plusieurs empreintes laissées sur de la neige ou sur de l'argile, elles sont connues par la population sous le nom d' « Empreintes du Coursier » ou du « Mulet de Scanderbeg ».

Dans l'idéalisation épique de la figure de Scanderbeg, il est aussi possible d'observer quelques éléments ou schémas qui offrent des similitudes avec les légendes des autres peuples. L'épée de Scanderbeg taille la roche de Varosh comme l'épée de Siegfried taille l'enclume de fer, celle de Roland la roche, ou d'autres héros des poèmes épiques.

Ce héros capable de déplacer les roches, de contenir les eaux du Drin ou de se jeter d'une montagne à l'autre, vit au milieu de son peuple, de ses hommes. Scanderbeg va chez des amis et des compagnons, d'après la coutume traditionnelle des *Malessores*, passe son temps avec eux et discute des événements dignes d'intérêt.

Il admire la sagacité des gens du commun, comme il advient avec les entretiens allégoriques de Kokë Malqi, il s'intéresse aux besoins de la population, satisfait leurs demandes, tranche par ses plaids toute dispute, fait la pacification du sang comme un Ancien du coutumier.

Les belles légendes conservées par la population parlent des plaids que Scanderbeg, homme du coutumier, faisait avec Kokë Malqi, Lekë Dukagjini, etc, mais les contes populaires rapportent aussi des différences entre lui et Lekë Dukagjini sur les normes du coutumier. Le droit coutumier qui est arrivé jusqu'à nos jours sous son nom, en témoigne également.

---

148 *Ibid*, IX/1, n. 48.

CONCLUSIONS

Le Canon de Scanderbeg est conçu comme une intégralité organique au sein du Corpus du droit coutumier albanais, et a des points de convergence et de divergence avec les autres canons. Il est né à la suite de la transformation des coutumes en normes du droit coutumier, de la modification d'un contenu social ou à la suite de nouvelles normes dictées par la vie elle-même.

Son élaboration a été forgée par la vie elle-même, il représente l'ensemble des normes, des coutumes et des conceptions juridiques des différentes époques historiques.

Il s'est développé et s'est transformé au fur et à mesure qu'évoluaient les conditions socio-économiques.

On ne peut nier dans le droit coutumier albanais des ressemblances, des emprunts ou des influences venus des pays voisins ; il s'agit d'un phénomène inévitable et réciproque, déterminé par la similitude des conditions économiques, politiques et sociales, par les contacts et les rapports économiques, les rapports de voisinage, par la lutte commune contre une même domination, etc.

Les conquérants étrangers ont exercé, par la violence et la religion, des influences en utilisant le droit coutumier, surtout au cours de la domination ottomane. Les principaux traits du droit coutumier albanais sont de toute façon le reflet des rapports sociaux.

La survie du Canon a été rendue possible par le développement économique, social, politique et culturel du pays. Si des puissances étrangères ont eu pour but d'imposer leurs lois, leur morale, leurs us et coutumes, l'affaiblissement de leur poids dans le développement économique et social durant le XIe et le XVe siècle a eu pour conséquence le renforcement de la noblesse féodale albanaise, le développement d'une tendance à un pouvoir politique séparé et son rapprochement avec la population albanaise autochtone dans la lutte contre la puissance occupante.

Le droit coutumier du peuple albanais représente un document de portée historique permettant de connaître non seulement son passé lointain, mais aussi par analogie celui des autres peuples ; c'est pour ces raisons-là qu'il a attiré l'attention de spécialistes albanais et étrangers depuis plus d'un siècle.

Jusqu'à présent, sur la base des matériaux recueillis, différentes variantes ont été identifiées : le Coutumier de Lekë Dukagjini, le Coutumier de Scanderbeg, le Coutumier des Montagnes, le Coutumier de la région de Labëri appelé également le Coutumier du Père Jules, modifié par Idriz Suli, le Coutumier de Çermenikë appelé aussi le Coutumier de Musë Ballgjini. S'il existe dans tous ces Coutumiers des éléments communs pour les questions les plus importantes, des différences locales notables découlent de l'évolution inégale sur le plan socio-économique d'une région ou d'une autre.

Le Canon de Scanderbeg a été considéré comme un *corpus juris*, appliqué jusqu'à une période récente dans les régions qui formaient la principauté des Kastriotes, dans les régions de Dibër, Mat, Krujë, Kurbin, Bendë, Tamadhe et Martanesh. Ont commencé à être appelées *Canon de Scanderbeg* toutes les normes du droit coutumier enregistrées durant les dernières décennies du XXe siècle dans ces régions. Une telle dénomination était honorifique.

Les résultats des recherches et des études du Coutumier de Lekë Dukagjini sont plus féconds que celles du Canon de Scanderbeg ; cela est dû à la persistance des normes du premier. Après la conquête ottomane de l'Albanie, les normes du coutumier n'ont pas gardé partout la même vigueur juridique dans les régions de l'Albanie centrale et méridionale car elles ont pu se trouver en opposition avec les nouveaux rapports dans la production. Le Coutumier de Scanderbeg en a souffert, tandis que celui de Lekë Dukagjini a pu rester encore vivant.

Les rapports féodaux dans l'ancienne Principauté de Scanderbeg ont connu une plus grande vitalité que dans les régions où était en vigueur le Coutumier de Lekë Dukagjini, où ont longtemps perduré les éléments de l'ordre patriarcal-tribal.

Avec le temps, la population de l'ancienne Principauté de Scanderbeg a été islamisée dans son écrasante majorité, ce qui a permis au droit ottoman de commencer à exercer son influence. Au contraire, dans les *Malessies* du Nord qui jouissaient de l'autonomie même dans le domaine juridique, l'islamisation n'a été que faible, voire même nulle.

Après la mort de Scanderbeg, un grand mouvement d'immigration et d'émigration de la population s'est produit ; l'influence des nouveaux arrivants dans le Canon apparaît nettement. Avec le temps se rétrécit donc le champ d'application des normes du Coutumier de Scanderbeg, dont ne subsistent que des survivances édulcorées, moins saisissables que les normes du Coutumier de Lekë Dukagjini.
Ce coutumier, comme d'ailleurs les autres, présente des faibles variantes existant sous la forme de nuances locales identifiées par des dénominations particulières telles que le Coutumier de Kurbin, le Coutumier de Bendë et de Tamadhe, le Coutumier de Martanesh, de Dibër, etc.
Ce droit n'est pas un code élaboré par Scanderbeg, mais de simples normes coutumières statuées par lui et insérées dans le corps du droit coutumier en vigueur en Albanie centrale au XVe siècle. Toutefois, la tradition populaire qui considère Scanderbeg comme législateur ne peut être réfutée, bien que cela ne puisse être confirmé par des sources historiques authentiques. Elle parle d'un Kanun, pas dans le sens d'un Code mais dans celui de la norme.
Il a été en vigueur durant le Moyen Âge au sein des communautés régionales non tribales non soumises à l'administration féodale de l'État. Sous ce prisme, sa persistance en tant qu'institution juridique était l'expression d'une autonomie locale pour la contrée où il était en vigueur. Le droit coutumier de Scanderbeg exprimant une condition sociale arriérée, a joué un rôle positif dans la lutte pour l'existence du peuple albanais.
D'après la pratique législative des communautés montagnardes, lorsque se faisait sentir le besoin d'une nouvelle norme coutumière ou lorsqu'une ancienne norme ne concordait pas avec les nouvelles circonstances historiques, les *pleq* ou Anciens du coutumier intervenaient.
L'examen était fait par deux Anciens appelés à plaidoyer sur un cas effectif. L'Ancien qui prenait l'initiative de formuler la nouvelle norme pour la rendre aussi accessible que possible, l'énonçait en termes lapidaires et souvent de façon figurée. L'exposition des arguments entre les deux Anciens avait lieu devant l'assemblée de la communauté et le plaid ne se terminait

pas avant que l'une des parties ne renonce à son point de vue. L'ancienne norme n'était annulée et la nouvelle norme n'était approuvée que par le seul organisme suprême de la société malessore, l'assemblée de la communauté, sans l'existence de laquelle on ne peut concevoir l'action du droit coutumier. La nouvelle norme qui entrait dans le droit coutumier portait le nom de son énonciateur.

Des anciens domaines des Kastriote, ne sont parvenus jusqu'à nous que les noms de quelques vieillards qui se sont faits remarquer comme auteurs du coutumier durant le siècle dernier. On a ainsi Lush Qidhna dans la Dibër, Mus Ballgjini à Çermenikë, Selim Pashku à Martanesh, Kokë Malqi à Kurbin, Cen Doku à Bendë. Depuis le Moyen Âge, la tradition populaire conserve encore pour ces domaines les noms de Scanderbeg et de Lekë Dukagjini comme auteurs de normes coutumières.

En s'appuyant sur les affiliations et sur des ressemblances, le coutumier s'est enrichi et a élargi son champ d'action par de nouvelles normes. Elles se sont intégrées dans l'ensemble sans provoquer de conflits avec celles déjà existantes. En dehors des différences quantitatives, des différences qualitatives se sont produites, entraînant des modifications radicales dans son contenu. Le coutumier a pu garder son propre esprit et exprimer une conception et une mentalité s'appuyant sur la structure économique du peuple. Aucune norme contraire à cet esprit, et ne concordant pas avec la conception et la mentalité et n'exprimant pas la base économique du peuple ne pouvait être insérée dans l'ensemble des normes du coutumier.

C'est par le développement des forces productives et des rapports dans la production que naissaient de nouvelles conceptions et que se développaient des mentalités plus avancées; en contradiction avec les conceptions anciennes. Elles exigeaient un appui juridique dans le coutumier et faisaient entrer en vigueur de nouvelles normes en contradiction frappante avec les anciennes, qui traduisaient une modification qualitative dans la vie du coutumier, une avancée dans le processus de son développement. Cette avancée était réalisée sur la base de certaines prémisses données dans les circonstances effectives du développement.

Par l'idée d'introduction de nouvelles normes, on ne doit pas comprendre un renversement total du coutumier, ce qui aurait donné naissance à un nouveau Kanun, mais il en découlait que les autres normes se retrouvaient dans un nouveau complexe avec un autre esprit et un nouvel équilibre et continuaient leur existence.
L'enrichissement par des normes quantitatives s'est produit au moyen d'affiliation et de ressemblance. Si on ne trouvait pas de variante, on cherchait s'il y avait quelque part une ressemblance. L'emprunt à d'autres régions et à d'autres temps a été fréquent. La sagesse des Anciens du coutumier réside non seulement dans la collecte des faits, mais aussi dans la façon d'établir les liens nécessaires.
Comme partout ailleurs, dans des circonstances économiques et sociales peu développées, la ville et le village avaient leur propre spécificité, bien que faisant partie d'une seule et même société. Les villages éloignés des villes avaient leurs propres normes coutumières, sans lien avec la législation d'État appliquée dans les villes. Dans ces dernières, la législation officielle écrite était appliquée.
Le coutumier et la législation étatique ont également coexisté durant les dominations étrangères. Par exemple, durant la domination turque, si dans les villes et les villages environnants régnait l'administration ottomane et ses institutions juridiques telles que le *kadi* et la Charia, les institutions aborigènes avec les chefs, les Anciens et les assemblées exerçant la justice aux termes de la tradition coutumière non écrite continuaient leur existence dans les régions les plus profondes où le pouvoir turc n'avait pas été stabilisé.
Ce phénomène de coexistence des deux droits s'est produit non seulement durant les siècles de la domination turque, mais aussi dans des temps plus anciens. Durant le XIIe et le XVe siècle, il y avait dans les villes d'Albanie des *antiqua statuta* avec des *judices-giudici*, le *comes* et le *notarius* etc, qui agissaient sur la base des lois propres à chaque ville et comprenant les villages environnants. Dans les régions situées plus en profondeur, les coutumiers aborigènes étaient en vigueur.
Dans des temps plus anciens, sous l'Empire de Rome et celui de Byzance, les conquérants avaient instauré dans les villes et les campagnes environnantes leurs propres lois, mais dans les régions plus éloignées subsistait le droit local. La Principauté des

Kastriote, au même titre que les autres principautés de son temps, comprenait aussi en dehors des villes et des villages environnants avec leur législation écrite, des régions plus profondes gardant leurs coutumiers.

Dans la personne de Scanderbeg, au même titre que dans celle des autres princes, se concentrait le pouvoir juridique sous deux formes, en tant que représentant de la législation écrite en vigueur dans les villes et en tant qu'homme du coutumier. Scanderbeg jouissait du titre de prince : il tenait une chancellerie avec scribes et sceaux officiels, il avait son drapeau et son blason, entretenait des relations diplomatiques avec des pays étrangers, accueillait des délégations officielles et il en envoyait, donnait et recevait des dons, signait des pactes et des alliances, déclarait la guerre et stipulait des trêves sur la base des formalités du rang princier. Cela témoignait d'une société développée à un haut degré, ce que laisse entendre l'existence d'une législation écrite, comme l'avaient d'ailleurs tous les États féodaux de l'Europe médiévale.

Mais d'autre part, Scanderbeg se rendait à Pult pour faire l'intermédiaire entre deux régions, il intervenait dans les compositions à la façon du coutumier entre plaidants, il se vengeait et pardonnait d'après le coutumier. Dans certains cas, il admettait la formation guerrière de la population et faisait la distribution du butin d'après les traditions locales. Ces pratiques témoignent d'une société moins développée, agissant aux termes des normes non écrites.

Le droit écrit des villes et le droit non écrit des campagnes s'influençaient mutuellement. Lorsque la ville étendait son pouvoir sur les campagnes, sa législation allait jusque là où arrivait son pouvoir. Au contraire, lorsque la campagne peuplait la ville de nouveaux habitants, ces derniers portaient dans l'agglomération urbaine l'esprit du coutumier.

Après le XVe siècle, les normes coutumières pouvaient être modifiées occasionnellement, non seulement sous l'influence des lois intérieures du développement social, mais également sous la pression séculaire de la domination turque et sous l'influence des normes juridiques de la Charia.

À la suite de ces facteurs, plusieurs des institutions politiques et juridiques en vigueur au XVe siècle furent plus tard annulées. Certaines tombèrent dans un oubli complet ou ne survécurent que sous formes de légendes.

Elles furent remplacées par de nouvelles institutions inconnues auparavant, comme par exemple le banneret dans les contrées de Dukagjin, la maisonnée des Gjonmarkaj dans la contrée de Mirditë, l'*odjak* dans la contrée de Mat, la position du *hodja* dans la contrée de Gollobordë, le rôle de la *téqué* dans la contrée de Martanesh, etc. On comprend que ces institutions ne peuvent être considérées en aucune façon comme parties constituantes du Kanun de Lekë Dukagjini ou du Canon de Scanderbeg.

Les modifications touchant après le XVe siècle les normes du droit coutumier ne le furent pas de la même façon dans toutes les régions montagneuses du pays. En raison du développement inégal des rapports féodaux et des résultats inégaux de la résistance des *Malessores,* les Institutions respectives se trouvèrent modifiées, comme cela arriva par exemple avec le *kefali* qui disparut à Mat mais survécut à Dibër ou avec le *voïvode* qui fut oublié à Bendë, mais qui persista à Dukagjin.

Les nouvelles institutions ne pénétrèrent pas dans toutes les régions du pays. L'institution du banneret à la suite de la pression d'Istanbul, se propagea dans les montagnes des sandjaks de Shkodër et de Pejë, mais pas dans les montagnes des sandjaks d'Ohër et d'Elbasan. Le cas du lignage, *odjak* qui dominait la vie des *Malessores* plutôt à Mat et à Dibër, montre que la même institution n'avait pas la même vigueur selon le lieu où elle était implantée. L'organisme suprême du self-government à Mirditë était concentré entre les mains d'un seul *kapidan*, à Mat il était partagé entre quatre féodaux, à Dukagjin il reposait entre les mains de chaque assemblée de la communauté.

Dans la dernière période de la domination ottomane, le village de la *Malessie* de l'ex-principauté de Scanderbeg comptait des dizaines ou des centaines de maisons, parfois réunies, parfois disséminées. L'unité de base de l'organisation sociale était la maison de caractère patriarcal, représentée par le chef de famille. L'unité économique était le village ; ainsi, à la veille de

l'indépendance, le village n'avait pas le caractère d'une communauté patriarcale mais d'une communauté territoriale.
À cette période, la *Malessie* de Dibër était divisée en neuf communautés régionales, appelées également neuf montagnes, *Male*. La montagne, *Mali* n'avait pas de communaux, *kujri* comme le village et se présentait comme une communauté régionale au caractère politique, militaire et juridique. Ainsi, pour toutes les montagnes comprises dans l'État de Scanderbeg, les conditions pour une communauté juridique dans le domaine du droit coutumier virent le jour.
Le coutumier de Scanderbeg sanctionnait la petite propriété privée et la propriété commune comme les genres principaux de la propriété. L'existence de la propriété tribale et sa protection en commun, l'organisation sociale en lignées, en fratries, en lignées et en familles, la concentration du pouvoir entre les mains de l'aristocratie tribale portant les noms de notables, de chefs et d'Anciens sont des phénomènes qui témoignent du fait qu'avant la naissance des rapports féodaux il existait une base commune qui reflétait la structure d'organisation de la tribu.
La structure socio-économique de ces normes remonte donc aux époques historiques lointaines, du Moyen Âge jusqu'à la période transitoire, allant du régime patriarcal-tribal en pleine décadence jusqu'au régime féodal en voie de développement, et ne connaissant aucune trace du régime fondé sur l'esclavage.
Les survivances de l'ordre de la tribu en Albanie étaient propres à quelques petits groupes de pasteurs nomades qui transhumaient durant le Moyen Âge, pendant que le peuple albanais, sédentarisé depuis quelques millénaires, avait atteint des formes plus élevées de l'évolution sociale. Ces tribus sont nées durant le XVe et le XVIe siècles, leur décomposition s'est produite aux XVIIe et XVIIIe siècles et elles ont ensuite disparu pour ne laisser que des survivances.
Ces unités socio-économiques relativement grandes et stables étaient entretenues par la propriété commune. Les habitants de ces régions pouvaient remonter à un ancêtre commun dont ils héritaient par les liens du sang : ils se considéraient comme frères et sœurs et ne pouvaient pas contracter de mariage entre eux.

Tous les membres de la tribu n'avaient pas des positions égales et se soumettaient à une hiérarchie intérieure qui ne reposait ni sur la condition économique ni sur l'âge, mais selon le principe de primogéniture, en fonction non de la descendance, mais des ancêtres.
Le nom se transmet généralement de génération en génération, surtout dans la lignée paternelle, du grand-père au petit-fils ou à l'arrière-petit-fils. Dans les familles qui se veulent les plus fidèles à l'héritage du lignage, ces noms sont nécessairement transmis aux aînés, au premier né, au deuxième et jusqu'au troisième enfant d'un couple.
Dans les régions du Nord on croit que la force du grand-père paternel, associé à la longévité et au sang, qui est un héritage agnatique, est transmise de fils aîné en fils aîné.
On réunissait ainsi en son nom plus de six ou sept générations pour se rapprocher le plus possible du premier ancêtre de la tribu. On pouvait utiliser aussi le nom de ce premier ancêtre comme nom patronymique.
À partir du premier ancêtre, la tribu se divisait en autant de ramifications qu'en nombre de fils. Ces ramifications étaient appelées *kambë fisi,* pieds de la tribu ou *vllazni të mëdha*, grandes fratries.
Les ramifications de la tribu ou les grandes fratries se subdivisaient en *vllazni*, fratries ou en *vllazni të vogla*, petites fratries. Tout pied de la tribu comptait autant de fratries que de fils qu'avait compté le deuxième ancêtre après le *tatzot.* Les fratries se divisaient en familles élargies. La fratrie avait autant des familles élargies que de fils qu'avait eus le père de la troisième génération. Les familles élargies se divisaient aussi en familles que le peuple appelait *shpi,* maisonnée.
L'individu n'était pas reconnu dans la tribu car il n'avait pas encore acquis le droit de la propriété. C'est dans ces lignes que se présente la structure de la tribu.
À la tête de cette structure se trouvait l'aristocratie tribale dirigeant la tribu.
La figure du premier ancêtre était représentée par le vieillard de la tribu qui héritait de ce droit transmis d'aîné en aîné. Le vieillard

du premier pied de la tribu appelé *voïvode* jouissait de ce droit transmis héréditairement du deuxième ancêtre. Les *krenet e mëdhej e krenet e vegjël,* les grands chefs et les petits chefs qui représentaient les fratries et les familles élargies, héritaient de leur droit des ancêtres de la troisième et quatrième génération, toujours transmis d'aîné en aîné. À la tête de chaque maisonnée se trouvait le vieillard de la maison ou *tatzot* qui provenait du cinquième niveau de la hiérarchie.

Ainsi, la hiérarchie tribale comprenait le vieillard de la tribu, les *voïvodes*, les grands chefs, les petits chefs, les *tatzot* ou maîtres de céans. Cette voie hiérarchique se divisait en deux groupes que la population appelait notabilités, *pari* et gens du commun *vegjëli.*

La tribu constituait une unité politique et militaire. Sa force militaire était formée par la *djelmni,* les miliciens, à laquelle participait un homme de chaque maison. Dans la direction de l'organisation de la *djelmni* il y avait un chef, *kryepar* des miliciens, un jeune après le grand chef, un jeune après le petit chef, etc. qui dirigeaient ses subdivisions.

Si la direction de la tribu passait d'aîné en aîné ou de primogéniture et celle de la jeunesse de seconde géniture en seconde géniture de l'ancêtre, la tâche du banneret passait de troisième fils en troisième fils.

Les tribus ont traversé le processus de naissance, d'évolution et de disparition.

La disparition des tribus s'est produite sous deux formes : soit une tribu vieillissait et se décomposait en laissant la place aux nouvelles tribus, soit elle se décomposait en passant à des formes plus élevées de l'évolution socio-économique.

Au début du XIXe siècle, un autre phénomène se produisit. La domination turque qui n'était pas parvenue à étendre son pouvoir dans la *Malessie* tenta d'intervenir par d'autres moyens et de tirer avantage des traditions du pays. Elle créa à cette intention le *djibal*, forma l'institution du banneret et la porta dans les autres organismes de la tribu, exerça son influence pour procéder à une division administrative sur des bases territoriales. À Mat, où n'existait pas l'institution du banneret, la Turquie créa le *semt* toujours selon les traditions locales, en nommant un fonctionnaire, *aga.*

Dans le domaine des rapports familiaux et conjugaux, les influences de la religion ont été relativement plus fortes sur le droit coutumier de Scanderbeg, surtout dans la consolidation du pouvoir du maître de la maison en famille, de la soumission de la femme à l'homme, de l'établissement de l'institution du mariage.
L'âge détermine toute la vie sociale car son critère intervient comme un facteur favorable au groupement. Il s'agit d'un principe ordonnant les hiérarchies et les stratifications sociales culturelles d'un groupe.
De génération en génération, entre les aînés et les cadets, il y a des rapports d'inégalité.
Le critère hiérarchique de l'âge agit de façon évidente pour définir les relations entre les générations selon différents principes. D'autant plus que l'âge avancé de la troisième génération a été constamment un principe important de l'ensemble de l'organisation de la société en vue de la conservation et de la transmission de son expérience culturelle.
Les plus âgés, les Anciens, ont été de tout temps les dépositaires de la sagesse et de l'expérience collective. Dans ce sens, l'idée de l'exercice même du droit coutumier est tellement liée à l'âge avancé.
Être Ancien dans la culture albanaise ne signifie pas seulement avoir un certain âge, mais aussi remplir une fonction sociale définie.
En symbolisant l'attribut permanent de l'homme de la tradition albanaise, l'arme a également marqué une des étapes les plus importantes dans le cycle de la vie individuelle, le moment où le jeune homme devient adulte et membre entier du groupe social avec droit à la parole et au mariage.
Les rapports des traditions sont exprimés dans la représentation des relations sociales et culturelles résultant des structures de l'organisation sociale, comme la parenté, le territoire, l'âge et le sexe, de la structure globale de l'organisation économique et sociale, des normes coutumières, éthiques et morales, des conditions culturelles, historiques, idéologiques, etc.
D'après le coutumier de Scanderbeg, la gestion de la maison appartenait au plus ancien ou à la primogéniture. Quand celui-ci

n'avait pas les qualités nécessaires à cette mission, les hommes de la maison (seuls les hommes avaient le droit de la propriété sur les avoirs hérités) choisissaient en assemblée celui considéré comme le plus intelligent, le plus sage et le plus attentif. Quelqu'un de nubile pouvait aussi devenir maître de la maison.
Les droits du maître de la maison étaient nombreux. Sur le plan pénal, une particularité essentielle était que le maître de maison répondait selon la règle pour les actes pénaux commis par les enfants : ni la femme, ni les vieillards n'étaient les sujets du crime parce qu'ils ne disposaient pas des armes. La responsabilité pénale s'attachait non seulement à l'âge mais aussi à la possession de l'arme.
Le maître de maison avait des tâches nombreuses et il travaillait surtout pour le bien de la maison. Lorsque les hommes de la maison jugeaient que le maître désigné ne travaillait pas suffisamment, ils avaient le droit de le révoquer.
La maîtresse de maison pouvait être révoquée au même titre quand elle vendait des objets en secret ou quand il était constaté qu'elle donnait l'avantage à ses propres enfants aux dépens des autres.
La position juridique amputée de la femme rejaillit dans le droit de l'hérédité du Coutumier de Scanderbeg.
Le Coutumier de Scanderbeg donne trois raisons pour l'exclusion de l'hérédité de la femme. Il s'agit de : 1) ne pas permettre aux neveux de s'implanter dans la maison de l'oncle maternel qui n'a pas de progéniture mâle, 2) ne pas permettre aux parents de la femme de s'implanter dans la maison du gendre sans progéniture mâle, 3) ne pas permettre la confusion des tribus.
Une institution intéressante du droit coutumier de Scanderbeg qui atteste des survivances du matriarcat est le droit du *selemi* comme une institution intermédiaire qui reconnaît à la femme le droit de disposer des objets qui lui ont été donnés et qui ne font pas partie des biens héréditaires du paterfamilias, et le droit d'hérédité si la jeune fille ne se marie pas, comme par exemple chez les *vierges* malessores.
D'après le Coutumier de Scanderbeg, c'était précisément à la consignation du gage qu'on considérait la fille comme prise, ce qui entraînait une obligation juridique.

L'Albanais considérait le mariage réussi à la naissance des enfants, surtout à celle des garçons. Dans le cas contraire, le mari épousait une autre femme, en vivant également avec sa première femme, dans la même maison et avec les mêmes droits. L'église catholique qui n'admettait que la monogamie a lutté contre ce genre de bigamie. La célébration, d'après l'Église catholique, devait avoir lieu auparavant pour que le mariage soit considéré effectif.

Le Coutumier de Scanderbeg n'admet pas la polygamie, mais seulement le mariage avec quelques femmes dans le but « d'avoir des garçons et pas de filles ». On connaît depuis le XVIIe siècle ce comportement sous le nom de mariage *à l'essai*.

La polygamie a été un phénomène pratiqué parmi la féodalité durant la domination ottomane, légalisée par la Charia.

Le droit coutumier albanais admettait les mariages mixtes, c'est-à-dire les mariages entre deux individus de croyances différentes. La conservation de la religion de la femme était un droit, l'homme ou le maître de maison ne pouvait pas la contraindre à se convertir à sa propre religion.

L'institution de la rupture du mariage est quasiment aussi ancienne que le mariage lui-même. Aux termes du Coutumier de Scanderbeg, la femme était renvoyée : 1) pour adultère, 2) pour trahison de l'hôte, 3) pour vol.

Une des principales causes donnant lieu à la séparation d'avec la femme était l'infraction à la loi conjugale. Le droit coutumier de Scanderbeg condamnait sévèrement un tel acte d'adultère. Dans de tels cas, les femmes ayant commis l'adultère pouvaient être abattues par le fusil avec leur amant ; si elles étaient tuées à part, les familles des victimes réclamaient le sang.

L'homme qui renvoyait sa femme lui coupait la frange ou le tablier, ou la ceinture à moitié. Dans les régions à population islamisée, on coupait à la femme une partie des cheveux. Le renvoi était considéré comme définitif lorsque l'homme le faisait devant deux témoins ou publiquement.

Le phénomène social des vierges comme survivance des liens génétiques avec les amazones ou les femmes guerrières de l'époque du matriarcat, la position sociale prépondérante de la

« maîtresse de la maison » dans la grande famille qui jouait par rapport aux autres femmes et filles de la communauté le rôle d'une *mater familias*, mais aussi celui d'une matrone, reflète la période transitoire du matriarcat au patriarcat et marque le passage des couples à la monogamie ainsi que beaucoup d'autres phénomènes liés à des institutions telles que le lévirat, qui montrent que le Coutumier de Scanderbeg prend sa source à des périodes historiques très lointaines.

La femme ne pouvait décider, d'après le Coutumier de Scanderbeg, de rien d'important. Du point de vue juridique, sa condition était égale à celle des enfants et même moins car ceux-ci bénéficiaient de l'hoirie. Les femmes ne pouvaient pas être parmi les Anciens, les jurés, les dénonciateurs, les enquêteurs. Elles ne pouvaient pas non plus se venger car la vendetta était considérée comme une affaire d'hommes.

La femme ne pouvait être l'objet d'une vendetta, même dans les cas où elle commettait un crime. Tuer une femme était considéré comme une grande honte par le coutumier mais quand cela avait lieu, le meurtrier devait dédommager le sang au prix de la moitié du sang de l'homme.

Les normes coutumières du Canon de Scanderbeg transmises au cours du temps ont réglé toutes les sphères de la vie socio-économique des libres communautés rurales. Pour cet aspect de la vie sociale il n'existait pas de violence d'un appareil particulier de l'État, mais le sceau des normes morales intervenait.

Les principes éthiques de l'honneur, de la vaillance, de la liberté, de l'égalité et de l'aide mutuelle garantissaient un certain équilibre préventif : ils gardaient la cohésion mais aussi le séparatisme des libres communautés rurales.

Dans les conditions des profondes régions des montagnes de l'Albanie Centrale, en l'absence d'une vraie autorité du pouvoir, la vendetta fut longuement conservée comme un moyen de défense et de châtiment, en mettant l'accent sur les règles du code moral avec à leur centre le sentiment de l'honneur, provoquant certains excès destructifs.

Dans la période de la décomposition de l'ordre tribal, le critère de la vendetta fut de plus en plus remplacé par la compensation, c'est-à-dire par le paiement du retour du sang par du cheptel, des terrains et de l'argent.

Néanmoins, l'institution de la vendetta inquiétait la société albanaise du XVe siècle. Scanderbeg intervint pour limiter l'ampleur de la vendetta autant que le permettaient les conditions de son époque. Il agit par le droit coutumier en statuant deux nouvelles normes coutumières dont l'une réduisait les cas de vendetta et l'autre limitait le cercle des victimes. Dans les deux cas, il s'opposa à Lekë Dukagjini.

Le Canon de Scanderbeg statue qu' « il n'y a pas de sang pour une faute » dans le sens où toute faute commise par quelqu'un à l'encontre d'un autre peut être poursuivie devant les Anciens et avec des gages, mais que l'on n'a pas le droit de tuer.

Une autre norme s'oppose au principe hérité du droit coutumier tribal. Dans la rencontre qui eût lieu, d'après la tradition à Lurë, Lekë Dukagjini défendit l'ancien Canon « sang pour sang », alors que Scanderbeg formula le principe que « le sang suit le doigt », qui signifie que la vendetta devait peser uniquement sur le meurtrier et non sur sa parenté.

Ainsi, la coutume de la vendetta, indépendamment de ses ressemblances avec celle des peuples voisins, offre 24 heures après le meurtre, quelques particularités dans la limitation de la vengeance pour le meurtrier et les membres (de sexe masculin) de sa famille vivant avec lui.

En Albanie, la vendetta ne pouvait pas avoir lieu dans la maison de la famille lésée car cela aurait représenté une infraction à la coutume traditionnelle de l'hospitalité, ni quand la partie offensée avait accordé la trêve à la maison du meurtrier, ni quand celle-ci était sous la protection temporaire d'un autre, etc.

Elle fut suivie à différents degrés par d'autres solutions de mésententes, par l'examen de la question par les Anciens choisis par les deux parties pour trancher la question en donnant au jugement un caractère de réconciliation. Un rôle important était joué dans cette étape par l'intervention des amis pour éteindre les conflits et établir la trêve liée aux besoins économiques. Ces règles s'appuyaient surtout sur le code moral.

Dans l'assemblée de Kurbin tenue en 1908, un pas important fut fait pour la limitation de l'autojugement avec l'approbation d'un coutumier spécial qui interdisait en général l'usage des armes sans s'adresser d'abord aux Anciens.

Pour garantir l'ordre et la tranquillité nécessaires pour une activité socio-économique, une partie des règles d'un caractère public reposait sur des accords communs, souvent interrégionaux, comme par exemple les trêves saisonnières, les trêves du bétail et du berger, etc. Ces accords étaient donc revêtus d'une livrée publique et étaient sanctionnés par les organismes comme les assemblées, en évitant l'arbitrage des individus particuliers.

Celui qui violait ces règles était condamné par une amende représentant un certain calcul pénalisé du dédommagement. On pouvait aussi recourir à la peine capitale ou d'autres condamnations lourdes qui étaient appliquées dans le cas où on avait la conviction que le coupable ne pouvait pas se réhabiliter.

Les assemblées examinaient les questions dans leurs détails, écoutaient les représentants des parties et l'opinion des participants. Dans les assemblées, un grand rôle était donné à la juste interprétation des normes coutumières, en tenant compte des solutions antérieures.

Les réunions de l'assemblée, d'après le coutumier de Scanderbeg, examinaient d'habitude les crimes qui touchaient l'intérêt de toute la communauté tribale ou qui étaient en opposition avec les normes des principes coutumiers comme par exemple la trahison, la violation de la parole donnée, l'atteinte et l'honneur de l'hôte et on les condamnait par de graves peines.

Aux réunions des assemblées des hommes participaient tous les chefs de familles. Les membres de l'assemblée étaient armés et ils se rangeaient d'après le rang d'importance occupé par la famille dans la société. Les notables et les Anciens étaient placés d'un côté et de l'autre se trouvait le peuple.

Des preuves comme l'audition des témoins, l'interrogation des experts, etc. n'étaient pas prises en considération durant le jugement, mais on faisait attention aux raisonnements après avoir

reçu les données préliminaires, écouté les investigateurs et le serment de l'accusé ou le serment des jurés garants de son honnêteté.
Le jugement n'était pas un duel entre les parties mais un conseil des Anciens délibérant après avoir entendu leurs explications et leurs raisonnements.
Avant le début du jugement, les parties en causes étaient obligées de laisser des gages. Les gages symbolisaient la soumission des parties au jugement des Anciens en indiquant qu'ils étaient prêts à agir selon leur ordre, c'est-à-dire à appliquer volontairement le verdict du tribunal.
La procédure de jugement était identique tant pour les affaires de caractère pénal que pour la solution des conflits purement civils. Pour ces deux catégories d'affaires, le plaignant avait droit à la disposition matérielle de l'objet de la plainte. Au jugement des anciens, il pouvait non seulement soulever l'accusation ou la plainte, mais avait aussi le droit de la retirer dans toutes les phases du jugement. Le but principal des Anciens était donc de réconcilier les parties.
Les décisions prises pour les deux catégories d'affaires pénales ou civiles étaient identiques.
Ces décisions obligeaient en général à payer l'amende ou le dédommagement. Néanmoins, le Coutumier de Scanderbeg prévoyait d'autres châtiments comme l'incendie et la destruction de la maison, le ban, l'exil, la fusillade, etc.
Ces peines étaient infligées surtout dans des affaires importantes que le Coutumier de Scanderbeg considérait comme des questions d'honneur : la trahison, l'atteinte aux règles de la parole donnée, la trahison de l'hôte ou du meurtrier qui a demandé le pardon d'après le cérémonial donné, l'atteinte à l'honneur de la femme, le non accord de la fille fiancée, l'abatage du chien de la maison, la destruction de la maison.
L'autorité du jugement des Anciens était forte. La prévision de fortes sanctions pénales comme « la mise au ban » le montre parfaitement.
Le coupable était alors isolé de tous à jamais, il était privé des funérailles, des noces, du droit au prêt de farine, avait l'interdiction

de cultiver ses terres et cette peine était assortie de la coupe des arbres de ses vergers jusqu'à la fusillade.
Mais le Coutumier de Scanderbeg restreignait aussi les rapports juridico-civiques des gitans qui étaient des meuniers, des forgerons, etc. ; ils avaient une limitation de la capacité juridique et étaient ainsi exclus de la vie publique.
Les verdicts des assemblées comme ceux des Anciens avaient une forme irrévocable en vertu du principe « Ancien sur Ancien, deux fois de procès et deux fois de serment, le coutumier ne l'accepte pas ».
Toutefois, les règles coutumières prévoyaient la possibilité d'un recours contre le verdict, lorsque qu'il prétendait que les Anciens avaient rendu un verdict intentionnellement injuste, c'est-à-dire qu'ils avaient abusé de la tâche de juge impartial.
La pratique de l'application des règles coutumières dans le Nord de l'Albanie connaissait aussi la possibilité de revoir encore ce verdict.
D'après le Coutumier de Lekë Dukagjini, le droit de la forme irrévocable était reconnu au Chef de la famille de Gjonmarkaj, qui avait le droit d'examiner plusieurs plaids. Dans ce cas, il pouvait infliger de dures peines à condition que ses décisions soient acceptées par les autres nobles et le peuple.
L'absence de distinction entre le conflit civil et le conflit pénal, les gages, les dénonciateurs, les enquêteurs après la dénonciation, les jurés, le caractère de la première forme du verdict, les mesures quasiment identiques du châtiment, leur mode d'exécution, montrent que les institutions fondamentales du jugement en Albanie étaient d'une nature commune malgré les influences inévitables du droit coutumier féodal et barbare, du droit byzantin et de la Charia Islamique.
Chez les Albanais du passé, comme d'ailleurs chez tous les autres peuples, la religion et ses institutions occupaient une place essentielle dans la vie spirituelle, sociale et politique du peuple.
L'église était sous la juridiction d'une hiérarchie religieuse et ne se soumettait pas aux dispositions du coutumier de Scanderbeg qui ne pouvait lui imposer aucune charge mais qui était censé la défendre.

S'il y avait conflit entre la paroisse et l'église, la paroisse ne pouvait pas exiger un gage de l'église mais elle devait porter plainte plus haut dans la hiérarchie religieuse dont la décision devait être définitive.
La propriété de l'église était inviolable, elle était défendue par la paroisse. La personne du desservant était aussi inviolable.
Si le desservant commettait un homicide, ni lui ni son église ne devaient verser d'amende ou de peine pécuniaire. Le desservant ne devait pas répondre pour le sang mais pour sa maison. En revanche, celui qui tuait le desservant devait être fusillé par la bannière.
Le Coutumier de Scanderbeg interdisait d'assassiner l'imam durant la cérémonie religieuse et pendant le trajet de la mosquée ou pendant son retour chez lui.
Les peines infligées pour les infractions pénales contre l'église étaient très dures et tendaient toutes à procurer la protection la plus efficace à l'église, à son patrimoine et à ses hommes.
Le droit des obligations dans le Coutumier de Scanderbeg n'est pas développé. Mais au fur et à mesure de l'extension des échanges, de nouveaux rapports devant être réglementés ont vu le jour.
Le formalisme qui régnait à l'origine dans le coutumier de Scanderbeg avec le temps s'est progressivement assoupli. Mais des vestiges de formalisme ont persisté dans les contrats, notamment dans ceux ayant pour objet les propriétés immobilières.
Outre ces contrats formels, des opérations avaient lieu dans le passé, qui se basaient sur la parole donnée, la *besa.*
Ces obligations de caractère moral découlant de la solidarité sont devenues avec le temps des obligations juridiques, ce qui est lié à la transformation de la *besa* en institution juridique. La *besa* n'était pas seulement une institution du droit pénal et de la procédure pénale, mais aussi une institution du droit civil.
La *besa* devait être maintenue jusqu'au moment où le contrat basé sur elle était exécuté. Il existait des sanctions en cas de violation de la besa, des sanctions morales et pénales.
Le droit coutumier albanais prévoyait que la violation de la *besa* entraînait la condamnation du coupable et celui qui violait la trêve

du bétail et du berger était puni par l'incendie de trois manoirs, le manoir du coupable et deux manoirs de la tribu (même éloignés de cent génération).
De même, le traitement de l'honneur personnel était fait dans le Coutumier de Scanderbeg d'une façon tout à fait originale en statuant que « celui qui se déshonore est considéré comme mort par le coutumier ».
Le droit coutumier illustre les traits des *Malessores*, leur fierté, comme le soulignait la philosophie populaire : « l'honneur c'est ce qu'il y a de mieux chez l'homme, ce qu'il y a de plus nécessaire et de plus précieux ».
En tant que porteuse de l'honnêteté et de la bonne foi, la *besa* est devenue une notion s'opposant aux agissements frauduleux et à la mauvaise foi des parties contractantes.
Une des valeurs du droit coutumier de Scanderbeg est la langue simple et très concise, les formulations justes exprimées de manière figurative qui représentent la sagesse du peuple en tant que créateur de toutes les valeurs matérielles et morales.
Ce recueil porte aussi des maximes tirées du droit coutumier et des proverbes qui énoncent souvent les dispositions, ce qui est d'ailleurs compréhensible car ils traduisent d'une manière condensée la nature des choses. Cette forme lapidaire pour extérioriser la pensée était des plus prisée parmi les *Malessores* albanais.

BIBLIOGRAPHIE

SOURCES PRIMAIRES

Besa e Krujës, janar 1920 (A. Q. Sh.).

Besa e Lezhës, 7 janar 1920 (A. Q. Sh.).

Besa e lidhur në Postribë nga bajraku i Boksit, 4 janar 1919, (A. Q. Sh.).

Besa e Malësisë së Koplikut, janar 1919 (A. Q. Sh.).

Besa e Malësisë së Madhe, 18 tetor 1919. (A. Q. Sh.).

Besa (Vendimi i marrë në Shkodër), 12 mars 1920 (A. Q. Sh.).

GUT Ch,. *Le Kanun de Lekë Dukagjini* (Traduit de l'albanais, sur l'édition de Shtjefën Gjeçovi) Printed in novembre 2001, by Dukagjini Printing House, Pejë, Kosovë. *Les citations du Kanun de Leke Dukagjini sont tirées de cette version.*

GJEÇOVI K. Sh., *Kanuni i Lekë Dukagjinit*, (vepër postume), me parathanie të At Gjergj Fishtes, e biografi të At Pashk Bardhit, Shkodër, 1933.

GOCI H., *Kanuni i Bendës*, dorëshkrim i ruajtur në IKP, (arkivi i etnografisë).

ILLIA F., *Kanuni i Skanderbegut*, Milot, 1993.

Kanuni i Lekë Dukagjinit, Shkodër, 1933; réédition Prishtina, 1977; manuscrit à la Bibliothèque de l'Université de Tirana.

Kanuni i Kurbinit, I. K. P. (arkivi i etnografisë).

Kanuni i Labërisë, (Papa Zhulit), I. K. P. (arkivi i etnografisë).

Kanuni i Maleve (Bibliothèque de Shkodër).

Kanuni i krerëve të katundit Kastrat, 2 shtator 1891 (A. Q. Sh.).

Kanuni i Kuvendit të Kastratit, 1892, (A. Q. Sh.).

Kanunet e Flamurit të Kurbinit, 5, 6, 7, gusht 1906, (A. Q. Sh.).

Kanuni i 6 bajrakëve të Dukagjinit, 30 korrik 1913, (A. Q. Sh.).

"Kanuja e Lekë Dukagjinit mbas shqyrtimit të Mark Sadikut, të parit të djelmnisë së Shalës, përshkruar prej B. Palaj", *Studi e testi*, Rome, 1944.

Marrëveshja e datës 5 qershor midis Shalës dhe Nikajt, (A. Q. Sh.).

Marrëveshja (besëlidhja), midis Shalës, Shoshit, Nikajve e Merturit, 1894 (A. Q. Sh.).

Marrëveshja midis Nikajve e Currajve, 1895 (A. Q. Sh.).

MEÇI Xh., *Kanuni i Lekë Dukagjinit, (varianti i Pukës),* Tirana, 1997.

Shartet e Idriz Sulit, (Archives de l'Institut de Culture Populaire auprès de l'Académie des Sciences d'Albanie).
Studime për epokën e Skënderbeut, Tirana, Akademia e Shkencave e Shqipërisë, Vëll 3.
Vendimi i katundit Vukël, 1892 (A. Q. Sh.).
Vendimet e kuvendit të Kashnjetit (Mirditë), 17 gusht 1904 (A. Q. Sh.).
Vendimet e Djelmnisë së Shalës, 1905 (A. Q. Sh.).
Vendimi i Bajraktarit të Shalës me pari e djelmni, maj 1907, (A. Q. Sh.).
Vendimi i Flamurit të Kryeziut, 1907, (A. Q. Sh.).

RÉFÉRENCES CITÉES

A. I. H. (Arkivi i Institutit të Historisë) (Les rapports turcs sur L'Albanie, 1887).
Albania, Bruksel, 1902, nr. 2, pp. 20-21.
ALMAGIA, *L'Albania*, Rome, 1930.
Archives de Bogišić, XVI, 19, 22, 23, 24 a, 24 b, 25, 27, 36 citées d'après PUPOVCI
ASCHTA N., "Das Gewohnheitsrecht der Stamme Mi-Schkodra (oberskutarine Stamme) in den Gebirgen nordlich von Scutari", *Illyrisch-albanische Forschungen*, I. München und Leipzig, 1916.
BARDHI F., *Skënderbeu*, (Apologji), (Scanderbeg-Apologie), traduit du latin par S. Prifti, IIe édition, Tirana, 1967.
BARLETI M., *Historia e jetës dhe e veprave të Skënderbeut*, (Histoire de la vie et des gestes de G. K. Skanderbeg), traduit.de l'original en latin et introduction de S. Prifti, IIe édition, Tirana, 1964,
BENUSI Z., *E drejta dokësore e Shqipërisë së Veriut* (manuscrit conservé à la bibliothèque de la Faculté des sciences juridiques et politiques), Tirana.
BERNATZIK H., *Albanien*, Wien, 1922.
BLANCUS F., *Georgius Castriotius*, Venettis, 1636, Les citations d'après l'edition albanais, Tirana, 1957,
BOGOŠIĆ V., *O Obliku nazionnom inokostina uscaskaj parodoci Srba i Hrvata* (prevod), Beograd, 1884.
BOUÉ A., *La Turquie d'Europe*, Paris, A Bertrand, 1840.
BRESTOVCI S., "Mémorandum d'un anonyme sur la politique que devait pratiquer la Serbie parmi les Albanais", *Gjurmime Albanologjike, Seria shkencat historike*, III, Prishtina, 1975, p. 175.
BUDANOV V., *Obsor istorii ruskogo prava*, Petrograd-Kiev, 1815.

Burime të zgjedhura për historinë e Shqipërisë, I, Tirana, 1961.
Burime të zgjedhura për Historinë e Shqipërisë, vol. II, (shek VII-XV), Tirana, 1962.
Burime të zgjedhura për historinë e Shqipërisë, III, Tirana, 1965.
BUSHKASHI M. Gj., "Legjenda për Skanderbegun", *Shkolla shqiptare*, 1940.
CASTELLETTI G., "Constuetudini e vita sociale nelle montagne albanesi secondo il kanun i Lekë Dukagjinit", *Studi albanesi*, III-IV-V, Rome, 1933-1934.
ĆELEBI E., *Shqipëria para dy shekujsh*, Tirana, 1930.
Concilium Albanum secundum, Rome, 1876.
COON CH., *The Mountains of Giants*. Cambrige, Mass, 1950.
COZZI E., *Le tribu dell'Alta Albania*, 1944, traduit en albanais mais non publié I. K. P., p. 8.
COZZI E.,"La Vendetta del sangue nelle Montagne dell'Alta Albania", Anthropos, International Reise of Anthropology and Linguistics, 1910, 7, pp. 309-333
CRISAFULLI e B di Tulio, *Aspetti della criminilita militare nel settore albanese*, Tirana, 1942.
CZERMINSKI, "Albania zorysy" *Etnograficz na Kulturalna i religia*, Krakovie, 1983.
ÇABEJ E., "Bajrakët e Shqipërisë", (Les bayraks d'Albanie), *Bota shqiptare*, Tirana, 1943, p. 31.
ÇABEJ E., *Studime Gjuhësore*, III, Prishtina, 1976.
ÇOBA L., "Kanuni i vitit 1868", *Drejtësia popullore*, nr. 5, 1963.
Defteri i sanxhakut të Shkodrës i viti 1405, Arkivi i Kryeministrisë së Stambollit, nr. 17.
DEGRAND A., *Souvenirs de la Haute Albanie*, H. Welter, Paris, 1901.
DOÇI P., *Vetqeverisja e Mirditës*, Tirana, 1996.
DOJA A., "Aspekte të pasqyrimit të marrëdhënieve shoqërore në folklorin e lindjes" (Aspects de la représentation des relations sociales dans les traditions orales et rituelles de la naissance), *Kultura Popullore*, 11(2), pp. 53-68.
DOJAKA A., "Eksogamia tek shqiptarët", (L'exogamie chez les Albanais), *Etnografia shqiptare* V, Tirana, 1974, pp. 42-58.
DOJAKA A., "Ceremonia e dasmës në Shqipëri", (Le cérémonial nuptial en Albanie), *Etnografia shqiptare*, IX, Tirana, 1978, pp. 115-153.

DOJAKA A., "Zgjidhja e martesës", *Etnografia shqiptare*, X, Tirana, 1979, pp. 3-23.
Dokumenta të periudhës bizantine për historinë e Shqipërisë, përgatitur nga K. Bozhori, Tirana, 1978.
DURHAM M. E., *The burden of the Balkans*, London, 1905.
DURHAM M. E., *Some tribal origins laws and customs of the Ballkans*, London, 1928.
DURHAM M. E., *Hight Albania*, London, 1910.
ELEZI I., *E drejta zakonore penale e shqiptarëve*, Tirana, 1983.
ELEZI I., "Mbrojtja juridike penale e pronës private sipas kanuneve", (La protection juridico-pénale de la propriété d'après les coutumiers albanais), *Studime historike*, nr. 2, 1973, pp. 3-27.
ELIĆ E., *Krvna osveka i umir u Crojgorii Severnoj Albaniji*, Belgrad, 1926.
FALLMERAYER, *Des Albanesiche Element in Griechenland*, vol. III, München, 1860.
F. Gj, "Guri i Skanderbegut dhe mullini me erë", *Cirka*, 1936, nr. 4, pp. 50-51.
FRANCO D., *Gli Illustri et gloriosi gesti...*, Vinegia, 1504, pp. 83, 85.
FRASHËRI K., "Mbi kanunin e Skënderbeut", *Konferenca kombëtare e studimeve etnografike*; "À propos du Coutumier de Scanderbeg", *Conference nationale des études ethnographiques*, Tirana, 1977, pp. 231-244.
GIBBENS TNC, Ahrenfeld (eds). Cultural Factors in Delinquency, London, Tavistocck, publications, 1966, pp. 65-66
GIBERT F., *Les pays d'Albanie et leurs histoires*, Paris, 1914.
GIORDANO G et son figlio, *Il vilajet di Scutari assie. Usi e coutumi albanesi*, Rome, 1890.
GOPĆEVIÇ S., *Oberalbanien und siene liga*, Leipzig, 1882
HAMMEL Eugène A., *Alternative social structures and ritual relations in the Balkans*, New Jersey, Prentice Hall.
HAMMER - PURGSTALL J., *Histoire de l'Empire ottomane depuis son origine jusqu'à nos jours*, V, Paris, 1835.
HAHN J. G., *Albanesische Studien*, Jena, 1854.
HAHN J. G., *Reise durch die Gebiete des Drin und Vardar*, Wien, 1867.
HASLUCK, *The unwriten law Albania*, London, 1954.
HASSERT H., *Wanderungen in Nordalbanien in Mitteilungen der geografischen Gesellschaft*, 1898, Paris, 1954.

HECQUARD H., *Histoire et description de la Haute Albanie ou Guegeurie*, Paris, A Bertrand, 1863.
HOXHA Sh., "Rreth gjurmëve të Kastriotëve në rrethin e Kukësit", (À propos des traces des Kastriote dans l'arrondissement de Kukës) *Konferenca Kombëtare e Studimeve albanologjike*, I, Tirana, 1969, pp. 629-635.
H. R., "Skënderbeu në Bulqizë, në Liqen të Zi", *Normalisti*, 1939.
Ilirët dhe Iliria, Tirana, 1965.
INALĆIK H., "Krahina e Krujës dhe e Dibrës rreth vitit 1467", *Konferenca II e studimeve albanologjike*, I, Tirana, 1969, pp. 181-195.
INALĆIK H., *Suret i defter i sanxhaki arnavit*, Ankara, 1954, pp. XIII-XXIII; *Studime historke*, nr. 2, Tirana, 1969.
Iskodra Vilajeti Salnamesi, 1312 (1894)
JACKH E., *In turchischen Kriegslagen durch Albanien*, Heodhonk, 1911.
JELIĆ M., *Albanija*, Beograd, 1933.
JIREĆEK K. - THALLóCZ L., *Illyrisch-Albanische Forschungen*, München, 1916.
JIREĆEK-RADONIĆ., *Istorija Srba*, II, Beograd, 1952.
JIREĆEK K., *Istorija Srba*, I, Beograd, 1952.
KAMSI K., "Një dokument gjuhësor shqip dhe disa vjersha e materiale gjuhësore të kolonive të Kalabrisë e Bazilikatës", (un document albanais et autres poésies et matériaux linguistiques des colonies albanaises de Calabre et Basilicate), *Buletini i Universitetit Shtetëror të Tiranës*, 2, 1958, pp. 210-219.
Këngë popullore historike, Tirana, 1956.
KOLA Gj. *Himara*, 1937, p. 417.
KOLIQI E., "E drejta e malësive dhe e drejta Romake", *Studi e Testi*, Rome, 1944.
KOSMAJAĆ R., "Leka-Kanun" (*Godisnjica Nikole Cupida* XXI), Beograd, 1901.
KRASNIQI M., "Shqiptarët në veprat e Mark Milanit", (Les Albanais dans les ouvres de Mark Milani), *Përparimi*, Prishtina, 1958, nr. 11-12, pp. 793-802; *Gjurmë dhe Gjurmime*, Prishtina, 1979, pp. 275-285.
KRASNIQI M., "La grande famille patriarchale", *Etnographie albanaise*, X, pp. 23-50.

"Kujtime kombëtare", *Kalendari kombiar*, Sofia, 1901.
L.N, *Skenderbeu nê liqen tê Ohrit, nê Rajcê, Griqan, Bixêlle*, „Kopêshti letrar" 1918, nr 1, pp; 15-16, *Skenderbeu nê Gurê tê Bardhê*, nr 2; p 9, *Sopoti* nr 4, pp 14-15, *Lufta e Mêlizês*, 1919, nr 6, p 14.
Lettre de capitaine de l'administration de la sous-préfecture de Lezhë et de Zadrimë, Mehmet Soli adresée Ahmet Xhevdet pasha le 27 mars 1865 (Archives de l'institut d'histoire, Tirana, Documents turcs A XII-359).
LÉVI-STRAUSS C., *Le Regard eloigné*, Paris, Plon, 1983.
LKENI I HASIT., "Gjergj Kastriot Skanderbegu", *Albania*, IX, 1905, X, 1906, pp. 62-64.
MATA R, *Sh., Gjeçovi, Jeta dhe Vepra*, Tirana, 1982.
MAUSS M, « Essai sur le Don, forme et raison de l'échange dans les sociétés archaiques », L'année sociologique 2e série 1923-1924, T 1, pp 30-186.
MEHMETI F., "Martesa në Kelmend", (Le mariage à Kelmendi), *Etnografia Shqiptare*, nr. 13, Tirana, 1983, pp. 301-326.
MEKSI V., "Kanuni i Lekë Dukagjinit dhe kanuni i Skënderbeut, monumente të lashtë", *Drejtësia Popullore*, nr. 4, Tirana, 1967, pp. 57-65.
MEKSI V., "Rreth strukturës politike dhe juridike të shtetit të Skënderbeut", *Konferenca e II e studimeve albanologjike*, vol. I, Tirana, 1969, pp. 618-620.
MEKSI V., "Problemi i lashtësisë të disa institucioneve juridike të shqiptarëve" *Konferenca e Dytë e Studimeve Albanologjike*, Tirana, 12-18 janar 1969, vol. II, Tirana, 1969, pp. 189-197.
MJEDA L., "Das Recht de Stamme von Dukadchin", *Illyrische-Albanische Forschungen*, I Band, Mûnchen-Leipzig, 1916.
MLADENVIĆ M., *Zakonik Lek Dukadina (Prolog Postavijanju problema u paredne istorije balkanistkh prava)*, Beograd, 1938.
NOPCSA F., *Beitrag zur Statistich der Morale in Nordalbanien*, Wien, 1907.
NOPCSA F., *Aus Sal und Klementi, Albanische Wanderrungen*, Sarajevo, 1910.
NOPCSA F., "Burimi i Kanunit të Lekë Dukagjinit", *Djalëria*, nr. 4, 1920, pp. 5-6.
NOPCSA F., *Albanien, Hauten, Trachten und Greate Nordalbanien*, Berlin-Leipzig, 1925.

NOPCSA F., *Geografie und Geologie NorAlbanien*, Budapest, 1929
NOPCSA F., "Die Herkunft des nordalbanien gewohnheit Rechtes des Kanun Lek Dukagjinit" *Zeitschraif für Vergl Rechtwissenchaft*, bänden 40.
NOPCSA F., *L'Albanie les tribus de la Montagne, de l'Albanie du Nord et la loi des coutumes* (manuscrit à Haus Hobstaatsarchiv Politisches Archiv-Albania, selon la traduction se trouvant dans les archives del'Institut d'Histoire, p. 316.
NOPCSA F., "Karakteri i shqiptarëve", *Kultura popullore*, nr. 1, Tirana, 1982, pp. 195-200.
NUSHIĆ B., S *Kosova na Sinje More u Beogradu*, 1902.
ORAOVAĆ T., *Arbanska pitanje i Srpsko pravo*, Beograd, 1902.
PALAJ B., "Mbi kanunin e maleve", *Studi e testi*, Rome, 1944.
PALAJ B., "Modernizime në Kanun", *Studi e testi*, Rome, 1944.
PALAJ B. "Organizimi i Bajrakut", *Bota Shqiptare*, 1944.
POUQUEVILLE F., *Voyage en Morée à Constandinople, en Albanie et plusiuers autres parties de l'Empire Ottomane pendant les années 1798, 1799, 1800 et 1801*, Gabon et Compe, Paris, 1805.
PUPOVCI S., "Kushtet shoqnore ekonomike në të cilat ka qenë në fuqi kanuni i Lekë Dukagjinit dhe shqyrtimet e përgjithëshme juridike për KLD", *Përparimi*, nr. 6, Prishtina, 1965, pp. 356-384.
PUPOVCI S., "Le formalisme et la "besa" dans le droit des obligations du coutumier de Lekë Dukagjini", *Studia albanica*, nr. 2, Tirana, 1968, pp. 143-151.
PUPOVCI S., "Les sources à étudier le coutumier de Lekë Dukagjini" *Studia albanica*, nr. 2, Tirana, 1971, pp. 69-83.
PUPOVCI S., "Parathënie : Marrëdhëniet civile juridike në kanunin e Lekë Dukagjinit", (Préface du Coutumier de Lekë Dukagjini), *Kanuni i Lekë Dukagjinit*, Prishtina, 1971.
PUPOVCI S., "Parathënie" në kanunin e Lekë Dukagjinit, (Préface du Coutumier de Lekë Dukagjini), Prishtina, 1978.
Relacione për gjendjen e Shqipërisë veriore e të Mesme të shek XVII, vol. I, Tirana, 1963, vol. II, Tirana, 1969.
ROMENO M., *Dizionario de erudicione storico-eclesiastica*, vol. XLIII, Venezia, 1884. Croce Matrimomio.
SABELLICO, A. *Historiae Rerum Venetarium...*, Bazilae, 1570, p. 568.
Relacione mbi gjendjen e Shqipërisë Veriore dhe të mesme në shekullin XVII, vol. p. 301.

Salname (vjetari) e Vilajetit Kosova për vitin 1896/7, Skopje.
Salname e Vilajetit të Manastirit, 1889-1890.
Salname e Vilajetit të Shkodrës, 1892-1893.
SERGOJEVIĆ, *Lekci i isledovania po drevnoi istorii russkogo prava*, Beograd, 1903.
SIRDANI M., *Skanderbegu mbas gojëdhanash*, Shkodër, 1926.
STATOVCI E., *Marrëdhënie juridike pronësore të sendeve të paluejshme në KSA*, Prishtina, 1977.
STEINMETZ C, « Vostase in die noralbanischen Alpen" *zur kunde der balkanhalbinsel*, Sarajevo, 1905.
SUFFLAY M., *Serbët dhe Shqiptarët*, Tirana, 1925.
SUFFLAY M., *Qytetet dhe kështjellat e Shqipërisë, veçanërisht në kohën e mesme*, (manuscrit de la version albanaise aux A. I. H.), Tirana, pp. 128-129.
TEDESKINI E., "E drejta dokësore e Shqipërisë së Veriut", *Drejtësia Popullore*, nr. 5, Tirana, 1963, pp. 64-68; nr. 4, 1964, pp. 47-54.
TEDESKINI E., *Kanuni i Lekë Dukagjinit*, (manuscrit, Bibliothèque de Université de Tirana).
TEDESKINI E., "Figurat e vrasjes në të drejtën dokësore kanunore", *Drejtësia Popullore*, nr. 5, Tirana, 1965, pp. 66-78.
THALLÔCZ L., *Acta et diplomata res Albaniae mediae aetatis illustrantia*, vol. I-II, Wien, 1913, pp. 453-454.
THALLÔCZ L., "Kanuni i Lekës", *Illyrisch-albanische Forschungen*, I, München und Leipzig, 1916.
TIRTA M., "Gojëdhëna popullore e Mirditës për Skënderbeun", (La tradition orale de la Mirditë sur Scanderbeg,), *Studime filologjike*, nr. 4, 1967; *Konferenca II e studimeve albanologjike*, vol. I, Tirana, 1969, pp. 505-511.
TIRTA M., "Mbi martesat e bëra mbas Çlirimit midis personash nga besime të ndryshme", *Studime historike*, nr. 2, Tirana, 1970, pp. 107-120; (Mariages mixtes de religions différents après la libération du pays, *Etnografia shqiptare*, IV, Tirana, 1972, pp. 61-74.
TIRTA M., "La question religieuse dans la culture populaire", *Conférence nationale des études ethnographiques*, (28-30 juin 1976), Tirana, 1977, pp. 301-311.
TIRTA M., "Kanuni i Skanderbegut i at Frano Illisë", *Rilindja demokratike*, 17 maj 1993.
Tregime dhe këngë popullore për Skënderbeun, Tirana, 1967.

ULQINI K., "Gjurmime etnografike në trojet e Skënderbeut", (Recherches effectuées sur les territoires de Scanderbeg), *Buletin i Universitetit Shtetëror të Tiranës, seria Shkencat shoqërore*, nr. 2, Tirana, 1961, pp. 162-195.
ULQINI K., "Veprimtaria kanunore e pleqsore në institucionin e bajrakut', (L'activité du coutumier et d'assesseur dans l'institution du banneret), *Etnografia shqiptare,* 14, Tirana, 1985, pp. 223-243.
ULQINI K., "E drejta kanunore shqiptare përballë së drejtës kanonike dhe sheriatit", *Etnografia Shqiptare*, 16 Tirana, 1989, pp. 63-81.
VALENTINI G., *Contributi alla Cronologia Albanese*, vol. II, Rome, 1944.
VALENTINI G., *Diritto della Communita*, Palermo, 1956.
VALENTINI G., *Lo statuto personale in Italia all'epoca du Scanderbeg*, Rome, 1967.
VALENTINI G., *Acta Albaniae Juridica*, vol. I, München, 1968.
VILLARI S., *Le consuendini guridiche dell'Albania nel Kanun di Lek Dukagini,* Rome, 1940.
Visaret e Kombit, XIII, Tirana, 1944.pp 154, 173, 174.
ZAMPUTI I., "Mbi disa materiale të reja dokumentare të shekullit XVIII", (Nouveaux apports documentaires du XVIIe siècle), *Buletini i Universitetit Shtetëror të Tiranës*, nr. 3, Tirana, 1958, pp. 170-215.
ZAMPUTI I., "Të dhëna mbi potencialin ekonomik të një shtëpie feudale shqiptare në shekullin XV", *Studime historike*, nr. 2, 1970, pp. 181-192.
ZOJZI Rr., "Ndarja krahinore e popullit shqiptar", (La division régionale du peuple albanais), *Etnografia Shqiptare*, nr. 1, Tirana, 1962, pp. 16-34; "L'ancienne division ethnographique régionale du peuple albanais", *Ethnographie albanaise*, numéro special, Tirana, 1976, pp. 7-17.
ZOJZI Rr., "Questions concernant le droit coutumier albanais", *Studia albanica*, nr. 2, Tirana, 1967, pp. 117-126.
ZOJZI Rr., "Aspekte të kanunit të Skënderbeut të para në kuadrin e përgjithshëm të së drejtës kanunore", (Quelques aspects du coutumier de Scanderbeg vus dans le cadre général du droit coutumier), *Studime historike*, nr. 4, Tirana, 1967, pp. 173-182.
ZOJZI Rr., "Survivances de l'ordre du *fis* dans quelques microrégions de l'Albanie", *La Conférence nationale des études ethnographiques*, (28-30 juin 1976), Tirana, 1977, pp. 185-206.

OUVRAGES CONSULTÉS

Akte të Rilindjes Kombëtare, 1878-1912, Tirana, 1978.

Albania, Nozioni geografiche, Scutari, 1911.

ALIX, A-L-F, *Précis de l'histoire de l'Empire ottomane depuis son origine jusqu'à nos jours*, Paris, Brée et Sannier, 1822-1824, tom 3.

ALUSHI Q, "Dasma në Mat", (La noce de la région de Mat), *Etnografia shqiptare*, IV, Tirana, 1972, pp. 262-283.

ANAMALI S., "Stelushi, qytet i Skënderbeut në Mat", *Studime historike*, nr. 4, 1967, pp. 105-110; "Stelush, la cité de Scanderbeg à Mat", *Studia albanica*, nr. 2, Tirana, 1967, pp. 93-101.

ASCOLI G., *Studi crittici, La vendetta dell sangue*, Milano, 1961.

ASHTA K., "At Shtjefën Gjeçovi", *Bota e Re*, 1945.

BALDACCI A., *L'Albania*, Rome, 1930.

BALLANCA Z., "Çështje të historisë së shtetit dhe të së drejtës në Shqipëri gjatë periudhës së sundimit bizantin, *Drejtësia Popullore*, nr. 2, 1982, p. 76.

BARBARICH E., *Albania, Monografia, antropogeografica*, Rome, 1905.

BARLETI M., *Rrethimi i Shkodrës*, (Le siège de Shkodër), traduit de l'original en latin par E. Lacaj, IIe édition augmentée, Tirana, 1967.

BARRAL, l'abbé, Pierre, *Dictionnaire historique, litéraire et critique contenant une idée abrégée de la vie et des Ouvrages des Hommes illustres en tout genre, de tout temps et de tous pays*. Avignon, 1759, vol. 6.

BARTHELEMY Ch., *Histoire de Turquie depuis les temps les plus récules jusqu'a nos jours*, Tours, 1856.

BARTHOLDY J. I., *Voyage en Grece*, Paris, 1807.

BARTI P., "Die Albaner Versamlung von Dukagini in Jahre 1608", *Beitrage zur Suest Europa Vorchung*, München, 1970.

BECI B., "Të folmet qendrore të gegërishtes", *Dialektologjia Shqiptare*, V, Tirana, 1987, pp. 3-92.

BECI B., "Grupi perëndimor i nëndialektit verior të gegërishtes", *Studime Filologjike*, nr. 3, Tirana, 1970, pp. 126-143.

BECKER le Colonel, *L'Albanie et Les Albanais, Extrait du Contemporain*, Paris, 1880.

BELEGU Xh., *Lidhja e Prizrenit*, Tirana, 1938.

BENARD Th., *Dictonaire classique universel*, Français, Historique, Biographique, Mythologique, Géographique etc, Paris, E Beln, 1860,
BERARD V., *La revolution turque*, Paris, 1904.
BERICHTER L., Arkivi i Institutit të Historisë (D-45, 1850, 1876)
BERNATNIK H. A., *Europas Vergessenes land*, Wien, 1931.
"Besa për pajtimin e gjagjeve dhe të vrasjeve politike", *Besa Shqyptare*, 4 gusht, 1915.
BIÇOKU K., "Mbi disa aspekte të marrëdhënieve të Skënderbeut me shtetet kryesore italiane në vitet e fundit të veprimtarisë së tij", *Studime historike*, nr. 4, 1967, pp. 51-60; *Konferenca II e studimeve albanologjike*, vol. I, Tirana, 1968; "Sur quelques aspects des rapports entre Scanderbeg et les principaux États italiens dans les dernières années de son activité", *Studia albanica*, nr. 2, Tirana, 1967, pp. 57-67.
BIÇOKU K., "Disa aspekte të marrëdhënieve të Skënderbeut me Venedikun", *Konferenca II e studimeve albanologjike*, vol. I, Tirana, 1968, "Quelques aspects des rapports entre Scanderbeg et Venise", *Studia albanica*, I, 1968, pp. 95-102.
BIÇOKU K., "Mbi disa çështje lidhur me jetën dhe veprimtarinë e Gj. K. Skënderbeut, para vitit 1443", *Zëri i rinisë*, 30 korrik 1967.
BIÇOKU K., "Formimi dhe forcimi i pushtetit qendror nën udhëheqjen e Gj. K. Skënderbut", *Drejtësia Popullore*, nr. 6, Tirana, 1973, pp. 46-58.
BIEMMI G., *Istoria di Giorgi Castriotta detto Scanderbeg*, Breschia, 1742.
BILOTA B., *Shpata e Skënderbeut, ndë Dibret Poshtë*, (L'épée de Skanderbeg dans la Basse-Dibër) réd. notes et introduction de P. J. Jordani, Tirana, 1867, p. 216. Un extrait substantiel en français, "Bernardo Bilotta, et son poème "L'épée de Scanderbeg", *Studia albanica*, II, 1967, pp. 103-126.
BITILIZI I., *Hest Bihist* (La Biblioteque Nationale de Wien, manuscrit, H. O, 16), p. 1698.
BLANCUS F., *Georgius Castriottus*, Venettis, 1636.
Bolshoja Sovjetskaja enciklopedia, tom 332, *Pobratimosvo*.
BONFANTE P., *Instituzioni di diritto Romeno*, Rome, 1934.
BOUCARD J., *L'Albanie et les Albanais*, Paris, 1814.
BOUILLET, Marie-Nicolas, *Dicctionnaire universel d'histoire et de géographie*, Paris, Hachette, 1842-1924.

BOZHORI K., "Lufta shqiptare-turke, në veprat e historianëve bizantinë të shekullit XV", *Studime historike*, nr. 4, 1967, pp. 101-109, *Konferenca II, e studimeve albanologjike*, Tirana, 1968, (les historiens byzantins du XVe siècle sur les luttes albano-turques), *Studia albanica*, nr. 2, 1967, pp. 69-78.
BRUN M., *Gegrafie Universelles*, Napoli, 1830.
BUDA A., "Fan S Noli, historian i Skënderbeut", préface à l'ouvrage de F. S. Noli, *Gjergj Kastriot Skënderbeu*, (1405-1468), Tirana, 1967.
BUDA A., "Vendi i shqiptarëve në historinë europiane të shekujve VIII-XIII", (La place des Albanias dans l'histoire européene des VIII-XIII", siècles), *Studime historike*, nr. 1, Tirana, 1967, pp. 3-30.
BUDA A., "Gjergj Kastriot Skënderbeu dhe Epoka e tij", *Konference II e studimeve albanologjike*, I, Tirana, 1969, pp. 9-45; "G. K Scanderbeg et son époque", *Studia albanica*, nr. 2, Tirana, 1968, pp. 21-38.
BUDA A., "Diskutim rreth kumtesave të F. Triese dhe J. Imsherit", *Konferenca e dytë e studimeve albanologjike*, vol. I, Tirana, 1969, pp. 587-594.
BUDA A., "Gjergj-Kastrioti-Skënderbeu si burrë shteti dhe si udhëheqës ushtarak" (Georges-Kastriote-Scanderbeg, homme d'État et stratège militaire), *Drejtësia popullore*, I, Tirana, 1968, pp. 37-45.
BUDA A., "Rreth disa problemeve të historisë së epokës së Skënderbeut", (À propos de certains problèmes de l'histoire de Scanderbeg), *Studime historike*, nr. 4, Tirana, 1977, pp. 3-20.
BUDA A., "Etnografia shqiptare dhe disa probleme të saj", ("L'etnographie albanaise et quelques-uns de ses problemes"), *Konferenca e studimeve etnografike*, Tirana, 1977, pp. 15-35.
BUDA A., "Sh. K. Gjeçov, Nga jeta dhe veprimtaria", (Sh. K. Gjeçovi, sa vie et son activité), *Studime historike*, nr. 4, Tirana, 1979, pp. 105-117.
BUDA A., "Etnogjeneza e popullit shqiptar në dritën e historisë", *Konferenca Kombëtare*, Tirana, 1982.
Buletini i shkencave shoqërore, nr. 2, Tirana, 1955.
Buletini i shkencave shoqërore, Tirana, 1976
Burime tregimtare bizantine për historinë e Shqipërisë, përgatitur për botim nga K.Bozhori e F.Liço, Tirana, 1975.
CAMARDA D., *Appendice al sagio*, Prato, 1867.
CANI Xh., "Kanuni i Skënderbeut", *Lajmëtari*, 25 qershor 1993.

CASTELLAN G., *Histori e Ballkanit*, shekulli (XIV-XV), Tirana, 1996.
CAUSSIN N., *La Cour sainte ou l'institution chrétiennne des grands avec les exemples de ceux qui dans les cours ont fleury dans la saincteté*, Paris, S Chapelet, 1624-1629, tom 2.
C. E, "Legjislacioni shqiptar gjatë 25 vjetëve", *Cirka*, 28 nëndor 1937.
CHARFI M., *Islam et liberté. Le malentendu historique*, édition, Albin Michel, S, A, 1998.
CHOPIN, Jean-Marie, *Provinces danubiennes et Romeines, Bosnie, Servie, Hezégovine, Bulgarie, Slavonie, Illyrie, Croatie, Dalmatie, Monténegro, Albanie*, Paris Firmin Didot frères, 1856.
CHOPOFF A., *Les reformes et la protection des chretiens en Turquie 1673-1904*, Paris, 1904.
CIRLOT E., *A dictionary of symbols*, Philosophical Library, New Jork, 1962.
(La) Conference Nationale des Etudes Ethnographiques 28-30 juin 1976.
CLAYER N, *Aux origines du nationalisme albanais. La naissance d'une nation majoritairement musulmane en Europe.* Editions Karthala 2007.
Concili provinciali o Cuveni i Arbënit, Rome, 1706.
CORDIGNANO F., *Albania*, Rome, 1934.
CORDIGNANO F., "Luci e ombre missionarie in Albania della "Nouova Antologia", Rome, I, agosto, 1939, p. 286.
CURTIS R., "La loi du sang", *Paris Match*, 24 mai 2001.
CVCIJIC J., *Les penisules balcaniques*, Paris, 1918.
CVETKOVA B., *Les institutions ottomans en Europe*, Wiesbaden, 1978.
ÇABEJ E., "Zakone dhe doke të shqiptarëve", (Traditions et coutumes des Albanais), *Illyria*, nr. 4, Tirana, 1935, nr. 37, 39, 42, 46, Tirana, 1936.
ÇABEJ E., "Alten Stufenim Lichte der Nachharsprachen", *Zeitschrift für balkanologie*, nr. 2, 1964.
ÇABEJ E., "Gestâlte des albanischen Folksglunbens", *Studien zur Sprswissenschaft und Kulturkunde*, Innsbruck, 1968, pp. 279-287.
ÇABEJ E., Disa figura të besimeve popullore shqiptare, (À propos de quelques figures des cryances populaires albanaises), *Gjurmime albanologjike, Folklor dhe Etnologji*, II, Prishtina, 1974, pp. 7-17.

ÇABEJ E., "À propos de quelques questions de la culture populaire albanaise sous l'aspect linguistique", *Studia albanica*, nr. 1, Tirana, 1977, pp. 3-22.
ÇABEJ E., "Diana dhe Zana", *Studime gjuhësore*, V, Prishtinë 1981, p. 146.
ÇAUSHI B., "Besa-Bona Fides, ngjashmëritë dhe ndryshimet midis tyre", *Përparimi*, Prishtina, 1978, pp. 607-615.
ĆERNISLLOVSKIJ Z., *Vsjeobshaja istorija gesudarstva i prava*, Beograd, 1983.
ÇETA A., "Falje gjaku", *Jeta e Re*, nr. 3, Prishtina, 1969.
DANIEL O. L'Enographie 85. 2(1989)
DAWSON C., *La formazione della unità europea*, Torino, 1939.
Defteri i Matt, Arkivi i Kryeministrisë, Stamboll, Dosja 508, traduit en albanais mais non publié, Instituti i Historisë, Tirana.
*Defteri i sanxhakut të Dibrës i vitit 1407.*Arkivi i Kryeministrisë së Stambollit, nr. 508.
DEMETRO F., *Comentario delle base deli turchi*, Venezzia, 1554
DIDIER Ch. "Souvenirs de Calabre. Les Albanais en Italie", *Revue de deux Mondes*, 1831,vol.3
DOÇI P., "Për disa çështje të së drejtës së malësive" *Kultura popullore*, Tirana, nr. 1, 1991, pp. 167-182.
DOÇI P., "Kanuni, ky ligj i panjohur", *Koha Jonë*, 12 gusht 1999.
DOÇI P., "Relacione sullo stato delle missioni dell'Albania, Appendice sui Mirditi, 6 novembre 1886", *Archivio Storico di SC di PF*, AL, vol. 43
DOÇI P., "Relazione sullo stato dell'Abbazia di S Alsandro dei Mirditi in Albania", *Archivio Storico di SC, di PF, NS*, vol. 24, *Albania* 1893.
DOJA A., *Naître et grandir chez les Albanais, La construction culturelle de la personne*, Paris, 2000, Editions L'Harmattan.
DOJAKA A., "Pozita e gruas në familje në zonat malore", *Konferenca e dytë e studimeve albanologjike*, II, Tirana, 1969, pp. 171-175.
DOJAKA A., "Disa ndryshime në lidhjet martesore pas çlirimit", (Transformations intervenus dans les liens matrimoniaux après la libération), *Etnografia shqiptare*, IV, Tirana, 1972, pp. 53-61.
DOJAKA A., "Ç'është ekzogamia dhe si shfaqej në vendin tonë", *Shkenca dhe jeta*, nr. 4, Tirana, 1975, pp. 46-48.
DOJAKA A., "Aspects de développement des nouveaux liens matrimoniaux", *La Conférence des Etudes Etnographiques* (28-30 juin 1976), Tirana, 1977, pp. 191-198.

DOJAKA A., "Le cérémonial nuptial en Albanie", *Ethnographie albanaise*, IX, Tirana, 1979, pp. 113-154.
DOJAKA A., *Dasma në Shqipëri*, Tirana, 1983.
DOJAKA A., "Doke e zakone ndër shqiptarët në Mesjetë dhe në kohën e sotme", (Les us et les coutumes chez les Albanais au Moyen-Âge et de nos jours), *Etnografia shqiptare*, nr. 13, Tirana, 1983, pp. 293-299.
Dokumenta për historinë e Shqipërisë të shekullit XV, vol. I, (1400-1405), përgatitur nga I Zamputi dhe L. Maltezi, Tirana, 1987.
DORA D'ISTRIA *La Nazionalita albanese*, Cosenza, 1867.
DRIZARI N., "Botimi i një vepre monumentale, Kanuni i Lekë Dukagjinit", *Hylli i Dritës*, nr. 11, Shkodër, 1933.
DRUDJEV D., *Iz istoria Crn Gore*, Sarajevo, 1954.
DU CANGE., *Historia Byzantina*, Venetia, 1728.
DUCELLIER A., "Les Albanais à Venise aux XIV-XVe siècles", *Travaux et Memoires au centre de recherche d'histoire et civilisation byzantines*, T. 2.
DUMEZIL G., *Heur et Malheur du Guerrier*, (Aspects mythiques de la formation guerrière chez les Indo-européens), Editions Flammarion, Paris, 1985.
DUMEZIL G., *L'oubli de l'homme et l'honneur des Dieux*, Editions Gallimard, Paris, 1985.
DUMEZIL G., *Mythe et Epopée*, I, II, III, (I, L'ideologie des trois fonctions dans les epopées des peuples-indoeuropéens, II, Types epiques indo-européens, un héros, un sorcier, un roi, III, Histoires Romeines), Editions Gallimard, Paris, 1995.
DUMONT E., *Les Balkans et L'Adriatique*, Paris, 1874.
DUPONCET, R p. Jean Nicolas, *Histoire de Scanderbeg roy d'Albanie*, Paris, J. Mariette, 1709.
E. C., "Kanuni i Lekë Dukagjinit, në legjislacionin shqiptar gjatë 25 vjetëve", *Cirka*, nr. 33, Shkodër, 1937.
E drejta zakonore shqiptare, Tirana, 1989.
ELEZI I., "Motivet në krimin e vrasjes", *Buletini i Universitetit Shtetëror të Tiranës*, nr. 2, Tirana, 1960, pp. 32-60.
ELEZI I., "Normat me karakter penal në kanunin e Lekë Dukagjinit", *Referate e kumtesa*, Tirana, 1965, pp. 101-115.
ELEZI I., "Karakteri kontradiktor i normave të kanunit të Lekë Dukagjinit", *Konferenca e dytë e studimeve albanologjike*, Tirana, 1969.

ELEZI I., *Mbrojtja juridike penale e jetës së njeriut në RPSH*, Tirana, 1962.
ELEZI I., "Burime të së drejtës zakonore", *Kultura popullore*, nr. 1, Tirana, 1981.
ELEZI I., "Sur la vendetta en Albanie", *Studia albanica*, nr. 1, Tirana, 1966, pp. 305-318.
ELEZI I., "Lufta kundër mbeturinave të së drejtës zakonore në Shqipëri", *Studime historike*, nr. 2, Tirana, 1975, pp. 35-48.
ELEZI I., "La lutte contre les survivances du droit coutumier albanais durant l'occupation turcque", *Ethnographie albanaise*, numéro spécial, Tirana, 1976, pp. 41-47; *Studia albanica*, nr. 2, Tirana, 1975, pp. 33-46.
ELEZI I., "Mbi disa tipare të së drejtës zakonore", *Konferenca Kombëtare e studimeve etnografike*, Tirana, 1977, pp. 209-214.
ELEZI I., *E drejta zakonore e Labërisë në planin krahasues*, Tirana, 1994.
ENGELLARD E., *La Turquie et la Tanzimat*, vol. 1, 2, Paris, 1882.
EREBARA A., *La legislazione penale albanese*, Torino, 1929 (manuscrit, thèse de doctorat soutenue à la Faculté du droit de l'Université de Turin).
FABBRINI F., "Nomos Georkikos", *Novissimo Digesto italiano*, Torino, 1964.
FERMENNDJIN *Acta Bosnia*, Zagrebio, 1892.
FICO A., "Probleme të epikës popullore historike dhe figura e Skënderbeut", *Studime filologjike*, nr. 4, 1967; "Problèmes du genre épique populaire historique et la figure de Scanderbeg", *Studia albanica*, nr. 2, Tirana, 1967, pp. 153-169.
FIDEL F., *En Albanie et au Monténégro*, Paris, 1912.
Fjalor i gjuhës shqipe, Tirana, 1954.
Fjalor i gjuhës shqipe, Tirana, 1980.
Fjalor i termave të së drejtës, botim i sektorit të terminologjisë e kulturës së gjuhës të Institutit të Gjuhësisë e Letërsisë së Akademisë së Shkencave të Shqipërisë, Tirana, 1986.
Fjalor enciklopedik shqiptar, Tirana, 1985.
Fletorje zyrtare, Tirana, 1924.
FLORYDE J., *Scanderbeg, le héros d'Albanie*, Paris, Jouve et Societé, 1952.
Folklor shqiptar, Tirana, 1972.

FOTINO G., *Contribution à l'étude des origines de l'ancien droit coutumier roumain*, Paris, 1926.
FRASHËRI K., "Titulli zyrtar i Gjergj Kastriotit", *Ylli*, nr. 10, Tirana, 1966.
FRASHËRI K., "Trojet e shqiptarëve në shekullin XV", (Les domaines des Albanais au XVe siècle), *Konferenca II e studimeve albanologjike*, vol. I, Tirana, 1968, pp. 109-119.
FRASHËRI K., "Mbi kanunin e Skënderbeut", *Drita*, Tirana, 3 tetor 1976.
FRASHERI K, *Skënderbeu*, jeta dhe vepra, Botimet Toena, Tiranë, 2002.
FRASHËRI S, *Dictionnaire turc-français*, Constandinople, 1885.
FRASHËRI S., *Kamus-i Turki*, Istambul, 1899-1900.
FRASHËRI S., "Besëlidhja", *Antologji e letërsisë shqipe*, Tirana, 1962, pp. 173.
FRASHËRI S., *Shqipëria ç'ka qenë, ç'është e ç'do të bëhet*, Tirana, 1972.
GAETANO G., *Il vilajet di Scutari assia, usi e costumi albanesi*, Rome, 1899.
GASPARI S., "Relazione del Vescovato Alessiense" *Hylli i Dritës*, nr.1-8, Shkodër, 1931,
GAULTERON DE CENQUOINS, G., *Scanderbeg, Commentaire d'aucunes choses des turcs et du Seigneurs George Scanderbeg, Prince d 'Epire et d'Albanie*. Traduit de Toscan en Français par Guillaume Gaulteron de Cenquoins, Paris D. Janot, 1544.
GECI T., "Mbi sfragjistikën e Kastriotëve", *Simpozium për Skënderbeun*, Prishtina, 1969, pp. 246-250.
GEGAJ A., *L'Albanie et l'invasion turque au* XVe *siècle*, Paris, Librairie orientale P. Geuthner, 1937.
GEGAJ A., *Arbëria dhe Gj. K. Skënderbeu*, 1405-1468, Tirana, 1995.
GELCICH G., "La Zedda e la Dinastia dei Balsidi", *Studi storici documentati*, Spalato, 1899.
GERMANI P., "Enfiteusi" *Nouvo Digesto Italiano*, vol. V, Torino, 1938.
GHEORGHESKU V., "Alte Albanesische Rechts Gewohneiten", *Revue des études sud-est européennes*, T, I, nr. 1-2, Bucarest, 1963.
GIBB H, BWEN H., *Islamic society and West* London-New jork-Toronto, 1962.
GIORDANI E., *Fjalor i arbëreshëve të Italisë*, Bari, 1963.

GJEÇOVI Sh., Kanuni i Lekë Dukagjinit, *Bashkimi*, Shkodër, 9 prill 1911.
GJEÇOVI Sh., *Agimi i qytetnis* (Fondi Gjeçov, Arkivi Qendror i Shtetit)
GJEÇOVI Sh. K., *Doke dasmash në kanu të maleve*, Gomsiqe, 1910-1911. A. Q. Sh., Fondi Sh. Gjeçov.
GJERGJI A., "Gjurmë të matriarkatit në disa doke të dikurshme të jetës familjare", (Vestiges du matriarcat dans quelquees coutumes anciennes de la vie de famille), *Buletini i Universitetit Shtetëror të Tiranës, seria e shkencave shoqërore*, nr. 2, Tirana, 1963, pp. 284-292.
Gjergj Kastriot Skënderbeu dhe lufta shqiptare-turke e shekullit XV, Tirana, 1967.
GJONI N., "Hakmarrja në Mirditë dhe zhdukja e saj pas çlirimit", *Konferenca kombëtare e Studimeve Etnografike*, Tirana, 1977, pp. 557-558.
GOCI H., "Vështrim historik mbi kanunin e Skënderbeut", *Etnografia Shqiptare*, 15, Tirana, 1987, pp. 87-96.
GODARD J., *L'Albanie en 1921*, Paris, 1922.
"Gojadhanat mbi gurin e Skanderbegut që gjendet në katundin Burrarë (Tiranë)", *Edukata e Re*, nr. 4, Tirana, 1930, p. 158.
GOLDING M., *Philosophie of law*, New-York, 1975.
GOPÇEVIÇ, S., *Das Furstentum Albanien*, Berlin, 1914.
GRANATA F., "L'Albania e le missioni italiane nella sec.XVII", *Revista d'Albania*, 1942.
GRECO M., *La caso dei Gjomarkaj*, Firenze, 1980.
GRISEBACH A., *Reise durch Rumelien und nach. Brussa, in Jahre* 1898.
GROTHE H., *Durch Albanien und Montenegro*, München, 1913.
HALIMI K., "Kanuni i Lekë Dukagjinit", *Përparimi*, nr. 7-8, Prishtina, 1955, pp. 458-469.
HALIMI R., "Pleqnia në të drejtën kanunore të shqiptarëve dhe gjykimi sipas saj", (L'arbitrage dans le droit coutumier des Albanais et les jugements conséquents), *Gjurmime albanologjike, Folklor dhe Etnologji*, II, Prishtina, 1974, pp. 51-72.
HALILI R., "Sanksionet penale sipas së drejtës zakonore të shqiptarëve në Kosovë", (les sanctions pénales selon le droit coutumier des Albanais du Kosovo), *Gjurmime albanologjike, Folklor dhe Etnologji*, III, Prishtina, 1975, pp. 7-39.
HARAPI Z., "Mirdita në histori gojëdhëna deri në vitin 1929", *Hylli i Dritës*, nr. 1, 3, 4, 6, 7, 8, 11, Shkodër, 1930.

HARAPI Z., "Mirdita në zakone të veta", *Hylli i Dritës*, Shkodër, 1932.
HARAPI Z., "Mirdita", *Hylli i Dritës*, Shkodër, 1932.
HARRY M., *Journal de voyage fait en Albanie Fevrier 1808*, cité d'après A. FICO, "Probleme të epikës popullore historike dhe figura e Skënderbeut", *Konferenca II e studimeve albanologjike*, I, Tirana, 1969, pp. 489-495.
HAUDRY J, *Les Indo-Européens*, Paris, PUF, 1992.
HAXHIHASANI Q., "Tregime popullore rreth periudhës së Skënderbeut", *Studime filologjike*, nr. 4, Tirana, 1967; *Konference II e studimeve albanologjike*, Tirana, 1968, pp. 489-497; "Les contes populaires sur l'époque de Scanderbeg", *Studia albanica*, Tirana, 1967.
HAXHIHASANI Q., "Le sujet du mariage dans notre chansonnier des preux", *La Conférence Nationale des études ethnographiques* (28-30 juin 1976), Tirana, 1977, pp. 207-215.
HAXHIHASANI Q., "Mendësi zotëruese në ciklin e kreshnikëve", *Kultura Popullore*, nr. 1, 1991, pp. 17-37.
HERODOTE, *Histoire*, texte etabli et traduit par Ph. E. Legrand, Paris, 1922.
HITCHING, *Earth Magic*, Cassel, London, 1976.
HITROV M., "Relation envoyée de Monastir, le 4 août 1864". L'original aux Archives d'État à Peterburg. (d'après l'original la photocopie de l'original et la traduction albanaise déposée aux Archives de l'Institut d'Histoire, Tirana.
Historia e letërsisë Shqipe, Tirana, 1959.
Historia e Shqipërisë, vol. I, Tirana, 1959.
Historia e Shqipërisë, vol. II, Tirana, 1965.
HOPF K., *Chroniques gréco-romenes, inédites ou peu connues*, Berlin, 1873.
HOXHA I., "Një paralelizëm midis Kanunit të Lekë Dukagjinit, Zakonikut të car Stefan Dushanit dhe të drejtës bizantine", (Parallèle entre le Canon de Lekë Dukagjin, le Code (Zakonik) du tzar Stephane Douchan et le droit byzantin), *Etnografia shqiptare*, 15, Tirana, 1987, pp. 53-75.
HOXHA I., "Instituti i parablerjes në të drejtën zakonore shqiptare", *Kultura popullore*, nr. 1, Tirana, 1989, pp. 107-121.
HOXHA Sh., "Fejesa dhe martesa në Lumë", *Buletini i Universitetit Shtetëror të Tiranës*, nr. 4, Tirana, 1960, pp. 245-266.
IPPEN Th., *Skutari und die nordalbanische*, Sarajevo, 1927.

ISMAILI H., "Punimet e pasluftës mbi të drejtën zakonore shqiptare në gjuhën shqipe dhe serbo-kroate", *Përparimi*, nr. 9, 10, Prishtina, 1970.
Istorija Bizantii, vol. I, II, III, Moskva, 1967.
IVANAJ M., *Kanuni i Lekës* (dorëshkrim në A. Q. Sh.), Tirana.
IVANOVA J. V., "Kanuni i Lekë Dukagjinit", *Buletini i Universitetit Shtetëror të Tiranës*, nr. 2, Tirana, 1960, pp. 100-114.
JAKA Y., *Skënderbeu në historiografinë frënge*, Prishtina, 2001.
JAKOVA -MERTURI G., "I Mirditi", *Albania*, nr. 1-2, annali 1920.
JANKOVIÇ D., *Istorija drzave i prava feudalne Srbije*, Beograd, 1961
JARAI J G. L., *L'Albanie inconnue*, Paris, 1913.
JOKLI N., "Katun zur Geschichte eines Balkan Wortes", *Indogermanische Forschung*, XXXIII, band, 5, Heft, Strasburg, 1914.
JOKLI N., "Slaven und Albanen", *Slavia*, 1935, rec, XIII, Ser, 4.
JOUNG G., *Corps de droit ottoman*, vol. II, Oksford, 1905.
JOVOEVIÇ., *Naselja*, Beograd, 1923.
JUNCHI G., *Succinto relazione del presente stato delle diocesi di Alessio* Rome, 1767.
KABERDA J., "Kodet turke (kan-name)", *Buletini i Universitetit Shtetëror të Tiranës*, *seria shkencat shoqërore*, nr. 4, Tirana, 1968.
KADARE I., *Avril brisé* (Œuvres), tome quatrième, Fayard, Paris, 1996.
KALESHI H., "Turkische Angaben uber den kanun de Leka Dukagjini", *Die Kultur Sudost europas, ihre Geschichte und ihre Austdriksforme*, Wiesbaden, 1964.
KALESHI H., "Një burim turk mbi kryengritjen shqiptare të viteve 1909-1912", *Kërkime albanologjike - Folklor-Etnologji*, Prishtina, 1972, p. 311.
KERSOPOLOS G., *Cronique Albanaise*, Athènes, 1927.
Këngë kreshnike, përgatitur nga Anton Çeta, Prishtina, 1974.
Këngë popullore legjendare, zgjedhur e pajisur me shënime nga Q. Haxhihasani, Tirana, 1955.
Kodi civil i Shqipërisë, Tirana, 1929.
KOHLER Ch., *Recueil des historiens des Croisades*, Paris, 1906.
KONICA F., *A rock garden in southest Europa*, Boston, 1937.
KOSTALLARI A., "Mbi shtrirjen e shtretëzimin e së drejtës kanunore", *Disa probleme të studimeve shoqërore*, Tirana, 1969.
KOTTE J., *E drejta muslymane* (dorëshkrim), Tirana, 1927.
KOVALEVSKI M., *Tableau des origines et de l'evolution de la famille et de la propriété*, Stokholm, 1980.

KRASNIQI M., "Shqiptarët në veprat e një diplomati rus. Vështrim mbi udhëpërshkrimin e A Hilferdingut", (Les albanias dans l'œuvre d'un diplomate russe), *Përparimi*, Prishtina, 1975, nr. 3, pp. 241-258.
KRASNIQI M., "Disa veçori etnografike të Lugut të Baranit", (particularités ethnolographiques de la Vallée de Baran), *Gjurmime albanologjike - Folklor-etnologji*, XII, 1983, Prishtina, 1984, p. 109.
KREMER-MARIETTI, Sur Nietzche et la vengeance, *La Vengeance dans la pensée ocidentale*, Paris, Cujas, 1984.
Krestomacia e Historisë së Mesjetës, Tirana, 1965.
KURBINI M., *Lindja, fejesa, martesa në Mirditë*, (naissance, fiançalles et mariage à Mirditë)", I. K. P., (arkivi i etnografisë).
KURTI D., "Mbi prejardhjen e Kastriotëve", *Konferenca II e studimeve albanologjike*, vol. I, Tirana, 1969, pp. 620-625.
LA JONQUIÈRE V, A., de, *Histoire de l'empire ottomane depuis les origines jusqu'au au Traité de Berlin*, Paris, Hachette, 1881.
LAMANSKY V., *Secrets d'Etat de Venise*, Saint-Petersburg, 1664.
LAMARTINE A, *Le dernier pèlerinage de Childe Harold*, Paris, 1825.
LAMARTINE A. de, *Histoire de la Turquie*, Paris, Librairie du Constitutionnel, 1854-1855.
LAMBERTZ M., *Epika popullore e shqiptarëve* (Wissenschaftliche Zeitschrift der Karl Marx, Universität, Leipzig 4 Jahrgang, 1954-1955), traduit en albanais mais non publié AF, I. K. P, p. 64.
LANE R., *The Pesks of Shala*, London, 1922.
LAROUSSE, P., *Grand dictinnaire universel du XIX siècle*, Paris, Administration du grand dictionnaire universel, 1866-1888.
LAVARDIN J., *Histoire de Georges Castriot, surnommé Scanderbeg, Roy d'Albanie. Contenant ses illustres faicts d'armes et memorables victoires aléncontre des turcs pour la foyde Jesus Christ.* Le tout en douze livres, Paris, G Chaudière, 1576.
LEJEAN G., "Reise in der Europäischen Türkeir in Jahre 1869", *Peterman Georg*, *Mitteilungun*, Gotha Justus, Perth, 1870.
LEMAIRE, Henri., *Histoire de l'empire de Turquie depuis son origine jusqu'au 19 octobre 1821*, Paris, Ledenau, 1821.
LENORMANT F., *Turcs et Monténégrins*, Paris, 1860.
Lettere edificanti, seria XII, Venezia, 1902.
Lettere edificanti della provincia veneta, Serie IV, Modena, 1892.
LÉVI-STRAUSS C., *Le Regard eloigné*, Paris, Plon, 1983.
LUARASI A., "Botëkuptimi dhe ideologjia në kanunin e Lekë Dukagjinit", *Konferenca kombëtare e Studimeve etnografike*, Tirana, 1977.

LUARASI A., *Shteti dhe e drejta shqiptare në epokën e Skënderbeut*, Tirana, 1998.
LUCCARI P., *Anuali di Bosnia*, 1605.
LULI F., "Fjalorët e kanunit të Skënderbeut", *Phœnix*, Shkodër, 2000.
MALAJ. P. V., "Necessita d'un coordinamento bibliografico castriotiano", *V Convegno internazionale di studi albanesi*, Atti, 1968, Palermo, 1969.
MALAJ. P. V., "Stefano Zannowich un sedicente erede di Scanderbeg", *Shejzat*, 4-6.1968.
MALOKI K., "Prej kah vjen kanuni i Lekë Dukagjinit", *Besa*, 6 nëndor 1934.
MALTE-BRUN C., *Annales des voyages de la géographie et de l'histoire ou collection des voyages nouveaux les plus estimés...* F. Buisson, Paris, 1808.
(Le) mariage chez les musulmans de Shkodër, A. M. SH, (Archives du Musée de Shkodër).
MATHIEU, H., *La Turquie et ses differents peuples*, Paris, E. Denta, 1857.
MAY G., *Elements du droit Romein*, Paris, 1927.
MEJDIAJ B., "Du droit de la femme à demander la rupture du mariage", *Studia albanica*, I, Tirana, 1971, pp. 91-101, *Ethnographie albanaise*, numéro spécial, Tirana, 1976, pp. 121-131.
MEJDIAJ B., "Lufta kundër hakmarrjes", *Konferenca kombëtare e Studimeve Etnografike*, Tirana, 1977, pp. 281-287.
MEKSI V., "Privilegjet, imunitetet dhe detyrimet në rajonet autonome shqiptare gjatë pushtimit turk", *Drejtësia popullore*, 6, 1965, pp. 67-79.
MEKSI V., "Des données sur les régions autonomes et sur les droits coutumiers des Albanais durant XIXe siècle", *Expositions et communications*, I, Tirana, 1965, pp. 3-32.
MEKSI V., "Disa institute të së drejtës dokësore dhe rëndësia e tyre për popullin shqiptar", *Drejtësia Popullore*, nr. 3, 1965, pp. 66-73.
MEKSI V., "Të dhëna rreth institucioneve shtetërore dhe juridike të shtetit të Skenderbut", *Puna*, 14 mars 1967.
MEKSI V., "Mbi disa institucione juridike të përbashkëta të ilirëve dhe shqiptarëve", *Kuvendi II i Studimeve Ilire*, vol. II, Tirana, 1974, pp. 359-362.
MEKSI V., "Në gjurmët e së drejtës së lashtë ilire-shqiptare", *Drejtësia Popullore*, nr. 2, 1978, pp. 98-112.

MIHADEVIĆ L., *Po Albaniji*, Zagreb, 1911.
MIKELINI M., "A ka qenë Lekë Dukagjini legjislator ?", *Besa*, 22 shtator 1934.
MIKLOSICH F., *Bei Blutrache bei den Slaven*, Wien, 1887.
MIRDITA Z., *Studime Dardane*, Tirana, 1982.
MONIER R., *Vocabulaire du droit Romein*, Paris, 1949.
MULLER J., *Albanien, Rumelien und die Osterreichisch-montenegrinische Grenze*, Praga, 1844.
MURZAKU TH., *Historia e vendeve të Ballkanit*, I, Tirana, 1973.
MUSACHIO G., "Memoria della casa Musachia", selon Hopf *Croniques Greco Romenes*. Berlin, 1873.
MOUSETR, *L'Albanie devant l'Europe* (1912-1919), Paris, 1930.
NAÇI S., *Pashallëku i Shkodrës nën sundimin e Bushatllinjve* (1757-1831), Tirana, 1984.
NEDELJKOVIĆ B. M., "Kanun Leke Dukagjina Albansko-Obicajna-pravo", *Anali Pravnog Fakulteta, Beograd*, 1956.
NIKA N., *Historia e Shqypnisë*, Shkodër, 1917.
NIKOLIĆ V., *Istorija cara Stefana Dusana*, Beograd, 1927
NOLI F., *Historia e Skënderbeut*, Boston, 1921.
NOLI F., *Historia e Skënderbeut, kryezotit të Arbërisë*, Tirana, 1962.
NOVA K., "Le développement historique de la procédure juridique en Albanie" *Exposés et communications*, Tirana, 1965, p. 45.
NOVA K., "Pozita e gruas sipas së drejtës zakonore të Labërisë", (La position de la femme dans le coutumier de Labëri), *Studime historike*, nr. 2, Tirana, 1969, pp. 101-114.
NOVA K., "Hetimi dhe gjykimi i çështjeve sipas kanunit të Labërisë", (L'enquete et les jugements des questions d'après le coutumier de la Labërie), *Studime Historike*, nr. 2, Tirana, 1971, pp. 99-123.
NOVA K., "La condition de la femme d'après le droit coutumier", *La conférence nationale des études etnographiques*, (28-30 juin 1976), Tirana, 1977, pp. 275-286.
NOVA K., "Mbi pjesën e pasistemuar të dorëshkrimeve të reja të Gjeçovit për kanunin e Lekë Dukagjinit", *Etnografia shqiptare*, 14, Tirana, 1985, pp. 243-271.
NOVA K., "Dhënia e drejtësisë sipas së drejtës sonë zakonore", (La justice d'après notre droit coutumier), *Etnografia shqiptare*, 16, Tirana, 1989, pp. 83-103.
NOVAKOVIĆ S., *Zakonik Stefana Dusana cara Srpskog*, Beograd, 1898.

NOVAKOVIĆ S., *Rimsko-vizantijsko pravo i narodni pravni obicaji.Pravo prvenstra rodaka ili suseda pri kupovini zemlje (Jus prolimiscos)*, Beograd, knj. IX.
NUSHIĆ B., *Kosova, Opis zemlje i naroda*, I, Novi Sad, 1902.
PAGANEL C., *Histoire de Scanderbeg, ou Turcs et Chretiens au* XVe *siècle*, Paris, Didier, 1855.
PATTETTA F, *S C Gjeçov, Codice të Lek Dukagjinit*, Rome, 1941.
PELLEGRINI B., *Verso la guerra*, Rome, 1906.
PETROVITCH, *Georges, Scanderbeg (Georges Castriota). Essai de bibliographie raisonnée. Ouvrages sur Scanderbeg écrits en langues française, anglaise, allemande, latine, italienne, espagnole, portugaise, suéduoise et grecque et publiés depuis l'invention de l'impremerie jusqu'à nos jours*, Paris, E. Leroux, 1881.
PETROVIĆ R., *Zakonik Petra I, vladika crnogorskog*, Beograd, 1930.
PISANI, l'abbé, *La légende de Scanderbeg*, Paris, A Picard, 1891.
POLYVIOS, P., *Le regime des capitulations dans l'Europe ottomane*, Paris, 1905.
POST H. A, Des Naturgetz des Rechs, 1867.
POUJADE M., *Chretiens et Turcs*, Paris, 1867.
POUQUEVILLE F., *Voyage dans la Grece comprenant la description ancienne et moderne de l'Epire*, Firmin Didot, Paris, 1820.
PULAHA S., *Defteri i regjistrimit të Sanxhakut të Shkodrës i vitit 1485*, Tirana, 1974.
PULAHA S., "Kontribut për studimin e ngulitjes së kanuneve dhe krijimin e fiseve në Shqipërinë e veriut në shekujt XV-XVI", (Contribution à l'etude de la territorialisation des "fis" en Albanie du Nord), *Studime historike*, nr. I, Tirana, 1975, pp. 75-110.
PULAHA S., "Mbi gjallërimin e lidhjeve farefisnore dhe krijimin e fiseve në Shqipërinë e Veriut të shekujve XVI-XVII", (La reprise des liens gentilices et la formation des "fis" en Albanie du Nord dans les XVI- XVIIe siècles), *Studime historike*, Nr. 2, Tirana, 1975, pp. 121-145.
PULAHA S., "Formations des régions de selfgovernement dans les Malessies du Sandjak de Shkodër aux XV-XVII siècles", *Studia albanica*, nr. 2, Tirana, 1976, pp. 173-179; *La conférence nationale des études etnographiques* (28-30 juin 1976), Tirana, 1977, pp. 177-183.
PUPOVCI S., *Marrëdhëniet juridike civile në kanunin e Lekë Dukagjinit*, Prishtina, 1971.

PUPOVCI S., "Gjakmarrja ndër shqiptarët dhe historiku i saj", *Përparimi* nr. 11, Prishtina, 1971.
PUPOVCI S., "Origjina dhe emri i kanunit të Lekë Dukagjinit", (les origines et le nom du coutumier de Lekë Dukagjini), *studime historike*, nr. 1, Tirana, 1972, pp. 103-128.
PUPOVCI S., "Betimi dhe betarët në të drejtën zakonore shqiptare", (Le serment et les jurés dans le droit coutumier albanais), *Gjurmime albanologjike, Folklor dhe Etnologji*, VI, Prishtina, 1978, pp. 97-126.
QIRKOVIĆ S., "Pasqyrë e marrëdhënieve serbo-shqiptare", *Përparimi*, Nr. 1, Prishtina, 1956.
QUKU S., *Kanuni i Lekë Dukagjinit në profilin juridik*, Shkodër, 1997.
RAPPER de G, Entre masculin et feminin. La vierge jurée, l'héritière et le gendre à la maison, *LHomme*, 154-155, Paris, 2000, pp 457-466
RADONIĆ J., *Les Albanais et les Serbes*, Paris, 1918.
RADONIĆ J., *Gjuragj Kastrioti Skënderbeg i Arbanbia u XV veku*, Beograd, 1942.
RECLUS E., *Nouvelle Geographie Universelle*, Paris, 1876.
Regjistri i kadastrës dhe i konçesioneve për rrethin e Shkodrës (1416-1417), Tirana, 1977.
ROBERT C., *Les Slaves*, Paris, 1852.
ROUSSELET M., *Histoire de la justice*, Presses Universitaires de France, Paris, 1960.
ROUX J-P, *Le Sang. Mythes, symboles et réalités*, Fayard, 1988.
SAHATÇI A., *Historia e përgjithëshme e së drejtës shqiptare* (manuscrit à la Bibliothèque de la Fakulté du Droit, Université de Tirana.
SADIKU H., "Skënderbeu në gojën e popullit të Mirditës", (Scanderbeg d'après la tradition orale de la Mirditë), *Konferenca e II e studimeve albanologjike*, vol. I, Tirana, 1969, pp. 511-517.
SAGREDO G., *Memorie storiche dei monarchi ottomani*, Venezia, 1697.
SAGLIO E., *Dictionnaire des antiquités grecques et Romeines*, Paris, tom 4.
SALIU I., "Vrasja dhe gjakmarrja sipas së drejtës zakonore", *Përparimi*, Prishtina, 1965.
SCHIRO G., *Gli albanesi e la questione Balcanica*, Napoli, 1904.
SCHIRO G., *K. Gjeçov et la prosa del kanun di Lek Dukagjini*, Rome, 1942.

SCHMID H. F., "La legge agraria Nomos Geokikos e le origini della decime ecclessiastiche nel'Italia Meridionale", *Atti della VIII Congresso internacionale di Studi Bizantini*, Rome, 1953.
SHEJZAT, Rome, 1966.
SHKODRA Z., *Shqipëria në kohën e Tanzimatit*, Tirana, 1959.
SHKODRA Z., *Esnafët shqiptarë*, Tirana, 1973.
SHKODRA Z., *Qyteti shqiptar gjatë Rilindjes Kombëtare*, Tirana, 198
SHKURTI S - TIRTA M., "Konferencë studimore për kulturën popullore në Dibër", *Studime historike*, nr. 1, Tirana, 1977, p. 187.
SIEBERTZ, *Albanien und Albanesen*, Wien, 1910.
Simpozium për Skënderbeun, Prishtina, Instituti Albanologjik i Prishtinës, 1969.
SOKOLI R., *Zakone dhe tradita* (Coutumes et traditions), material i ruajtur në IKP, (arkivi i etnografisë).
SOLOVJEV A., *Odobrani spomenici sprspog prava*, Beograd, 1926.
SOLOVJEV A., "Znacaj vizantijskog prava na Balkanu, Godisnjica Nikole Cupida", Beograd, 1928.
SOLOVJEV A., "Marrëveshja e Raguzës me princa shqiptarë kahe fillimi i XIII shekull", *Hylli i Dritës*, nr. 12, Shkodër, 1938, pp. 701-707.
SPAIĆ V., *Osnovi gradanskog prava*, Opsti deo, Sarajevo, 1961.
SPATHARI N., "Dita e logut në Malësi të Madhe", *Etnografia Shqiptare*, nr. 13, Tirana, 1983.
SPENCER E., *Travels in European Turkey*, vol. II, London, 1853.
Balkanhalbbinsel, Sarajevo, 1905.
Studia albanica monacensia, In memorian Georgu Castriotae Scanderbegi 1468 1968, R. Trofenik, München, 1969.
SULI P., "Nëpër Mirditë", *Përparimi*, Shkodër, 1914.
SULI P., "Kokrra të vjetra mirditore", *Hylli i Dritës*, nr. 7, 9, Shkodër, 1937.
THEINER A., *Vetera monumenta slavorum meridionalium*, Zagreb, 1875.
TIRTA M., "Elements Illyriens de culte qui se retrouvent chez les albanais", *Premier collogue des études illyrienes*, vol. II, Tirana, 1974, pp. 281-302.
TIRTA M., "Aspekte të kultit të të parëve e të vdekurve ndër shqiptarët", *Etnografia shqiptare*, X, Tirana, 1979, pp. 51-96.
TIRTA M., "Ndryshimet në strukturën e familjes shqiptare", *Kultura Popullore*, nr. 1, Tirana, 1980.

TOMOVIĆ V., *Nesto iz Vasojevickog obicajnokprava*, Beograd, 1933.
TOZER H., *Researches in the Highlands of the Turkey*, vol. II, London, 1869.
TREGER P., "Das Gewohnheitsrecht der Hochländer in Albanien", *Verhandlungen der Berliner anthropologischen Gesellschaft*, Berlin, 1901.
TROMELINI G., *Revue des etudes napoleoniennes*, Paris, 1918.
UÇI A., *Mitologjia, Folklori, Letërsia*, Shtëpia botuese "Naim Frashëri", Tirana, 1982.
UGOLINI L., "Pagine di Storia Veneta ai tempi di Skanderbeg del suoi successori", *Studi Albanesi*, vol. III-IV, Rome, 1933-1934.
ULQINI K., "Nëpër historinë e Dukagjinit", *Vatra e kulturës*, nr. 3, Tirana, 1968, pp. 14-15.
ULQINI K., "Raportet në mes bajrakut, fisit dhe krahinës etnografike", *Konferenca e studimeve etnografike*, Tirana, 1976, pp. 563-567.
ULQINI K., "Testamenti i Dedë Gjo Lulit", *Ylli*, 1, 1977.
ULQINI K., "Dy dorëshkrime të Shtjefën Gjeçovit-Kryeziut", *Etnografia shqiptare*, X, Tirana, 1979, pp. 239-244.
ULQINI K., "Tradita dhe historia rreth zanafillës shqiptare të disa fshatrave malazeze", *Kultura popullore*, nr. 1, Tirana, 1983.
UNGER R., *Law in modern society*, New-York, 1976.
URQUHART M., *La Turquie et ses ressourses*, vol. II, Paris, 1856.
VALENTINI G., "Rreth Kanunit" *Shkëndia*, nr. 6, avril 1943.
VERDIER R, Vengeance. Le face -à -face victime /agresseur, Éditions Autrement -Collection Mutations n. 228.
VIALLA DE SOMMIERES, Le Colonel L.C, *Voyage historique et politique au Monténégro*, A. Eymery, Paris, 1820.
VIOLLET C., *Histoire du droit civil français*, Paris, 1922.
VOLPE G., "Formazione storica dell'Albania," *Nouva Antologia*, Rome, 1939, pp. 10-16.
VOLTAIRE., *Essai sur les Mœurs et l'esprit des Nations*, vol. IV, Garnier frères, Paris, 1963.
VRANIQI R., "Aspekti juridik penal i gjakmarrjes në Kosovë", *Përparimi*, nr. 11, Prishtina, 1971.
VRETO J., *Vepra të zgjedhura*, Tirana, 1973.
WETER van P., *Pandectes*, Paris, 1910.
XYLANDER I., *Die Sprache der Albanesen*, Frankfurt am Main, 1835.
YRIARTE C., *Il Monténégro*, Milano, 1878.

ZAMPUTI I., "Dukagjini dhe Pulti në gjysmën e parë të shekullit XVII", (les régions de Dukagjin et Pult à la premier moitié du XVIIe siècle), *Buletini i Universitetit Shtetëror të Tiranës, seria shkencat shoqërore*, nr. 1, Tirana, 1959, pp. 3-22.
ZAMPUTI I., "Pozita shoqërore e gruas malësore shqiptare sipas kanunit", (La condition de la femme montagnarde albanaise d'après le coutumier), *Buletini i Universitetit Shtetëror të Tiranës, seria shkencat shoqërore*, nr. 2, Tirana, 1961, pp. 101-132.
ZANNOWICH S., *Abrégé de l'histoire de la vie et des actions de Scanderbeg, roi d'Albanie et duc d'Epire*, A Wever, Berlin, 1777.
ZANNOWICH S., *Le grand Castriotto d' Albanie*, Histoire, Paris, 1779.
ZHEJI P., *Shqipja dhe Sanskritishtja*, Tirana, 1996.
ZOJZI Rr., "Disa aspekte të kanunit të Skënderbeut, në kuadrin e përgjithshëm të së drejtës kanunore", (À propos du droit coutumier du peuple albanais), *Konferenca e dytë e studimeve albanologjike*, I, Tirana, 1969, pp. 315-325.
ZOJZI Rr., "Mbeturina të rendit fisnor në disa mikrorajone të vendit tonë", *Konferenca Kombëtare e Studimeve Etnografike*, Tirana, 1976, pp. 161-181.
ZOJZI Rr., "Materiale rreth kanunit të Labërisë" (Documents du Coutumier de Labëri), (Archives de l'Institut de Culture Populaire auprès de l'Académie des Sciences d'Albanie, vol. 40, 41).
ZURANI S., *Ndolljet e Shqypnisë*, Shkodër, 1938.

L'HARMATTAN, ITALIA
Via Degli Artisti 15 ; 10124 Torino

L'HARMATTAN HONGRIE
Könyvesbolt ; Kossuth L. u. 14-16
1053 Budapest

L'HARMATTAN BURKINA FASO
Rue 15.167 Route du Pô Patte d'oie
12 BP 226
Ouagadougou 12
(00226) 50 37 54 36

ESPACE L'HARMATTAN KINSHASA
Faculté des Sciences Sociales,
Politiques et Administratives
BP243, KIN XI ; Université de Kinshasa

L'HARMATTAN GUINÉE
Almamya Rue KA 028
En face du restaurant le cèdre
OKB agency BP 3470 Conakry
(00224) 60 20 85 08
harmattanguinee@yahoo.fr

L'HARMATTAN COTE D'IVOIRE
M. Etien N'dah Ahmon
Résidence Karl / cité des arts
Abidjan-Cocody 03 BP 1588 Abidjan 03
(00225) 05 77 87 31

L'HARMATTAN MAURITANIE
Espace El Kettab du livre francophone
N° 472 avenue Palais des Congrès
BP 316 Nouakchott
(00222) 63 25 980

L'HARMATTAN CAMEROUN
BP 11486
Yaoundé
(00237) 458 67 00
(00237) 976 61 66
harmattancam@yahoo.fr

www.ingramcontent.com/pod-product-compliance
Lightning Source LLC
LaVergne TN
LVHW050804061126
851857LV00012B/667